Noah Sow

Deutschland Schwarz Weiß

Über dieses Buch

Ausgabe 2018. Für die vorliegende Ausgabe zum zehnjährigen Jubiläum wurden Print- und E-Book-Fassung von »Deutschland Schwarz Weiß« von der Autorin umfänglich überarbeitet und ergänzt.

In der Schule lernen wir, dass alle Menschen gleich seien. Gleichzeitig lernen wir jedoch »Grundwissen«, das noch aus der Kolonialzeit stammt. In deutlicher Sprache und mit tiefgründigem Humor entlarvt die bekannte Künstlerin und Aktivistin Noah Sow den Alltagsrassismus, der uns in Deutschland täglich begegnet. So zeigt sie etwa, wie selbst die UNICEF-Werbung sich rassistischer Klischees bedient, und warum es schlimmer ist, »Die weiße Massai« zu Ende zu lesen, als nicht zur Lichterkette zu gehen. Rassismus zu bekämpfen heißt zunächst einmal, ihn zu verstehen. Dieser Prozess wird auch für Angehörige der Mehrheitsgesellschaft nicht ganz schmerzfrei vonstattengehen können. Aber wie nicht zuletzt Noah Sows Buch deutlich macht: lohnen wird es sich allemal, und zwar für alle.

»Deutschland Schwarz Weiß« wurde seit seiner Erstauflage 2008 im C. Bertelsmann Verlag zu einem Standardwerk für die Lehre und Diskussion über strukturellen Rassismus in Deutschland und hat bis heute nichts an seiner Aktualität eingebüßt. Es folgten zahlreiche weitere Auflagen sowie eine Audiofassung.

Internetpräsenz: www.noahsow.de/deutschlandschwarzweiss

Herstellung und Verlag:
BoD-Books on Demand, Norderstedt
ISBN: 978-3-7460-0681-9

PRESSE

„Ein kluges, ein wichtiges Buch."

STERN

„Die ideale Gegenspielerin zu Sarrazin"

Frankfurter Rundschau

„Für all diejenigen, die sich ernsthaft bereit zeigen, die eigenen Rassismen aufzudecken und zu beginnen, diese kritisch zu hinterfragen und abzustellen, bietet das Buch eine große Chance."

www.bszonline.de

„Ein absolut empfehlenswertes 'Aufklärungs'-Werk."

Tageblatt

„Ein aufrüttelndes Buch."

Emotion.de

„Noah Sow geht es darum, den Leser dafür sensibel zu machen, wo Rassismus beginnt. Und das macht sie sehr, sehr gut. Noah Sow geht mit viel Humor und Selbstironie mit dem Thema um. Daumen hoch!"

Radio Bremen

„Die Erfahrung von Noah Sow lassen einem den Atem stocken."

DIE ZEIT

„Ein provozierendes Buch, dass die Weißen einlädt zu einem Selbsterkenntnis- und Sensibilisierungsprogramm."

WDR

„Wie Diskriminierung trotz bester Absichten stattfindet, das legt die Musikerin und Moderatorin in ihrer Streitschrift höchst anregend dar."

Neue Presse

„Rassismus ist in der deutschen Gesellschaft fest verankert. Wer glaubt, völlig frei davon zu sein, sollte Noah Sows Buch „Deutschland Schwarz weiss " lesen. In sieben Kapiteln beschreibt Sow den Alltagsrassismus in den verschiedenen Bereichen der Gesellschaft und untermauert dies durch anschauliche Beispiele. Sow gelingt es hierbei, trotz der persönlichen und direkten Ansprache des Lesers sachlich und wissenschaftlich zu bleiben."

Amadeu-Antonio-Stiftung

„Die Autorin schärft mit diesem Buch die Sinne der LeserInnen für den eignen unbewussten Rassismus und liefert das Rüstzeug, um es in Zukunft besser zu machen."

Aviva Berlin

„Eine schonungslose und notwendige Enttarnung des alltäglichen Rassismus mitten unter uns, die eingefahrene Denkmuster infrage stellt."

MADAME

„Obwohl Sow das Phänomen Rassismus sehr detailliert sprachlich, historisch und medial unter die Lupe nimmt, ist ihr Tonfall kein sachlicher, sondern wütend, humorvoll und polemisch. [...] Da Sow kontinuierlich das Selbstverständnis hinterfragt, mit der die deutsche weiße Mehrheit "normal‘ und 'abweichend‘ definiert, ist die Lektüre eine unbequeme, aber lohnende."

Hamburger Abendblatt

Deutschland Schwarz Weiß zum Hören

Noah Sow
DEUTSCHLAND
SCHWARZ
weiss

Speziell für die Arbeit in Gruppen und Klassen gibt es die
Hörversion, die einen unverfälschten Eindruck vom Tonus der
Autorin und des Buches bietet.

Die Hör-CD enthält eigens produzierte szenische Elemente und
Lesepassagen und hat die Länge einer Unterrichtsstunde.

Sie ist zu beziehen als mp3 download unter
www.noahsow.de/dsw.

Noah Sow

Deutschland
Schwarz Weiß

Der alltägliche Rassismus

Inhaltswarnung

Vorab entschuldige ich mich für alle rassistischen Bilder, Ausdrücke und Vorkommnisse, die ich in diesem Buch wiederhole, indem ich sie abbilde. Ich bin der Ansicht, dass sie handverlesen und im geschützten Raum, den ein Buch darstellt, als Anschauungsmaterialien legitim sind, um die Funktionsweisen von Rassismus zu verdeutlichen.

Einsendungen

Wir behalten uns vor, Einsendungen zu diesem Buch zu veröffentlichen. Darunter fallen insbesondere Zuschriften. Bitte machen Sie im Schriftverkehr deutlich, falls Sie anonym bleiben oder einer Vervielfältigung ausdrücklich widersprechen wollen.

Bibliografische Information der Deutschen Nationalbibliothek: Die Deutsche Nationalbibliothek verzeichnet diese Publikation in der Deutschen Nationalbibliografie.

Copyright © 2018 Noah Sow, alle Rechte vorbehalten
ISBN: 9783746006819
Herstellung: Noah Sow und BoD
Verlag: BoD - Books on Demand, Norderstedt
Covergestaltung: Noah Sow, Siebdruck

INHALT

FORMULIERUNGEN UND NEUES

Vor Ihnen liegt (oder flimmert im E-Book-Lesegerät) die im Jahr 2018 aktualisierte Fassung von Deutschland Schwarz-Weiß. Was ist in dieser Auflage neu?

- **Gegenüber bisheriger Printfassungen sind die Änderungen zahlreich.**

Ich habe viele Ergänzungen vorgenommen, die angesichts neuerer Erkenntnisse und Phänomene geboten schienen. Dies betrifft vor allem, aber nicht nur, die so genannte »Flüchtlingswelle«, den Begriff »PoC«, die Abschnitte »Wer ist Schwarz, und wer ist weiß?«, »Was ist Rassismus?«, »Das N-Wort«, »Weiße Eltern und Schwarze Kinder«, »Offene und getarnte rassistische Strategien«, »Institution Schule«, das »Ethno-Lexikon« und einige Abschnitte mehr.

Auch habe ich ableistische diskriminierende Inhalte, die von mir selbst stammten, ersetzt, soweit ich sie identifiziert habe. Dies ändert freilich nichts daran, dass Schaden bereits entstanden ist und es jedes Mal, wenn die bisherigen Print-Auflagen gelesen werden, zu Verletzungen kommt, die vermeidbar gewesen wären. Dies bedaure ich sehr. Ich kann mich nur in aller Form entschuldigen und bei denen bedanken, die die Mühe auf sich genommen haben, mich auf diskriminierende Ausdrücke im Sprachschatz aufmerksam zu machen. Gerade vor dem Hintergrund meiner Behauptung, dass wir alle mit diskriminierendem Gedankengut sozialisiert werden, bin ich dankbar über Handreichungen, eigene Fehlleistungen zu erkennen, so dass ich sie ändern kann. Besonders in intersektionaler Hinsicht bitte ich Sie darum, nur die jeweils aktualisierteste Version des Buches für Zitierungen zu verwenden.

- Auch gegenüber der E-Book-Fassung aus dem Jahr 2015 sind neue Inhalte hinzugekommen. Sie finden sich unter anderem im Kapitel 4 in »Unsere fast funkelnagelneue Gleichstellungsbehörde« sowie im Kapitel 7 in „Neue Strukturen schaffen: Meine Forderungen für eine postkoloniale BRD". Außerdem habe ich abermals viele Formulierungen hinsichtlich ihrer Gendergerechtigkeit korrigiert.

Im Kern enthält Deutschland Schwarz-Weiß 2018 jedoch denselben Text wie bisher. Weshalb, das beantworte ich im Interview mit Kommunikationsexpertin Julia Brilling[1]:

JB: Mit „Deutschland Schwarz-Weiß" haben Sie so etwas wie ein Standardwerk zum Thema Rassismus in Deutschland geliefert, das viel zitiert wird. Wird es denn auch eine Fortsetzung geben? Bedarf gäbe es ja genug...

NSW: Da ließen sich sicher jedes Jahr 5 Bücher schreiben. Mir ist es aber lieber, einmal die Grundlagen zusammengefasst zu haben, und dass die, die von dort aus weiter Interesse haben, sich dann aktuellen Geschehnissen zuwenden. Ein Buch kann immer nur aus der Vergangenheit heraus schöpfen. Es gibt aber inzwischen so viele wichtige und lehrreiche Blogs und Webseiten, die immer mitten am Geschehen sind, und vor allem sich auch dem zuwenden, was im Moment, diese Woche, passiert. Das finde ich viel wichtiger als aufzulisten, was letztes Jahr alles blöd lief. (...) Mein Ziel mit dem Buch und Hörbuch war, denjenigen, die sich diese Informationen wünschen, sie griffig aufbereitet zur Verfügung zu stellen. Und auch, dass ich mich danach selbst weiterbewegen kann. Wenn ich ständig dieselben Grundzusammenhänge immer wieder erklären würde, das wäre kontraproduktiv.

Noah Sow, Hamburg, 2018

VORWORT

Es ist schwieriger, ein Vorurteil zu
zerstören als ein Atom.

ALBERT EINSTEIN

Die Dinge, die ich in diesem Buch vermittle, sind keine
Behauptungen, die ich neu aufstelle. Sie sind theoretisch Teil
des Allgemeinwissens. Doch in Deutschland passiert gerade
etwas sehr Interessantes: Der Zugang zu *einem bestimmten*
Gebiet des Allgemeinwissens wird von der Mehrheit »aktiv«
nicht genutzt. Das verwundert:

Die Deutschen wollen doch auch sonst immer alles ganz
genau wissen. Warum nur über dieses eine Thema so wenig?

Die Antwort ist ganz einfach: Weil es Angst macht. Weil das
Informiertwerden »ganz sachlich«, losgelöst vom eigenen
Leben, bei diesem Thema nicht möglich ist. Lohnen tut es sich
natürlich trotzdem. Denn der Stand der Aufklärung über die
Gesichter des Rassismus und die Rolle, die die
Mehrheitsgesellschaft dabei spielt, ist in Deutschland noch
sehr, sehr niedrig. Weiße Deutsche haben aber durch die
Beschäftigung mit dem Thema die Chance, künftig viele
Zusammenhänge (inklusive der Selbstdefinition) in einem
neuen Licht zu sehen. Höchste Zeit wäre es allemal:
Deutschland ist rückständig, was den Umgang mit Rassismus
betrifft.

Dies ist geschichtlich erklärbar, wichtiger aber: Es ist zu
ändern. Und sollte zur Vermeidung größerer Blamagen und
Verletzungen in nächster Zukunft auf die Reihe bekommen
werden.

In diesem Buch werden Sie eigenen Vorstellungen begegnen,
die Sie bisher wahrscheinlich nie hinterfragt haben, sowie
alten »Wahrheiten«. Und Sie werden vor langer Zeit gelernte

»Gewissheiten« überprüfen müssen. Dafür benötigen Sie vor allem – wie man auf Englisch so schön sagt – »the courage to be rational«: den Mut, rational zu bleiben.

Das wird anstrengend sein, es bedeutet Arbeit. Denn Rassismus zu bekämpfen heißt zunächst einmal, ihn zu verstehen. Dieser Prozess wird für Angehörige der Mehrheitsgesellschaft nicht schmerzfrei vonstatten gehen können.

Das vorliegende Buch ist ein Angebot für mehr Gerechtigkeit und Normalität und gegen Gewalt. Denn jede Form von Rassismus ist Gewalt.

Ich gehe grundsätzlich davon aus, dass Sie ein guter Mensch sind. Wenn ich denken würde, dass Sie böse seien, würde ich mir nicht die Mühe machen, ein Buch zu schreiben, in dem ich versuche, verschiedene Dinge zu erklären. Daran können Sie sich erinnern, falls Sie sich im Lauf der Lektüre ab und zu mal ärgern. Gleichzeitig werden Sie auf den folgenden Seiten aber hin und wieder auch ganz schön hart angefasst werden. Nehmen Sie's als Erfahrung.

VORSPANN: MEINE EIGENE HERKUNFT

Ich stamme ursprünglich aus einem Land, dessen Zivilisationsgrad vor noch nicht allzu langer Zeit von vielen Staaten der westlichen Welt belächelt und interessiert, aber von oben herab zur Kenntnis genommen wurde. Kein Wunder: Ganz in der Nähe gab es beispielsweise noch Stämme, die die Schädel ihrer verstorbenen Kinder bemalten (!) und sammelten.

Meine Großmutter, eine Eingeborene, hatte sechzehn Geschwister. Das Wasser kam selbstverständlich aus dem Dorfbrunnen statt wie heute aus dem Wasserhahn. Wenn es einmal regnete, wurde das Wasser eifrig gesammelt. Elektrizität hatte damals im Dorf kaum jemand.

Auch heute noch kämpfen wir mit den in unserer Gegend üblichen Problemen: korrupte Politiker, ethnische Konflikte (was vielleicht kein Wunder ist, denn die Grenzen meines Landes waren noch nie länger als zwei Generationen dieselben), hohe Verschuldung und so weiter. In den letzten paar Jahrzehnten hat mein Land aber einen enormen Schritt nach vorne gemacht. Inzwischen ist es politisch recht stabil, und es kann heute auf einiges stolz sein:

• Bei der Einteilung des Landes durch Gebietszuteilungen an einzelne ethnische Gruppen, die vor etwa zwei Generationen stattfand, war einige Willkür im Spiel. Die Grenzen der teilsouveränen Stammesgebiete spiegelten nicht wirklich die genaue Besiedelung durch die jeweiligen Kulturen wieder. Zudem variierten die Gebiete stark in ihrer Größe. Trotzdem kam es deswegen nicht zum Bürgerkrieg.
• Seit über sechzig Jahren war das Land in keinen ethnischen Krieg mehr verwickelt. Kleinere »Scharmützel« unter einzelnen Gruppierungen werden bisher gut unter Kontrolle gehalten.

• Aus den vielen Dialekten, die im Land gesprochen werden, und von denen einige jeweils nur für Eingeborene desselben Gebietes verständlich sind (darunter auch reine Lautsprachen), wurde in einem friedlichen Prozess einer der Dialekte als Amtssprache ausgewählt. Ursprünglich wurde er zwar nur von einem relativ kleinen Stamm gesprochen, doch er setzte sich widerstandslos durch. Alle Landsleute verstehen nun zumindest rudimentär die offizielle Amtssprache. Das können nicht alle Länder von sich behaupten.

• Seit Anfang des neuen Jahrtausends gibt es bei uns flächendeckend Festnetz-Telefonanschlüsse. Das war noch bis weit in die 1990er Jahre hinein kaum vorstellbar.

• Eine Episode der Militärdiktatur, in die einzelne Stammesgebiete zeitweise zurückfielen, konnte *unblutig* beendet werden.

• Die größte Herausforderung, die die Zivilisierung (die zugegebenermaßen durch äußere Kräfte erwirkt wurde) mit sich brachte, war für uns wohl das Erlernen von Demokratie. Dies meistern wir seither immer besser. Obgleich wir quasi »zu unserem Glück gezwungen« wurden, konnten wir eine spektakulär positive wirtschaftliche und sozialpolitische Tendenz verzeichnen, die nicht zuletzt auf jahrelange umfangreiche Lieferung von Hilfsgütern, staatsbildende Entwicklungshilfe und auch militärische Präsenz fortschrittlicher, zumeist westlicher Staaten zurückzuführen ist.

Die neuen Landesgrenzen, die wie bei vielen afrikanischen Ländern nicht durch meinen Staat selbst, sondern durch die Regierungen anderer Länder gezogen worden sind, wurden durch die Regierung meines Landes im Jahr 1990 sogar offiziell anerkannt.

Dieses Land heißt natürlich – Deutschland.

Meine Oma, die Eingeborene, stammt aus Bayern. Nebenan, in Tirol, bemalte man zu ihren Lebzeiten noch Schädel und stellte sie ins Regal. In den neuen Bundesländern hatten 1994 die meisten Haushalte keinen Festnetz-Anschluss. Über die verschiedenen Zivilisierungsgrade der BRD weiß ich bestens Bescheid.

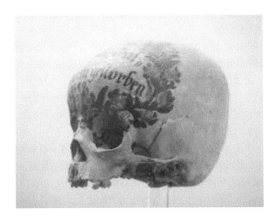

Bemalte Schädel waren bis ins 20. Jahrhundert in Österreich und der Schweiz weit verbreitet. Bestimmte Motive lassen sich einzelnen Dörfern und Tälern zuordnen. Dieser Kinderschädel stammt aus Hallstadt in Tirol.
iii

KAPITEL EINS

DER HELLE WAHN. EIN ERSTES AUFRÄUMEN MIT UNERFREULICHEN RASSISTISCHEN GEWOHNHEITEN

»Rassismus« gibt es, wenn man deutschen Medien Glauben schenken mag, immer nur anderswo: in Südafrika, in den USA, in Frankreich. In Deutschland gibt es keinen Rassismus, unter anderem, weil Deutsche ja alle weiß sind. Schön praktisch. Aber Unsinn. Wissen Sie, was ich zu ungefähr achtzig Prozent als Erwiderung höre, wenn ich deutschen Rassismus erwähne? Genau: »Aber in England (wahlweise: Frankreich, USA) ist es doch viel schlimmer.«

Ja, wir sind nicht die Einzigen mit einem Rassismusproblem.

Nein, es ist keine Lösung, darauf zu verweisen, dass anderswo angeblich alles viel schlimmer sei, und zu hoffen, dass damit das Thema für Deutschland vom Tisch ist. Wenn ich jemandem den Arm gebrochen habe, kann ich die Konsequenzen auch nicht durch die Tatsache abwenden, dass mein Cousin jemandem ein Bein gebrochen hat.

Ja, wir müssen hinsehen.

Lassen Sie uns einen Deal machen: Ich führe Sie auf den folgenden Seiten durch einen zentralen Teil des in diesem Land herrschenden Weltanschauungskonsens – und Sie lesen jedes Mal weiter, sobald Sie sich wieder abgeregt haben.

Zuallererst machen wir einen Test, den ich bei der Soziologin Judith H. Katz abgekuckt und für unser Vorhaben ein wenig zusammengefasst habe:[iiii]

Schreiben Sie auf ein Blatt Papier eine Liste, wie Sie sich eine rassistische Gesellschaft vorstellen würden. Fragen Sie sich:

Wenn diese Gesellschaft rassistisch ist... Welche Gruppen gäbe es dann? Wer dürfte was und wer dürfte was nicht? Wer würde die Entscheidungen treffen? Wer würde wobei benachteiligt und bevorzugt? Wie würde der Besitz verteilt werden? Welche Gruppe würde die Vorsitzenden und Vorstände welcher Institutionen (Banken, Schulen, Universitäten, Polizei, Regierung usw.) stellen, und was würden diese mit der ganzen Macht unternehmen? Welche Gruppe hätte was genau unter Kontrolle? Wer würde bestimmen, welche Inhalte und Zustände offiziell anerkannt werden und welche nicht? Wer müsste wem Rede und Antwort stehen? Welche Gruppe müsste sich vor welcher Gruppe nicht erklären und rechtfertigen? Wie wäre die Gesellschaft hierarchisch geordnet, oder welche Arten von Unterdrückung würden in ihr vorkommen? Würde die rassistische Gesellschaft, die Sie erfinden, selbst zugeben, dass sie rassistisch ist, oder würde sie behaupten, nur alles so zu organisieren, wie es zum Wohl der öffentlichen Ordnung oder einfach »besser« oder »normal« sei?

Diese Überlegungen helfen Ihnen möglicherweise dabei, sich im Lauf der Lektüre dieses Buches zu verdeutlichen, was Rassismus für *Sie* ist. Ergänzen Sie die Liste immer, wenn Ihnen etwas Neues einfällt.

Klappe, die Erste: Bezeichnungen

Natürlich sollten wir alle Menschen immer genau so nennen, wie sie es selbst für sich ausgesucht haben (»Magic Superchamp«, »Spiderman« und »Führer« vielleicht mal ausgenommen). Wie eine Person sich selbst bezeichnet, soll eigentlich immer respektiert werden. Da es mir aber nicht möglich ist, in einem Buch alle so zu bezeichnen, wie sie es persönlich gut finden, benutze ich die politisch und akademisch etablierten Begriffe »Schwarz« und »weiß«. Dass

»Schwarz« nachfolgend immer groß geschrieben wird, soll darauf aufmerksam machen, dass es kein wirkliches Attribut ist, also nichts »Biologisches«, sondern dass es eine politische Realität und Identität bedeutet. Auch hat »Schwarz« den Vorzug, dass es ein selbst gewählter Begriff ist und keine Zuschreibung. Diese Schreibweise hat sich im akademischen Umfeld und in Fachpublikationen etabliert. Bei »weiß« handelt es sich ebenfalls um eine Konstruktion. Da dieser Begriff aber im Gegensatz zu »Schwarz« keine politische Selbstbezeichnung aus einer Widerstandssituation heraus ist, wird er im Buch als Adjektiv klein geschrieben.

Ja, es ist schade, wenn gleich zu Anfang eines Buches die Welt in »weiß« und »Schwarz« eingeteilt wird. Zum einen ist es aber leider nicht möglich, Rassismus zu überwinden, ohne seine Konstrukte »Schwarze« und »Weiße« während dieses Prozesses zu benennen – mit dem hehren Ziel, dass wir das alles eines Tages nicht mehr nötig haben. Zum anderen wird die Welt auch in jedem anderen Buch, das bisher in Deutschland erschienen ist, in »Schwarze« und »Weiße« aufgeteilt, worüber Sie sich bisher womöglich weniger aufgeregt haben.

Jetzt, wo das gesagt wurde: Ja, dieses Buch wendet sich überwiegend an Weiße. Das soll aber nicht heißen, dass Schwarze Menschen nicht als Leser_innen infrage kommen, sondern dass sie über andere Erfahrungen verfügen. Da ich in dem Buch über Dinge informieren will, die der Mehrheit der weißen Deutschen bisher nicht klar sind, könnte es sein, dass Schwarze Menschen und People of Color sich vorkommen wie in einem Film, den sie schon zwölfmal gesehen haben. Als »Entschädigung« dafür gibt es eigens für uns das Kapitel »Liste dummer Sprüche, die wir nie wieder hören wollen« – mit praktischen Antwortvorschlägen. Und da Weiße es bekanntlich besonders toll finden, wenn man sich mit ihnen beschäftigt, hoffe ich, dass sich dadurch auch die Inhalte des Buches transportieren lassen. Los geht's mit einem kleinen Definitionsteil, damit wir auch dieselbe Sprache sprechen.

Klappe, die Zweite: wichtige Begriffe

Schwarz

die politisch korrekte und vor allem selbst gewählte Bezeichnung für Schwarze Menschen.

weiß

die politisch korrekte Bezeichnung für weiße Menschen.

People (singular: Person) of Color, kurz: PoC

eine politische Eigenbezeichnung von und für Menschen, die nicht weiß sind. Das Konzept »People/Person of Color« bekräftigt solidarische Zusammenschlüsse zwischen Menschen, die über einige gemeinsame Erfahrungen in der weißdominierten Gesellschaft verfügen. Bündnisse unter PoC erwirken eine Auflösung weißer Einteilungen und greifen rassismusgespeiste »teile und herrsche«-Taktiken an.

Der Begriff *People of Color* wird im aktivistischen und akademischen Umfeld benutzt und ist in vielen englischsprachigen Ländern eine gängige Bezeichnung. In Deutschland hat sich das Wort noch nicht überall durchsetzen können, was daran liegen mag, dass es lang und englisch ist, oder auch daran, dass in Mehrheitsdeutschland die unterschiedlichen Lebensrealitäten von weißen Menschen sowie *PoC* weitestgehend ignoriert werden. Starke politische Begriffe, die verdeckte Hierarchien klar benennen, entlarven schließlich Machtgefüge...

So wichtig und wirkmächtig Koalitionen sind zwischen Menschen, die diverse negative Rassismuserfahrungen machen, so wichtig ist es, sich innerhalb jener Koalitionen zu vergegenwärtigen, dass auch diese sich nicht im diskriminierungsfreien Raum bewegen. Rassismus wirkt sich auf die durch ihn *markierten* Menschen und (konstruierten) Gruppen unterschiedlich aus. Er erzeugt Hierarchien und dadurch auch externe Wahrnehmungsmuster, die wiederum innerhalb der Bündnisse zutage treten. Rassismus wirkt *verschieden* und tritt in unterschiedlichen Konstellationen unterschiedlich auf. Die globalen rassistischen Abwertungsmarker, nach denen die Weltgesellschaft strukturiert ist, lösen sich in Bündnissen nicht von selbst auf, sondern sollten von ihnen enttarnt und angegriffen werden. Widerstandsarbeit, die sich dem stellt, hat am meisten Potenzial, Rassismus umfänglich entgegenzuwirken.

Da es gelegentlich Verwirrung um den Begriff »PoC« gibt, hier noch eine kurze Präzisierung: »ausländisch« meint nicht dasselbe, wie eine *Person of Color* zu sein, meint nicht dasselbe wie Schwarz zu sein. *PoC* schließt Schwarze Menschen mit ein, ist aber nicht gleichbedeutend mit Schwarz.

Und nicht vergessen: es gibt auch zahlreiche Schwarze türkische, Schwarze asiatische und Schwarze amerikanisch indigene Menschen.

»farbig«

eine koloniale Bezeichnung, die Menschen *rassisch* einordnen und kategorisieren möchte. »Farbig« soll eine Abgrenzung zu »weiß« und »Schwarz« als politischen Begriffen herstellen und ist ein Konstrukt aus der weißen Rassenlehre. Manche vorgeblich wohlmeinenden Leute beharren interessanterweise auf der Unterscheidung zwischen hellhäutigen und dunkelhäutigen Schwarzen Menschen und verteilen rassistische Komplimente wie zum Beispiel: »Och, du bist doch

27

gar nicht richtig schwarz!« – ganz, als solle das als etwas Positives aufgefasst werden.

In einigen Ländern werden als Folge von Apartheid sogar heute noch ganz offiziell Unterschiede und Abstufungen hinsichtlich des Schwarzseins gemacht. Die einzelnen Bezeichnungen dafür, wie hell- oder dunkelbraun (wo ist die Grenze?) oder zu wie viel Prozent »rein« Schwarzer oder weißer »Abstammung« eine Person sei, sind Relikte aus der noch nicht sehr lange zurückliegenden Zeit der Rassentrennungspolitik und sind künstliche Unterscheidungskategorien. Diese Unterscheidungen gingen mit einer Politik unterschiedlicher »Wert-Einstufungen« von Menschen einher, eine Ideologie, die sich heute ein wenig subtiler fortsetzt. Die Folgen davon sind die Schwierigkeiten von heute.

Die Konstruktion von »Unterschieden« zwischen »hell-schwarz« und »dunkel-schwarz« ist für koloniale und neokoloniale Gesellschaften nützlich, weil sie die so Markierten *teilt* und damit einer Einheit im Kampf gegen rassistische Unterdrückung entgegenwirken kann.

Selbstverständlich sind die aus der Zeit der Versklavung und Kolonialisierung stammenden Einstufungen und Kategorisierungen von Menschen nicht nur wahllos, sondern auch gefährlich. Hellhäutigkeit ist dabei zumeist direkt verbunden mit mehr sozialen Privilegien, »besserer« Entsprechung der (weißen) Schönheitsideale und stellt damit eine Fortführung der kolonialen Einteilung von Menschen aufgrund ihres »phänotypischen« Aussehens dar. In manchen französisch kolonisierten Gebieten beispielsweise werden noch heute Schwarze Kinder, die ein weißes Elternteil haben und »hellhäutig genug« aussehen, »sauvé« genannt: »gerettet«.

Da bei weißen Menschen durchweg auf eine Beschreibung der Farbgebung (›beige mit Orangestich‹, ›hellrosa mit braunen Punkten‹, etc.) und damit einhergehende Identifizierung verzichtet wird, selbst wenn es sich etwa um gesuchte

Verbrecher handelt und daher eine möglichst genaue Personenbeschreibung wichtig ist, stellt ›farbig‹ offensichtlich ein rassistisches Konstrukt dar. In der Regel erfolgt eine Erwähnung/»Beschreibung« der Körperfarbe nur einseitig auf Menschen bezogen, die nicht weiß sind, darüber hinaus zumeist reflexhaft und grundlos, und sie dient auch als Signal für koloniale Assoziationen. »Nicht ganz Schwarz«/»Ziemlich Schwarz«/»Ganz Schwarz«-Schubladen erwecken unmittelbar darauf abgestufte Behandlungen und Erwartungshaltungen.

Eine Aussage »Du bist doch gar nicht richtig schwarz« ist also eine koloniale Bevormundung, denn wer in unserer Gesellschaft sehr wohl als Schwarze_r wahrgenommen wird und dadurch mit diversen Widrigkeiten zu kämpfen hat, braucht bestimmt nicht obendrauf noch eine weitere Aussenansicht und Zuschreibung.

Selbstverständlich gibt es neben der Pigmentierung auch noch andere als »typisch Schwarz« geltende Merkmale, aufgrund derer noch heute versucht wird, »Rassen« zu kategorisieren, zu definieren und zu pauschalisieren.

Klar ist: Niemand hat das Recht, Menschen in »Nicht ganz Schwarz«/»Ziemlich Schwarz«/»Ganz Schwarz«-Schubladen mit den entsprechend darauf abgestuften Behandlungen und Erwartungshaltungen zu stecken, und wer anderen dies untersagt, wehrt sich zu Recht.

Es ist außerdem bemerkenswert, dass bei Einigen der Drang zu bestehen scheint, Schwarze Menschen generell zuallererst mit einem Sachwort zu bezeichnen, das Auskunft darüber gibt, von welchem »rassischen Reinheitsgrad« oder genauer »was« (!) sie seien: »Farbige(r)«.

»Farbig« wird in Deutschland noch häufig als eine angeblich »höflich gemeinte«, weil schwächere Form von Schwarz strapaziert. Damit soll »abgeschwächt« werden, dass eine Person Schwarz ist, und genau das ist das Problem: Wir haben es hier eindeutig mit einem Euphemismus zu tun. Ein

Euphemismus ist eine stark beschönigende Bezeichnung für etwas, dessen ehrlicher Name uns zu verstörend erscheint. Also beispielsweise »entschlafen« statt »gestorben«, oder »vorübergehendes Unwohlsein« statt »Depression«. Euphemismen werden üblicherweise dann verwendet, wenn es etwas zu krasses zu verschleiern gibt. Das ist einer der Gründe, warum »farbig« bei vielen Menschen nicht besonders gut ankommt, denn es ist der Euphemismus von »Schwarz«, und das heißt, dass Schwarz als problematisch wahrgenommen wird und beschönigt werden muss. Ganz abgesehen vom Subtext, dass die so Benannten kein Selbstbenennungsrecht innehätten.

Und noch ein weiterer Grund dafür, dass der Begriff »farbig« nicht in Ordnung ist: Es klingt so, als sei weiß zu sein ein »Normalzustand«, die »Ausgangsposition«, und als seien »Farbige« so etwas wie »eingefärbte« Weiße (dass die evolutionäre Wirklichkeit wie auch die der Proportionalitäten der Weltpopulation eine ganz andere Sprache sprechen, ist hierzulande anscheinend noch nicht zu allen durchgedrungen). »Farbig« ist also das Konstrukt einer »Abweichung von Weiß«. Und das ist natürlich Unsinn.

»Halb Schwarz«

Ja klar, und als Nächstes halb blauäugig und Halbblut Apanatschi. Ich habe noch nie den Begriff »halb weiß« gehört. Was soll das sein? Rassenabstufungsdrang, schlecht getarnt.

»Mischling«/»Mulatte«

Ausdrücke wie »Mulatte« (zu Deutsch: »Mischung aus Esel und Pferd«) oder »Mischling« sind, da sie unverhohlen dem Tierreich entliehen sind, denkbar ungeeignet, um Menschen zu bezeichnen. Leider sind sie immer noch oft in Gebrauch, werden allerdings zunehmend als die überflüssigen und entwürdigenden Beleidigungen erkannt, die sie darstellen.

Es ist bei dem ganzen Thema tatsächlich denkwürdig, dass unsere Gesellschaft einen dermaßen verbissenen »Hautfarben-Kategorisierungsdrang« zeigt und sich einbildet, ohne »Rassenabstufungen« (denn darum geht es hier letztlich) nicht auszukommen.

Eine Biologielehrerin hat mal meiner versammelten Klasse erklärt, dass bei Hunden ja auch die »Mischlinge« intelligent seien und man das an mir schön sehen könne. Auf dieses hohlrassistische »Kompliment« hätte ich gut verzichten können.

Alle Menschen sind – wenn man sich zu diesem Unwort denn unbedingt versteigen will – »Mischlinge«, und zwar aus dem Erbgut von Papa und Mama. Genauso wenig wie Kinder von einer mit Schuhgröße 39 und einem mit Schuhgröße 43 als »Mischling« gelten (oder von einer mit blauen und einem mit grünen Augen), genauso wenig ist eine Person ein »Mischling«, nur weil ihre Eltern nicht wie Zwillinge aussehen.

Weiße sollten sich trotzdem nicht wundern, wenn Schwarze Menschen diese Bezeichnungen doch verwenden. Es ist immer noch ein großer Unterschied, wie Personen sich selbst bezeichnen und wie sie genannt *werden*. Einige mögen sich dagegen wehren, in welcher Form auch immer kategorisiert zu werden, sie wollen vielleicht überhaupt nicht als Schwarze bezeichnet werden. Auch das sollte respektiert werden. Es ändert jedoch wenig an den Vorgaben respektvollen sprachlichen Umgangs. Wenn vereinzelte weiße Blondinen gern mit »Baby« angesprochen werden, heißt das auch nicht, dass daraus eine legitime Bezeichnung für blonde weiße Frauen hergeleitet werden kann.

Wer ist Schwarz, und wer ist weiß?

Ganz einfach: Alle Schwarzen Menschen, die den politischen Begriff »Schwarz« akzeptieren, bezeichne ich in diesem Buch als Schwarze, alle PoC, die diesen Begriff akzeptieren, als PoC und alle Weißen als Weiße.

Schwarz zu sein ist keine biologische Eigenschaft, sondern steht für bestimmte gemeinsame Erfahrungen in der globalen Gesellschaft. Weiße können daher nicht bestimmen, wer Schwarz ist und wer nicht.

Auch Schwarze Menschen, die nicht auf den ersten Blick als afrikanischstämmig zu erkennen sind, sind von Rassismus betroffen. Die eigene Familiengeschichte mit ihren Erfahrungen, Behandlungen der Eltern oder Großeltern in Zeiten kolonialer Propaganda sowie damit verbundene Traumata, Traditionen und Resilienzen werden durch das individuelle Aussehen nicht ausgelöscht.

Beachten Sie bitte, dass Sie sich nicht selbst als weiß betrachten oder definieren müssen, um zur Gruppe der Weißen zu gehören. Vielleicht lehnen Sie diese Bezeichnung für sich selbst ab und versuchen gerade, sich da irgendwie inhaltlich herauszuwursteln. Weshalb es wichtig ist, dass Sie genau das nicht schaffen, erkläre ich gleich. Bleiben Sie noch ein bisschen dabei.

Denken Sie jetzt immer noch: Aber die Bezeichnung »Schwarz« ist doch ... irgendwie ... nicht richtig?

Sie können aus verschiedenen Gründen »Schwarz« unangemessen finden:

- weil Sie finden, Schwarz zu sein sei etwas Negatives (begeben Sie sich in betreute Biografieaufarbeitung)

- weil Sie finden, Sie werden dazu gedrängelt, einen Begriff zu akzeptieren, den Sie selbst aber gar nicht wählen würden (das nennt sich Selbstbenennungsrecht, und Sie sind gewöhnt, es nicht respektieren zu müssen)
- weil Sie glauben, dass ja niemand »echt Schwarz« ist, sondern eher ... mehr so braun.

Hm, Weiße sind rosa, aber kein Mensch sagt ihnen deswegen, wie sie sich selbst zu nennen haben.

Bei der Einteilung der Menschen in »Hautfarben« geht es natürlich nie wirklich um die Farbe, auch nicht um eine genau definierbare Gruppe. Weder sind alle Weißen ein »Volk« noch sehen sie sich im Schnitt im Entferntesten ähnlich. Abgesehen von einigen durchschnittlichen äußerlichen Eigenheiten wie zum Beispiel häufig zwei Armen haben sie keinerlei Gemeinsamkeiten.

»Weiß« ist kein biologischer Begriff, und er hat auch nichts mit einer Nationalität zu tun, sondern ist eine gesellschaftspolitische Bezeichnung, die besagt: Diese Person wird zur Gruppe der Weißen gezählt.

Sie wurden aber noch nie zu irgendeiner weißen Gruppe oder so etwas gezählt?

Doch, jeden Tag. Man spricht nur nicht darüber.

Ob aber Sie oder ich jeweils in kurzen Hosen eine Nobelboutique betreten oder betrunken in einen Plenarsaal laufen, wird von der Umwelt sehr genau beobachtet und recht unterschiedlich eingeordnet.

Aber wie soll ich dann eine Frau nennen, die ... »halb schwarz« ist?

Wie wär's mit – »Tanja«?

Haben Sie schon mal in einem Café gesessen und, wenn Sie einen Weißen beschreiben wollten, gesagt: »Der Hellbeige da, neben dem Typen, der mehr so ins Orangene geht, mit den rosa Punkten auf dem Arm«?

Weiße haben die lustigsten Spektren an Hautfarben. Eigentlich müssten wir *sie* »Farbige« nennen, das würde auf alle Fälle mehr zutreffen. Wir benennen diese Farbnuancen aber trotzdem nicht, weil wir es so *gelernt* haben. Wir haben gelernt, eine weiße Person ungefähr so zu beschreiben: »Der Typ da hinten mit der langen Nase, den blondierten Haaren, den blauen Turnschuhen, Mitte 40.« Wir haben gelernt, nicht zu verkünden: »Der weiße Typ da.«

Wer sagt außerdem, dass die Person »halb Schwarz« sei? Genauso ließe sich behaupten, sie sei »halb weiß« oder »halb asiatisch«. Das haut aber nicht hin. Denn für Diskriminierung und Rassismus spielt es keine Rolle, ob der oder die Betreffende hell- oder dunkelbraun ist oder einen weißen Großeltern- oder Elternteil hat. Kein Mensch würde auf die Idee kommen, etwa zu behaupten, Bob Marley sei »nicht richtig Schwarz« gewesen; er ist das weltweite Idol vieler Schwarzer Bewegungen geworden, ein Archetyp von »Black Power«, und hatte doch ein weißes Elternteil. Nur wer so aussieht, als ob er/sie ausschließlich weiße Vorfahren hätte, kann für die Öffentlichkeit weiß sein und entsprechend behandelt werden.

Derartige Schwarz/weiß-Kategorisierungen mögen überflüssig erscheinen und werden es hoffentlich eines Tages auch sein. Ganz sicher sind sie das Ergebnis eines langjährigen weißen »Rassen«-Differenzierungswunsches. Die ganze Palette gesellschaftlich erlernter Rollen, Erwartungen, Auflagen ist auf konstruierte Unterschiede zugeschnitten. Die Weißen sind der Angelpunkt, um den sich alles dreht. Die Gesellschaft wird eingeteilt in »weiß« (das damit zur Norm erhöht wird) und »nicht weiß« (das zur »Abweichung« konstruiert wird), und Erstere dürfen ungerechterweise mit ihrem Verhalten bestimmen, wer wo »dazugehört«. Da dies aber sowieso schon die ganze Zeit geschieht, bin ich dafür, diese Tatsache klar auszusprechen, damit sie geändert werden kann.

Sprache ist immer auch Definitionsmacht. Die Menschen zu benennen und eigenmächtig in Grüppchen einzuteilen, ist ein Privileg der Weißen; vielen von ihnen ist das jedoch gar nicht klar. Denn es wird erlernt, ohne dass es extra ausgesprochen werden muss. Im Kindergarten heißt es ja nicht: »So, Klausi, jetzt teil doch mal die Aische und den Charles in ein Grüppchen ein, obwohl sie nichts miteinander zu tun haben, und such dir selber irgendeinen Oberbegriff für sie aus, wie zum Beispiel *Ausländer,* und tu dann so, als wäre das Ganze gar nicht willkürlich. Ihre Meinung dazu kann dir dann völlig egal sein, weil du darfst das ruhig.« Es geschieht vielmehr aus Nachahmung.

Viele weiße Menschen in Deutschland haben sich bisher gar nicht damit auseinandergesetzt, dass sie Weiße sind, also auch zu einer besonderen gesellschaftlichen Gruppe gehören. Dass es dabei um Macht geht, bemerken Menschen in der Regel erst, wenn sie dauernd auf eine Art benannt werden, die für sie nicht akzeptabel ist. Fremddefinition ist auch Fremdbestimmung, und wer ohne Diskriminierung bezeichnet werden will, muss sich auf einige Anstrengungen gefasst machen.

Ich schreibe über Rassismus gegenüber Schwarzen Menschen, denn damit kenne ich mich aus. Um es ganz deutlich zu sagen: Es geht bei Rassismus nicht um Diskriminierung etwa aufgrund von Verständigungsschwierigkeiten oder »fremder« Kultur. Schwarz heißt nicht gleich »migrantisch« oder andersherum. Dass es auch nicht um »Fremdsein« geht, wird dadurch deutlich, dass Schwarze Deutsche von diesen Diskriminierungen ebenso betroffen sind.

Wenn Sie nicht weiß sind, werden Sie wahrscheinlich feststellen, dass Sie abwechselnd zur einen oder zur anderen Gruppe, die ich erwähne, gehören (wollen). Vielleicht wurde Ihnen ebenfalls beigebracht, dass Sie aufgrund einer diffusen Überlegenheitsannahme Schwarze Menschen nicht ernst zu nehmen brauchen. Gleichzeitig machen Sie aber im täglichen Leben vielleicht vielfältige Erfahrungen, die weiße Menschen nicht machen können: Sie werden womöglich beleidigt und dominiert aufgrund rassistischer Zuschreibungen, kennen sich mit Vorurteilen aus und haben Erfahrungen als Angehörige(r) einer Minderheit in Deutschland.

Ich denke, dass Sie sicher selbst wissen, wann Sie in welcher »Erfahrungsgruppe« sind. Dies gilt – ich wiederhole mich hier bewusst – allerdings nicht für weiße Deutsche. Sie können nicht selbst bestimmen, in welcher Gruppe sie in diesem Buch sein wollen. Denn das ist keine Frage der Selbsteinschätzung, sondern der Definition: Wenn Sie Angehörige_r der weißen Mehrheitsgesellschaft sind, müssen Sie es sich jetzt mal eine Zeit lang gefallen lassen, dass Sie benannt werden, statt sich selbst benennen zu dürfen. Nehmen Sie es als Erfahrung. Keine Sorge, nächste Woche sind Sie wieder die Bestimmer. Daran wird sich auch nichts ändern, wenn Sie verfilzte Haare, Baggy Pants oder Batikschals tragen …

Wie sprachliche Auslagerung mithilft, den rassistischen Status quo zu erhalten

Sie tun das zum Beispiel, wenn Sie den Begriff »Rassismus« nicht in den Mund nehmen, weil Sie bei dem Wort zusammenzucken. Wenn Sie so agieren, ist das ein Zeichen dafür, dass Sie Rassismus lieber ignorieren und nicht beim Namen nennen wollen. Das geschieht unter anderem immer dann, wenn die Vokabeln »ausländerfeindlich«, »fremdenfeindlich« und »rechtsradikal« gerade im Zusammenhang mit rassistisch motivierter Gewalt falsch verwendet werden.

Das Ignorieren oder Verdrängen von Rassismus ist aber eine große Hürde auf dem Weg zu seiner Überwindung. Daher nachfolgend ein paar Begriffsdefinitionen.

Ausländerfeindlich

Gewalt ist ausländerfeindlich motiviert, wenn das Opfer keinen deutschen Pass besitzt und wenn erkennbar und explizit die nicht deutsche Kultur der Angegriffenen als Motivation für den Übergriff benutzt wird. Dies gilt etwa für Opfer, die weiß sind, oder für Übergriffe auf europäische Kulturveranstaltungen. Eine Tat kann nicht als *ausländer*feindlich bezeichnet werden, wenn die Feindseligkeit sich auf das *Aussehen* der angegriffenen Person bezieht, so etwa im Fall des Überfalls auf Ermyas M. in Potsdam.

Rassistisch (motiviert)

Gewalt ist rassistisch motiviert, wenn sie an Menschen verübt wird, die nicht weiß sind und wenn sie mit rassistischen Äußerungen einhergeht. Dies gilt auch für Opfer, die Deutsche sind, wie beispielsweise Ermyas M. Ausländerfeindlickeit und Rassismus sind nicht gleichzusetzen, und sie sind keine Synonyme.

Eine differenzierte Wortwahl benennt diese verschiedenen Hintergründe der Übergriffe genau und ermöglicht es so erst, die Wurzeln des Übels zu identifizieren und letztlich zu bekämpfen. Wer Angriffen auf Schwarze Deutsche pauschal eine »ausländerfeindliche« Motivation unterstellt, unterstellt, begeht den Fehler, zu kommunizieren, dass Schwarze Menschen keine Deutschen sein können (verhält sich damit übereinstimmend mit völkischem Gedankengut der NPD und AfD) und verschleiert zudem, dass Rassismus die Grundlage in dem spezifischen Fall ist. Dies dient vor allem dem Aufrechterhalten des rassistischen Status quo und ermöglicht es weiterhin, die wahren Hintergründe und

Verantwortlichkeiten rassistisch motivierter Gewalt zu vertuschen und zu verharmlosen.

Fremdenfeindlich

Was ich zum Begriff »ausländerfeindlich« schrieb, gilt im selben Maß für »fremdenfeindlich«. Dieser Ausdruck wird ebenfalls noch oft als vermeintliches Synonym für die Vokabel »rassistisch« verwendet. Fremdenfeindlich ist eine Tat aber nur, wenn sie gegenüber *Fremden* verübt wurde, beispielsweise Touristen oder kürzlich Zugezogenen. Ein Politiker oder Lehrer, der seit fünf Jahren in der Gegend wohnt, ist kein Fremder (und dies unabhängig davon, ob er nun die deutsche Staatsbürgerschaft innehat oder nicht) und kann auch nicht so bezeichnet werden.

Der Ausdruck »fremdenfeindlich« birgt zudem die Gefahr, dass fälschlicherweise ein Zusammenhang zwischen »fremd sein« und der Gewalttat geknüpft wird, so dass unterschwellig der Eindruck vermittelt werden kann, schlimme Dinge passieren, *weil* eine Person *fremd* ist. In Wirklichkeit ist es jedoch selbstverständlich so, dass eine Gewalttat nicht verübt wird, weil das Opfer eine bestimmte Eigenschaft oder Herkunft hat, sondern weil der *Täter* eine bestimmte *Einstellung* hat.

Dies ist nicht nur Wortklauberei. Würde statt »fremdenfeindlich«, das zunächst impliziert, dass eine Person nichtzugehörig ist und daher die Täter nur darauf *reagieren* (genauer: einen falschen Zustand zu korrigieren versuchen), eine Begrifflichkeit gewählt, die zweifelsfrei das gesamte Defizit der Situation den Ausübenden der Gewalt zuschreibt, so könnte vieles in Debatten um derartige Übergriffe besser verstanden werden.

Menschen, die in der Region leben, können nicht aus *Fremdenfeindlichkeit* angegriffen werden.

Am Rande möchte ich bemerken, dass bereits Wörter wie »fremd« und »Ausländer« in diesem Zusammenhang in der Lage sind, etwas zu konstruieren, was mit den Taten in

Wirklichkeit nichts zu tun hat. Grund für Übergriffe ist nicht, welchen Pass oder welche Herkunft die Angegriffenen haben.

Rechtsextremistisch

Gewalt hat einen rechtsextremistischen Hintergrund, wenn die Täter dies bekennen oder explizit rechtsextrempolitisches Gedankengut äußern und sich in spezifischen Vereinigungen organisieren. Gewalt aus Rassismus ist keine rechtsextremistische Tat und kann daher nicht rechtsextremistischen Bewegungen zugeordnet werden, sondern beruht auf der rassistischen Einstellung und Handlung derer, die die Gewalt ausüben.

Der oft durch unpräzise Wortwahl in den Medien bestärkte Automatismus, alle rassistisch, fremdenfeindlich oder ausländerfeindlich motivierten Gewalttaten pauschal Rechtsextremen zuzuordnen, hat zur Folge, dass das Gros unserer Gesellschaft sich nicht mit den eigenen alltäglichen ausländerfeindlichen oder rassistischen Tendenzen auseinandersetzen muss, da diese Taten einzelnen sogenannten »Randgruppen« zugeschoben und damit verbal aus der Mitte der Gesellschaft entfernt werden. Dass sich rechtsextremes und rassistisches Gedankengut aber sehr wohl quer durch die Gesellschaft zieht, belegen jüngere Studien und Phänomene eindeutig. Im Ergebnis gehen viele dann »gegen Nazis« auf die Straße, reagieren jedoch weiterhin kaum, wenn rassistische Tendenzen jenseits eines organisierten politischen Rahmenprogramms auftauchen: im deutschen Alltag.

Neonazi

Siehe »rechtsextremistisch«. Die Tat eines »Normalos« ohne ausreichenden recherchegestützten Hintergrund einer organisierten rechtsextremen Gruppierung zuzuschieben heißt, sie aus der Mitte der Gesellschaft, wo sie geschehen ist, auszublenden, und eine Verdrängung zu ermöglichen.

Weiße(r)

Bei rassistisch motivierten Gewalttaten, die weiße Menschen an Schwarzen Menschen verüben, kann durchaus auch das Weißsein der Täter erklärend genannt werden. Pauschal in diesen Fällen ausschließlich das Nichtweißsein und die »abweichende« Nationalität der Opfer anzugeben – wie es in unserer Presse derzeit noch andauernd geschieht –, mag Gewohnheit sein, entbehrt jedoch jeglicher Logik. Auch hier sollte nach dem Gleichheitsprinzip verfahren werden.

Es fällt außerdem auf, dass das Weißsein von Gewalttätern seitens deutscher Medien nur benannt wird, sobald es sich um rassistische Taten in Übersee handelt (beispielsweise um amerikanische Polizisten oder weiße südafrikanische Grundbesitzer), während das Weißsein europäischer Gewalt zumeist ausgeklammert wird. Nationalität und Zugehörigkeit von Verbrechern wird hierzulande nach wie vor nur thematisiert, wenn sie *keine* christlichen weißen Deutschen sind.

DER BRAUNE SUMPF
RECHTSEXTREMISMUS IN DEUTSCHLAND

Alle Artikel

20. Oktober 2007   Drucken | Senden | Leserbrief | Bookmark

BERLIN   Schrift: _ +

Jugendliche verprügeln schwarzen US-Bürger

Sie pöbelten, stießen die Frau zu Boden, dann schlugen sie zu: Vier Jugendliche in Berlin haben einen schwarzen US-Bürger und seine Freundin angegriffen. Die Polizei konnte sie kurz danach festnehmen.

Woher will die Redaktion wissen, dass es dabei um »Rechtsextremismus« ging? Wurden vor der Tat etwa politische Debatten geführt? Waren die Täter Weiße? Warum schreiben sie das nicht dazu?[iiii]

Das Verschleiern des Deutschseins und Weißseins von Tätern entspringt dem Wunsch, dass diese gesellschaftliche Gruppe unmarkiert bleiben soll, weil sie ansonsten einen Imageverlust zu befürchten hätte.

Stellen Sie sich vor, die deutsche Presse würde in der Berichterstattung über Verbrechen mit der Nennung weißer Deutscher aus christlichen Familien so verfahren, wie sie es derzeit mit PoC, Muslimen und Geflüchteten tut. Sie würden sich bald aus lauter Angst vor den ganzen Ehrenmorden, Raubdelikten und Betrügereien von _weißen Deutschen christlicher Herkunft_ nicht mehr aus dem Haus trauen (gut wenn es für Sie ein Konjunktiv ist).

41

Gerade in Journalismus, Schule und Bildung Tätige (und ruhig auch alle anderen) sollten größere Sorgfalt auf ihre Wortwahl verwenden und sich bemühen, Stereotypisierungen und Exotisierungen zu vermeiden. Mit einer Art der Sprache, die ohne Vor-Ausgrenzung der Opfer und ohne Täterschutz auskommt, und die stattdessen die Dinge, Hergänge und Menschen differenziert benennt, kann es gelingen, rassistischen Tendenzen aktiv entgegenzuwirken. Unterlassen wir dies, so erreichen wir das Gegenteil.

Kleiner Exkurs am Rande

Der leitende Redakteur einer der einflussreichsten TV-Nachrichtensendungen Europas – ein weißer Deutscher – fragte mich einmal, ob ich ernsthaft der Auffassung sei, dass es in Deutschland wirklich Alltagsrassismus gebe. Unter anderem deswegen schreibe ich dieses Buch.

Etwas totzuschweigen, nur weil es uns nicht gefällt, hat schon in der Vergangenheit nicht funktioniert. Dass aber ein so einflussreicher Mensch wie derjenige, der Nachrichten macht, die unsere gesamte Gesellschaft beeinflussen, und dem jeden Tag umfassende Informationen zugänglich sind über alle möglichen Zustände und Geschehnisse, so eine blauäugige, realitätsferne Frage stellt, das hat mich dann doch stutzig gemacht. Dabei ist er – selbstverständlich – ein anständiger Mensch, ein netter Kerl und so weiter (viele Weiße, die ich kenne, sind wirklich gut ausgebildet und freundlich). Anscheinend hat es bei uns nicht mal die »Bildungselite« nötig, über die Gesichter des Rassismus im eigenen Land Bescheid zu wissen. Das ist schade, denn mit dieser Einstellung wird er uns wohl auch noch ein Weilchen erhalten bleiben.

Wenn ich gleich zu Anfang einen zugegebenermaßen frag würdigen Vergleich anstellen darf: Das Allgemeinwissen der weißen Deutschen hinsichtlich Rassismus ist im Groben vergleichbar mit dem »Wissen« der Männer um 1850 über die

Rollen und die Behandlung von Frauen. Die einen wiegelten ab (»Ihr habt doch neuerdings diese und jene Rechte, das ist doch schon was«), die anderen waren irrational-verwirrt (»Aber der Platz der Frau ist *naturgemäß* zu Hause!«), der Rest wurde aggressiv und fand, Frauen, die Gleichbehandlung einforderten, müssten bestraft und auf »ihren Platz« verwiesen werden.

Damals waren Männer entweder verängstigt, was sie nicht laut sagen durften, weil es sich ja um *Frauen* handelte, von denen sie sich *bedroht* fühlten (ich kann nicht glauben, dass ich immer noch die Vergangenheitsform verwende), oder sie waren viel zu faul und arrogant, um sich mit dem Thema Frauenrechte ernsthaft auseinanderzusetzen, unter anderem, weil sie das ja gar nicht nötig hatten. Die Gesellschaft war währenddessen der festen Überzeugung, dass alles *normal* sei.

Bis Simone de Beauvoir einen Hype bekam, betrachteten Millionen und Abermillionen Menschen es als *normal*, dass, wann immer vom »Menschen« die Rede war, automatisch der Mann gemeint war... es sei denn, es wurde etwas anderes dazugesagt. In der Medizin ist das zum Teil heute noch so. Auch in unserer Sprache hat es sich erhalten: die »normale, allgemeingültige« Form ist das Maskulinum. Frauen sind die sprachliche Abweichung.

Noch in den 1970er Jahren legte die Fernsehsendung *Der Siebte Sinn* Frauen nahe, sich im Fall einer Autopanne aufreizend mit geöffneter Motorhaube (retrospektive machen solche Analogien wenigstens Spaß) am Straßenrand zu postieren, um dadurch einen *Mann*™ dazu zu bewegen, anzuhalten und sich des Schadens anzunehmen. Dass die Motorhaube zu schließen und den ADAC zu rufen eine viel weniger verhaltensauffällige und dabei effektivere Sache wäre, ist uns allen anscheinend erst in den letzten paar Jahren klar geworden.

Es hat sich seitdem einiges getan. Der Prozess der Gleichberechtigung ist bei Weitem noch nicht beim Happy End angelangt – oder haben Sie schon mal gelesen, das *Männer,* die Karriere machen und nicht zu Hause bleiben, »Rabenväter« seien? Es gehört jedoch zum guten Ton, sich als Mann zumindest ein bisschen auszukennen, beispielsweise zu wissen, dass es wahrscheinlich sanktioniert werden wird, wenn sie eine weiße Frau auf ihre Geschlechtsmerkmale ansprechen. Fallen solche Sätze heute, dann stammen sie in der Regel von ~~Rainer Brüderle~~ einem verzweifelten Typen, dienen der Provokation, oder sie entstehen aus Kalkül, weil einer Aufmerksamkeit sucht.

Sexistische Werbung wird weiterhin gesellschaftlich gebilligt (warum eigentlich?), darf aber auch als solche bezeichnet werden. Blätter, die von sich behaupten, eine Zeitung zu sein, drucken jeden Tag ein neues Softpornobild ab, und die Gesellschaft reagiert im Großen und Ganzen gelassen. Was das Thema Mann/Frau angeht, befinden wir uns also in einem Zustand der potenziellen »awareness«, das heißt, wir ahnen, was Gleichberechtigung zwischen Mann und Frau ist oder wäre, haben sie aber noch nicht erreichen können, unter anderem weil viele sich nicht mit der *Basis* des ganzen »Geschlechter«-Konstruktes beschäftigen wollen.

Breit angelegte Gender-Mainstreaming-Programme versuchen währenddessen mit umfassender finanzieller Unterstützung – auch von Regierungsseite –, einige der Vorurteile darüber, was Angehörige welchen Geschlechts denn genau *sein,* denken, fühlen oder tun müssten, aus den Köpfen zu kriegen. Ziel solcher Aktionen ist es, Chancengleichheit zu erreichen und den Menschen der nächsten Generationen ein unterdrückungsfreieres Leben zu ermöglichen.

Rassismus wollen die Deutschen ebenfalls gerne loswerden (ihn sich jedenfalls bitte nicht mehr vorwerfen lassen). Die meisten nehmen ihn aber nicht ernst und geben nicht zu, dass sie sich noch nie wirklich mit seinen verschiedenen Erscheinungsformen auseinandergesetzt haben.

Zurück zur Emanzipation. Der Prozess, den der männliche Teil der Gesellschaft als so furchterregend ansah, dass er ihn jahrhundertelang entschieden blockierte, kommt uns heute ganz folgerichtig, zivilisatorisch und wichtig vor, und wir sind froh, dass viele hart und aufklärerisch Kämpfenden die Anfänge der Emanzipation durchgeprügelt haben. Genau so müssen wir es jetzt endlich mit der Bekämpfung von Rassismus halten.

Der Vergleich von »Schwarz/weiß« mit »Mann/Frau« ist vielleicht geeignet für einen Aha-Effekt, doch genau betrachtet ist er natürlich schief: Zum einen verdeckt er wichtige Kämpfe außerhalb von Normkonstrukten. Es gibt zum Glück mehr »Geschlechter« und Gender als zwei. Aber auch die Kategorisierungen von Schwarz und weiß haben eine Vielzahl von Angelpunkten und können für einzelne Menschen fluide sein.

Zudem haben bei der Geschlechtersache durchaus alle Menschen ein Päckchen an gesellschaftlichem Druck und Erwartungen zu tragen, wenn auch unterschiedlich in Gestalt, Gewalt, Vorteilen, Nachteilen und Umfang. Was Schwarz und weiß angeht, so sind Druck und Benachteiligung vollständig einseitig verteilt.

Hinzu kommen Mehrfachdiskriminierungen, denn eine Diskriminierungsform schließt andere freilich nicht aus. Rassismus, Sexismus und Heterosexismus gehören beispielsweise durchaus zusammen und multiplizieren sich in ihren negativen Auswirkungen.

Weiter im Thema zum rassistischen Status quo

Etwas sträubt sich in vielen Deutschen, den Schritt zu tun und alle Menschen als wirklich gleichberechtigt zu betrachten. Und dieses Etwas ist die Erziehung mitsamt den grundsätzlichen Überzeugungen unserer »abendländischen Kultur«. Wir können nichts dafür, dass wir so viel rassistischen Unsinn beigebracht bekommen haben. Wir können ihn jetzt aber loswerden. Das bedeutet Arbeit und ist oft schmerzhaft und unbequem. Aber ich wünsche uns und den nächsten Generationen, dass diese Arbeit jetzt getan wird.

In der Schule lernen wir, dass alle Menschen gleich sind. Präziser: Wir lernen, dass wir dies behaupten und nachplappern sollen, dass wir aber keinesfalls verinnerlichen müssen, was das wirklich *bedeutet*. Viele sind immer noch erstaunt, wenn die Anwältin, die vor Gericht erscheint, Schwarz ist. Viele denken in der Kneipe, dass die junge Schwarze Frau die Bedienung sein muss, ohne dass es einen Grund dafür gibt (weil sie nämlich selbst zu Gast ist und von der Toilette kommt). Und wenn sie sich über den neuen Schwarzen Stationsarzt unterhalten, sagen viele – was sie im Leben noch nie über einen weißen Arzt gesagt haben, weil es erstens selbstverständlich ist und sie es zweitens auch gar nicht beurteilen können: »Also, der ist ja so *gebildet*!«

Währenddessen werden Schwarze Deutsche noch immer als Realität ungefähr so sehr verleugnet wie vor dreißig Jahren schwule CDU-Mitglieder.

Mit diesem Foto von Don McCullin[liv] beginnen viele Workshops zum Thema Rassismus. Es verdeutlicht sehr schön den Status quo. Was passiert hier?

• Antwort 1 (sinngemäß und in hohen Prozentzahlen gegeben): »Ein Polizist läuft hinter einem Schwarzen her.«
• Antwort 2 (die diplomatischere Version von Antwort 1; sinngemäß): »Ein Polizist verfolgt einen Verdächtigen.«
• Antwort 3 (noch diplomatischer): »Ein Polizist läuft hinter einem... Mann her.«
• Antwort 1, 2 oder 3 gaben nicht nur Menschen, die als Weiße sozialisiert wurden, sondern mit über neunzig Prozent fast alle Personen, die überhaupt antworten, egal, welcher gesellschaftlichen Gruppe sie angehören. Ein paar Prozent gaben auch diese spannende Version von sich:
• Antwort 4 (sinngemäß): »Ein Polizist verfolgt einen unschuldigen Typen, um ihn daraufhin willkürlich zu belästigen.«

Zweifellos bedarf es eines gewissen »spezifischen Erfahrungsschatzes«, um mit Antwort 4 aufzuwarten. Aber nicht nur mit der, denn falsch sind sie alle.

Richtig ist: Das Bild zeigt zwei Polizisten, einen davon in Zivil, die hinter einem Verdächtigen (nicht im Bild) herlaufen. Erwischt. Mit diesem Foto wurde für die englische Polizeiausbildung geworben. Man wollte damit erreichen, mehr Polizisten rekrutieren zu können, die Schwarz sind.

Nachhilfe im Weißsein

Weiß sozialisierte Menschen wehren sich oft mit Zähnen und Klauen dagegen, als »Weiße« bezeichnet zu werden. Sagen Sie doch mal: »Ich bin eine Weiße«, und auch: »Ich bin eine von diesen Weißen da«, und vervollständigen Sie: »Ich bin eine typische Weiße, weil ...« Merken Sie, dass Sie gar keine Lust darauf haben? Sie könnten dann ja mit all den anderen Weißen in eine Schublade gesteckt werden!

Willkommen im Club.

Klar sind Sie ein Individuum. Und Sie werden im Gegensatz zu PoC auch so behandelt. Sie müssen sich jetzt aber mal ein Weilchen darauf einlassen, nicht darauf zu bestehen, dass Ihr Blick der allgemeingültige sei. Wenn der Schleier der eigenen Wahrnehmung fällt, sieht Ihre Situation nämlich folgendermaßen aus: Sie sind verwöhnt. Sie sind mit einer Fülle von Privilegien geboren und aufgewachsen, die Sie als dermaßen selbstverständlich empfinden, dass Sie wahrscheinlich noch nicht mal wissen, dass sie existieren und welche das sind. Eines dieser Privilegien ist übrigens auch, dass Sie sich viele der Ihnen »angeborenen« Vorteile vorübergehend selbst zunichte machen können, wenn Sie es drauf anlegen. Kommen Sie also nicht mit der Klage: »Zu mir sind die Leute aber auch unfreundlich!«, falls Sie nicht gerne duschen und in Ihrer Jackentasche Camembert sammeln. Wenn Sie andererseits unverschuldet, beispielsweise aufgrund Ihrer sexuellen Orientierung, diskriminiert werden, dann ist das schlimm. Es ist aber unbedeutend für Ihr *weißes* Privileg. Denn es gibt selbstverständlich auch queere[v] Schwarze.

Als weiße Deutsche haben Sie derzeit unter anderem von Geburt an die folgenden Privilegien:

- als Individuum betrachtet zu werden
- als Mitglied der Bevölkerung betrachtet zu werden
- nicht automatisch als »fremd« betrachtet zu werden
- nicht rechtfertigen zu müssen, weshalb Sie in Ihrem eigenen Land leben oder weshalb Sie überhaupt in Ihrer Farbe existieren
- sich und Ihre Gruppe selbst benennen zu dürfen
- alle Menschen, die nicht weiß sind, benennen, einteilen und kategorisieren zu dürfen
- dass Ihre Anwesenheit als normal und selbstverständlich betrachtet wird
- sich benehmen zu können, als spiele Ihre eigene ethnische Zugehörigkeit keine Rolle
- jede andere Kultur nachäffen oder sich in Teilen aneignen zu können, ohne dafür von der Mehrheitskultur ausgegrenzt zu werden (ausge*lacht* vielleicht ... ausgegrenzt aber nicht)
- bestimmen zu dürfen, inwiefern die Errungenschaften und Meinungen aller Menschen, die nicht weiß sind, relevant sind, selbst wenn diese Menschen viel gebildeter sind als Sie
- aufzuwachsen, ohne dass Sie selbst rassistisch beleidigt werden können (Ihre Familie eventuell. Sie *selbst* nicht).
- in der Gesellschaft, in der Sie sich bewegen, öffentlich anonym bleiben zu können, wenn Sie wollen
- in Ihrem eigenen Land nie darüber nachdenken zu müssen, ob Verdächtigungen oder Kontrollen vielleicht aufgrund Ihres »anderen ethnischen« Aussehens erfolgen
- von Fremden nicht über Ihre Herkunft und die Herkunft all Ihrer Vorfahren abgefragt zu werden

- grundsätzlich ungehindert und unkontrolliert in die ganze Welt reisen zu dürfen
- auf Rassismus nicht reagieren zu müssen

Dass Sie als weißer Mensch privilegiert sind, ist Ihnen bisher eventuell gar nicht bewusst. Judith H. Katz schreibt in ihrem Buch *White Awareness:* »Wir [Weißen] führen unseren Erfolg auf unsere harte Arbeit zurück, auf unseren Charakter und darauf, dass wir das ganz einfach verdient haben. Wir erkennen nicht, in welchem Ausmaß unser ethnischer Status und ein unausgewogenes Spielfeld uns Vorteile verschaffen.«[lvii]

Leute, die bestreiten, dass wir in einer Mehrklassengesellschaft leben, verhalten sich wie die junge Marie Antoinette, die der Legende nach geäußert haben soll, wenn die Menschen kein Brot hätten, sollten sie doch Kuchen essen.

Rassismus ist bei uns schon so sehr Normalität, dass wir ihn in unseren alltäglichen Handlungen und Überzeugungen noch nicht einmal mehr bemerken: Wir bauen meterhohe Zäune um die Festung Europa und denken uns gar nichts dabei, dass es als normal betrachtet wird, dass bei uns jeder in jedes Land kommen und dort herumhängen darf, sofern es sich um Europäer_innen handelt. Wir verlangen, dass Geflüchtete nicht allein aus wirtschaftlichen Interessen zu uns herüberkommen dürfen, sondern erst ihr eigenes Land auf die Reihe kriegen sollen. Gleichzeitig aber feiern wir in fünf verschiedenen Fernsehsendungen Weiße, die ohne guten Grund und ohne Kultur- oder Sprachkenntnisse in andere Länder gehen, weil sie sich davon mehr Wohlstand und ein glücklicheres Leben erhoffen. »Auswanderer« und »Abenteurer« nennen wir die dann und sind von ihrem Aktionismus fasziniert. Sind sie aber Schwarz oder afrikanisch, sind Menschen mit genau dem gleichen Verhalten für uns plötzlich »Wirtschaftsflüchtlinge« oder »naiv« und werden nicht als interessant und mutig, sondern als *Bedrohung* empfunden - und dementsprechend behandelt.

Und die meisten denken sich nicht einmal etwas dabei.

Ich spule mal fünfzig Jahre und ein bisschen Spekulation vor: Wenn Europa aufgrund diverser Klimakatastrophen überschwemmt wird und viele Europäer_innen dorthin auswandern wollen, wo es sicherer ist, dann befinden sie sich in exakt der gleichen Situation wie viele der Menschen, die wir jetzt gerade an unseren Zäunen abprallen lassen oder in »Heime« stecken und gewaltsam abschieben. Die flüchtenden Europäer wären sicher verängstigt, hungrig und frustriert. Da sie aber keine *politisch* Verfolgten, sondern nur Opfer höherer Gewalt wären, würden diese Länder sie alle nicht hereinlassen, wenn sie sich genauso verhielten, wie wir das derzeit tun.

So erhält ein und dieselbe Sache verschiedene Namen, und wir erlauben uns dadurch auch verschiedene Betrachtungsweisen und Abstufungen von Sympathie, Mitgefühl, Respekt, Identifikation. Weil wir gelernt haben, dass wir das dürften.

Dieses unterschiedliche Denken über die gleichen Dinge, je nachdem, welche »ethnischen Merkmale« die handelnden Personen haben, haben wir ebenfalls beigebracht bekommen. Dabei schwingt grundsätzlich folgende schlimme Ahnung mit: Weiße haben diese Privilegien nicht deswegen, weil alle sie von Geburt an haben und sie Menschen erst künstlich weggenommen werden müssen. Sondern Weiße haben diese Privilegien speziell, weil dies naturgegeben und richtig sei. Weil sie Weiße sind. Viele denken heute noch so. Kein Wunder, denn White Supremacy als nicht verhandelbare Grundannahme wird allenorts bestätigt; wir lernen sie schon früh im Leben.

Weiße sind die, die allem einen Namen geben und die Welt einordnen dürfen. Wenn nicht sie, sondern jemand anders etwas entdeckt oder benannt hat, zählt es für sie gar nicht und wird so lange nicht akzeptiert, bis irgendein Weißer, egal, ob er einen Plan hat oder nicht, etwas dazu gesagt hat. Beispiel gefällig? Neulich auf *ARTE*: »Wissenschaftler kennen nur siebzig Prozent der Fische auf diesem Markt in Brasilien ...«

Ich bin sicher: Brasilianische Forschende kennen die Fische ganz gut! Und die Leute, die sie fangen, sagen auch nicht seit dreihundert Jahren: »Kaufen Sie doch einen von den bunten, ich weiß leider nicht, was das für einer ist, schmeckt aber!« Nur weil die *weißer* Wissenschaft die Viecher nicht kennt, kennen sie also angeblich *gar keine* Wissenschaftler_innen? Ganz schön borniert.

Im Studienfach Philosophie behandeln wir Nietzsche, Kant, Hegel, Adorno, Aristoteles und unzählige andere europäische Philosophen und bilden uns ein, dass wir dadurch einen umfassenden Überblick über die wichtigsten philosophischen Richtungen bekommen hätten. Auch dieses Denken ist höchst eurozentrisch und nicht besonders schlau, denn natürlich haben wir außer den Ansichten einiger Europäer oder Westler dann kaum etwas mitbekommen. An das Ganze den Generalanspruch »Philosophie« zu stellen, ist doch ziemlich hoch gegriffen. Das Studienfach müsste in den meisten Fällen eigentlich »europäische Philosophie« heißen. Oder noch treffender »weiße europäische Männerphilosophie«. Darüber denken wir aber ebenfalls kaum nach.

Diese Art, sich ganz selbstverständlich als den Mittelpunkt des Universums zu sehen, hat zur Folge, dass die weißen europäischen Ansichten, historischen Figuren und Traditionen hierzulande als die einzig gültigen und wichtigen angesehen werden. Und weil dies selten infrage gestellt wird, denken viele Menschen in Deutschland tatsächlich, dies geschehe aus gutem Grund – und nicht etwa aus Machtgier und Desinteresse.

Test 1: Weißsein im Selbstversuch – Das Vierzehnpunkte-Programm

Möglicherweise ist Ihnen beim bisherigen Lesen an einigen Punkten Folgendes passiert:

1) Sie haben sich gedacht: »Da kenne ich mich selbst sehr gut aus und brauche bestimmt keine Belehrung.«

2) Sie haben sich gedacht: »Das ist so aber nicht ganz richtig.«

3) Sie haben einzelne Ihrer persönlichen Erfahrungen hinzugezogen, um sich zu vergewissern, dass das, was da steht, so nicht ganz stimmt.

4) Sie wurden ärgerlich.

5) Sie haben Ihren Ärger auf dieses Buch projiziert, beziehungsweise auf seine Behauptungen oder gar die Haltung der Autorin.

6) Sie glauben, der Ärger komme nicht daher, dass Sie beurteilt und pauschal kritisiert werden, sondern von inhaltlichen Dingen.

7) Bei der Stelle, die Sie aufregt, haben Sie festgestellt, dass es »darum« ja gar nicht geht.

8) Sie finden, es müsse jetzt mal dringend gesagt werden, dass Rassismus nicht bekämpft wird, indem an Weißen herumgenörgelt wird.

9) Überhaupt lehnen Sie es ab, so pauschal als »Weiße_r« bezeichnet zu werden, weil Sie ja ein individueller Mensch sind und nicht wegen Ihrer Farbe irgendeiner Gruppe zugeordnet werden können, und das soll respektiert werden.

10) Mit Rassisten lassen Sie sich nicht in einen Topf werfen, denn Sie sind nicht rassistisch, das wissen Sie genau, und Sie müssen sich auch nicht fragen lassen, woher Sie das so genau wissen wollen!

11) Sie sammeln Argumente, mit denen Sie möglichst bald beweisen können, dass das, was da steht, zum Teil die Tatsachen verdreht, am Thema vorbeigeht oder ungerecht ist.

12) Sie gehen davon aus, dass Sie Ahnung von dem Thema haben.

13) Sie glauben, dass Sie mehr Ahnung von dem Thema haben als die Autorin.

14) Und Sie wissen auch nicht, woher die sich das Recht nimmt, Sie jetzt schon wieder einfach so zu beurteilen und zu tun, als würde sie Sie kennen.

Darf ich vorstellen: Das sind Ihre Abwehrreflexe! Und genau diese Impulse sind es, die Rassismus aufrechterhalten. Über Ihre Impulse haben Sie zunächst keine Kontrolle, wohl aber darüber, ob Sie diese Impulse ausagieren. Wenden Sie sich an Ihre Ratio. Lassen Sie die jetzt bloß nicht aussteigen. Nun heißt es tapfer sein und dranbleiben.

Denn soeben konnten Sie für ein paar Sekunden in ein paar Zumutungen hineinschnuppern, die Schwarze Menschen in viel umfassenderer Form ständig erleben: Beurteilung und Verdächtigung. Ungefragte Zuordnung zu einer Gruppe. Gleichgültigkeit gegenüber dem, wie Sie sich selbst identifizieren. Die Annahme, nicht Sie sondern jemand anders wisse am besten, wer und wie Sie sind und wie Sie ticken. Anhaltende Unterstellungen sogar noch, nachdem Sie Ihren Unmut signalisiert haben. Keine Handreichung, keine Kekse. Und die selbstverständliche Annahme, dass die Expertise nicht bei Ihnen liegen kann. Diese Liste von Zumutungen ließe sich noch beliebig fortführen.

Aber atmen Sie nicht zu früh auf, denn das Ganze war nicht nur ein »Experiment«. Ich habe nämlich in allen Punkten recht. Lassen Sie uns den »Katalog« von oben anhand eines Beispielsatzes durchgehen, und sehen wir uns mögliche Reaktionen dabei genauer an, ebenso wie die impulsiven ungefähr 753 Gründe, weshalb das, was ich sage, nicht einfach so stehen bleiben kann.

Der Beispielsatz lautet: »Schwarzafrikaner« ist ein diskriminierender Begriff und sollte von Weißen nicht verwendet werden.

Typische Reaktionen:

1) *»Da kenne ich mich selbst sehr gut aus und brauche bestimmt keine Belehrung.«*

Ob diese Reaktion bereits eingetreten ist, bemerken Sie daran, wenn Sie gerade überhaupt keine Lust haben, alle weiteren dreizehn Punkte mit Ihnen selbst als Versuchskaninchen durchzukauen. Hm, sonst sammeln Sie doch auch immer gern neue Argumente für etwas, das Ihnen grundsätzlich klar ist. Von mir wollen Sie jetzt keine mehr hören. Wieso?

2) *»Das ist so aber nicht ganz richtig.«*

Sie haben die Bezeichnung »Schwarzafrikaner« nämlich schon oft in seriösen Zeitungen gelesen oder in den Nachrichten gehört.

Dass es bisweilen noch immer »Schwarzafrikaner« heißt, liegt daran, dass es den weißen Chefredaktionen scheißegal ist, obwohl es inzwischen zum journalistischen Allgemeinwissen gehört, dass dies kein diskriminierungsfreier Begriff ist. Die Chefredaktionen haben ja die Benennungshoheit, warum sollten sie sie freiwillig hergeben? Wird per Brief an die Redaktion ein Fall bemängelt, in dem »Schwarzafrikaner« verwendet wurde, bekommen die Protestierenden üblicherweise in der Sache vollkommen recht. Das hat aber so gut wie nie Auswirkungen auf die künftigen Ausgaben der Zeitung oder auf Manuskripte für alle weiteren Sendungen. Einer der Grundsätze des Journalismus, dass er immer gut informiert ausgeübt werden soll, wird abgeschaltet, wenn es um weiße Bezeichnungshoheiten geht. Fehler werden zwar eingestanden, die Angelegenheit selbst – nämlich Sprache ohne Diskriminierung – aber als zu unwichtig betrachtet, um auch wirklich das *Verhalten* zu verändern. Bisher ist mir unter den vielen Medienhäusern, die auf Beschwerdebriefe hin eingestanden, dass »Schwarzafrikaner« keine geeignete Bezeichnung für Menschen sei, und die sich deswegen entschuldigten, noch keines begegnet, das diese Erkenntnis anschließend in den eigenen Redaktionen kommuniziert hätte. Meistens war eine Woche später wieder dasselbe Wort zu lesen oder zu hören. Auch das ist Herrschaftsverhalten: das Privileg, Erkenntnisse nicht umsetzen zu müssen, um den Status quo (»*Ich* benenne die Schwarzen, nicht sie sich selbst«) aufrechtzuerhalten.

3) Sie haben einzelne Ihrer persönlichen Erfahrungen hinzugezogen, um sich zu vergewissern, dass das, was da steht, so nicht stimmt.

Ein guter sozialer Konsens lautet: Alle Begriffe, die für eine Gruppe beleidigend oder diskriminierend sind, dürfen von Angehörigen anderer Gruppen nicht verwendet werden.

Eigentlich.

Denn diese einfache Verhaltensregel wird in Deutschland von Weißen üblicherweise nur befolgt, wenn die Gruppen, um deren Benennung es geht, ausschließlich aus weißen Personen bestehen, wenn es also etwa weiße Sportler_innen, weiße Geflüchtete, weiße Aussiedler_innen, weiße Frauen, weiße Akademiker_innen sind. In anderen Fällen, wenn es um Schwarze Menschen oder Kulturen geht, wird seitens der Mehrheitsgesellschaft fröhlich auf unserer schönen sozialen Regel herumgetrampelt: Zeitgenössische afrikanische Kunst wird unter »primitiver Kunst« eingeordnet, zeitgenössische europäische Kunst hingegen nie, selbst wenn das Werk aus einem Pfund Butter in einer alten Badewanne besteht. Jeder Hinweis Schwarzer Organisationen, dass dieser und jener

Begriff diskriminierend und daher auch unprofessionell sei, wird zunächst abgeschmettert, angezweifelt und/oder einfach nicht befolgt, aus einem einzigen Grund: weil dieses Verhalten Usus ist und weißen Menschen -anders als PoC- dadurch keine Nachteile entstehen. Hierfür gibt es unendlich viele Beispiele.

Die weiße deutsche Gesellschaft rückt jeweils nur dann ein winziges Stückchen von ihrer Dominanz ab, wenn es gar nicht anders geht. Weil Sie schon als kleine Kinder gelernt haben, dass es Ihnen *zusteht*, alle Menschen zu benennen und einzuteilen. Und sobald Ihnen dieses vermeintliche Recht streitig gemacht wird – und sei es im Sinne von Frieden und Menschenrechten –, geraten Sie in Panik.

Dadurch, dass Sie auf einmal nicht mehr bestimmen können sollen, wer wer und was was ist, wird plötzlich Ihr eigener Status infrage gestellt. Der schöne Status, der Ihnen Ihr ganzes Leben lang tagaus, tagein bestätigt wurde, aber immer *unbewusst*. Zum Beispiel, indem es bisher immer primär um *Sie* ging, und nicht darum, *wie weiß* Sie sind. Zum Beispiel, indem Sie bei jedem Buch, das Sie lesen, automatisch davon ausgehen, dass alle Personen Weiße sind, bis eine Figur explizit anders beschrieben wird. Zum Beispiel, indem Sie sich noch nie rechtfertigen mussten, woher Sie etwas denn so genau wissen wollen, wo Sie doch als weiße Deutsche aufgewachsen sind und daher einen eingeschränkten Erfahrungsschatz ohne Fluchterfahrung und ohne andauernde Moderation interkultureller Codes besitzen. Oder dadurch, dass Sie bisher vielleicht noch nie mit anderen Menschen in einen Topf geworfen wurden, nur wegen ihres Weißseins (»Weißen kann man nicht trauen«). Oder dadurch, dass Sie es als so selbstverständlich betrachten, bevorzugt behandelt zu werden, dass Sie sich damit gar nicht auseinandersetzen müssen, es aber zugleich abstreiten.

Und zum Beispiel dadurch, dass Sie sich höchstens freiwillig, aber noch nie zwangsweise damit beschäftigt haben, wie aggressiv die Gesellschaft Sie behandelt, wenn Sie die Ihnen zugestandene Rolle nicht einhalten.

Sie dürfen tatsächlich im Batikfummel barfuß tanzen und dabei verklebte Haare haben, ohne rassistische Klischees hervorzurufen. Sie dürfen Ihre Küche versiffen lassen, ohne rassistische Klischees hervorzurufen. Sie dürfen bekifft zu spät kommen, ohne rassistische Klischees hervorzurufen. Ja, Sie können sogar *dealen und dabei Trommel spielen*, ohne rassistische Klischees hervorzurufen.

All dies finden Sie womöglich selbstverständlich. Ist es aber nicht. Es sind Privilegien.

Wenn dieser privilegierte Status für Sie wegfiele, wer wären Sie dann? Ihr Ego bekommt Angst und flüstert: »Weniger wichtig und mächtig als bisher. Stark eingeschränkt. Weniger angesehen und viel weniger beliebt. Weniger . . . wert?«

Das macht kein Ego freiwillig mit, auch keines, das gern zur Lichterkette geht und Völkerverständigung super findet. Hier sind wir bei unserem Kernproblem angelangt: Solange Ihr Ego glaubt, dass es in Gefahr ist und Sie *weniger* haben, wenn Sie sich Ihrer Privilegien bewusst werden, so lange haben Sie gar keine Chance, Rassismus zu bekämpfen. Dass alle Menschen natürlich nur gewinnen können und viel edler und liebenswürdiger sind, wenn sie respektvoll miteinander umgehen, ist dem Ego egal. Denn es ist ja der Job des Ego, die Gemeinschaft außer Acht zu lassen, sonst hieße es »Communo«.

Vor lauter Angst liegt das Ego falsch und will nichts vom Privilegienkonto hergeben müssen, Dagobert-Duck-mäßig. Ziehen Sie dem geizigen Ego also eins über, setzen Sie ihm eine Zipfelmütze auf und sagen Sie jedes Mal, wenn Sie sich bei einem spontanen »was maßt die sich an«-Gedanken ertappen: »Halt's Maul, white pride, ich hab dich nicht bestellt.«

Seien Sie sauer auf Ihre Eltern. Auf RTL. Auf Hollywood. Aber seien Sie kein Gesellschafts-Tyrann.

Wenn Sie jetzt trotzdem denken: »Ich kenne aber Schwarze, die mir sehr wohl erlaubt haben, Witze und Sprüche über ihren Körper zu machen! Es stimmt also gar nicht, dass ich Ausdrücke angeblich nicht verwenden darf, weil ich weiß bin«, dann müssen Sie und Ihr Ego noch ein wenig üben. Dazu kann ich Ihnen nur raten, sich bei Gelegenheit bei Ihren Schwarzen Freund_innen dafür zu bedanken, dass sie so tolerant sind und mehrmals darüber hinweggesehen haben, dass Sie sich rassistisch danebenbenommen haben.

»Witze« und Sprüche Weißer über Schwarze, »Hautfarben« und »ethnische Merkmale« sind nie angemessen, und es ist ein weiteres gängiges Dominanzmittel, dies zu ignorieren. Der Versuch ist sogar hinterhältig: Zum einen wollen Sie sich mit solchen Sprüchen vergewissern, dass Sie ja zu den »Guten« gehören, weil Sie von den Schwarzen so vollständig akzeptiert werden, dass Sie sich sogar solche Sprüche herausnehmen dürfen. Und zum anderen können Sie gleichzeitig Ihre Herrschaftsimpulse ausleben, indem Sie sich grenzüberschreitend verhalten, was Sie in einem Kämmerlein Ihres Unterbewusstseins sehr wohl wissen. Mit diesem Verhalten kommen Sie nur durch, wenn die Menschen, die Sie damit belästigen, a) wirklich sehr gut mit Ihnen befreundet sind (was mich bei dem Betragen stark wundern würde) oder b) zu müde sind, um Ihnen zu erklären, dass Sie sich gerade danebenbenehmen.

Dazu zählt auch »präventives Müdesein« Ihrer »Freund_innen«, weil diese genau wissen, was passiert, wenn sie sich diesen Umgangston verbitten: Sie werden dann nämlich höchstwahrscheinlich nicht sofort voll der Reue und Einsicht sein und mit dem Mist aufhören, sondern ein riesiges Diskussionsfass aufmachen. Nur geht es dabei um etwas, was Ihre Bekannten gar nicht diskutieren wollen/müssen, weil ja nicht die sich unverschämt verhalten haben, sondern Sie.

Es könnte aber auch sein, dass c) etwas vorliegt, was ich »Schwarzes Stockholmsyndrom« nenne: Die Menschen, die sich von Ihnen verbal belästigen lassen, sind sozusagen bereits Ihre Geisel. Weil Sie ihnen vorgesetzt sind oder ein Elternteil, oder weil Sie in der Vergangenheit schon einmal emotional überzogen auf Grenzziehungen reagiert haben. Ihre Schwarzen Bekannten, Angestellten oder Familienangehörigen wissen daher, dass ihnen kaum eine Möglichkeit bleibt, ihren Unmut zu äußern, ohne dass sie damit ihren Job oder ihren Hausfrieden gefährden.

Viele Menschen, die rassistisch behandelt werden, halten dies auch deshalb aus, weil sie in Deutschland und mit unserer verqueren »Normalität« sozialisiert sind, in der alle Menschen dazu erzogen werden, sich mit Weißen zu identifizieren. Auch sie wissen genau, dass ihnen nur dann menschlich begegnet wird, wenn sie nicht unbequem werden.

Sehen Sie's doch mal so: Selbst wenn Sie weiterhin glauben, dass speziell Ihre Bekannten oder Familienangehörigen die einzigen drei Schwarzen sind, die Ihre Witze über Schwarze Menschen wirklich nicht stören – nun wissen Sie, dass dieses Verhalten trotzdem rassistisch ist. Und damit sollte das Thema auch erledigt sein.

Wer seine Gattin ungestraft »Muschi« nennen darf, versucht daraus ja auch nicht abzuleiten, dass das ein ordentlicher und diskriminierungsfreier Ausdruck für weitere Frauen sei.

4) Sie wurden ärgerlich.

Und zwar auf sich selbst. Bisher waren Sie sicher, dass Sie zum einen uneingeschränkt zu den »Guten« gehören, und zum anderen, dass Sie Durchblick haben. Diese beiden angenehmen Selbstbilder werden soeben stark gefährdet.

Zum ersten Punkt kann ich Sie beruhigen: Zu den »Guten« gehören Sie auf alle Fälle, wenn Sie sich das hier nicht nur reinziehen, sondern auch annehmen können, wenn also Ihre Abwehrreflexe das Ganze nicht abbrechen lassen, sondern wenn Sie sich selbst beobachten und Ihre Sozialisierung bestaunen können. Betrachten Sie es wertfrei: Hier wird nicht

Ihre Person kritisiert, sondern die *Erziehung* Ihrer gesellschaftlichen Gruppe.

5) Sie haben Ihren Ärger auf dieses Buch projiziert, beziehungsweise auf seine Behauptungen oder gar die Haltung der Autorin.

Haben Sie sich vorhin zufällig gedacht: »Wenn der Begriff ›Schwarzafrikaner‹ diskriminierend ist, dann darf er aber auch von Schwarzen nicht verwendet werden!«?

Das ist ein Beispiel dafür, wie ein Herrschaftsego sich zu wehren versucht und die Deutungshoheit zurückerlangen will. Wenn Sie schon angegriffen werden, wollen Sie nämlich bitte schön zumindest selbst bestimmen, wie viel davon inhaltlich richtig ist und außerdem mit dem Gelernten lieber gleich über andere urteilen und denen vorschreiben, was sie zu tun und zu lassen haben. Vor allem, wenn die keine Weißen sind. Diese Reaktionsweise beruht nicht etwa auf »Bosheit«, sondern sie wird bereits im Kindesalter gelernt. Es ist trotzdem möglich, darüber weg zu kommen.

Natürlich dürfen sich ausschließlich jüdische Menschen Judenwitze erzählen, und andere Deutsche können ihnen dies nicht »untersagen« (obwohl das viele ärgert, weil sie dadurch ein einziges Privileg nicht haben). Und natürlich ist es der Job der Schwarzen Menschen, zu entscheiden, welche Bezeichnungen für Schwarze Menschen akzeptabel sind, und nicht der Job der weißen Deutschen.

Nebenbei: Die Aussage »Der Begriff ›Schwarzafrikaner‹ sollte von *Weißen* nicht verwendet werden« ist unabhängig davon, was alle anderen angeblich zu tun haben, denn von denen ist darin gar nicht die Rede. Das haben Sie vielleicht, falls Sie sich aufgeregt haben, nicht bemerkt.

Nun aber weiter in der Achterbahn der Gefühle (ich schätze an weißen Menschen übrigens ganz besonders ihre Ursprünglichkeit und Emotionalität):

6) Sie glauben, der Ärger komme nicht daher, dass Sie beurteilt und pauschal kritisiert werden, sondern von inhaltlichen Dingen.

Sie haben nämlich sogar schon von Schwarzen Menschen selbst gehört, wie diese den Begriff »Schwarzafrikaner« verwendet haben. Es kann also mit meiner Behauptung nicht weit her sein.

Ich bin mal so frei: »Schwarzafrikaner« ist kein diskriminierungsfreier Begriff, weil er sich geografisch gewandet, aber dabei in Wirklichkeit nichts aussagt, außer dass die Person Schwarz ist. Interessanterweise wird das Wort sogar oft für Menschen gebraucht, die gar nicht aus Afrika sind. Dies ist bereits ein Indiz für den diskriminierenden Charakter des Begriffs, denn die Bedeutung eines Wortes wird ja durch dessen Gebrauch in der Sprache bestimmt. Das Wort bedeutet in Wirklichkeit lediglich »wirklich *schwarzer* Schwarzer«, enthält demnach eine Kategorisierung nach »Rasse«, besagt auch, dass die Person besonders »dunkel« sei, und lädt zu vielfältigen Assoziationen ein. Einen Begriff zu verwenden, der direkt nichts aussagt, funktioniert nur, wenn mit dem Begriff *indirekt* feste Annahmen verknüpft sind. Der Begriff »Schwarzafrikaner« sagt uns weder, aus welchem Land die Person kommt, noch, wo sie wohnt, noch, wie sie aussieht, noch, was sie tut oder wer sie ist, welcher Kultur sie angehört oder welche Sprache sie spricht.

Würden Sie sagen, es genügt, wenn eine Person, die Sie beschreiben will, Sie als »Weißeuropäer« bezeichnet? Finden Sie, dass Sie und Franz Josef Strauß, Tokio Hotel und Mutter Beimer gemeinsam als Gruppe zusammengefasst werden können, weil Sie alle »Weißeuropäer« sind? Oder verlangen Sie nicht vielmehr, dass bei Ihrer Beschreibung Ihr Aussehen, Alter und Beruf, vielleicht auch Ihre Herkunft eine Rolle spielen?

Wieso kommt es Ihnen dann nicht komisch vor, wenn all dies bezüglich Schwarzer Menschen anders gehandhabt wird und »Schwarzafrikaner« eine Kulturen- oder Personenbeschreibung ersetzen soll?

Weil Sie es so gewöhnt sind.

Die offizielle Bedeutung von »Schwarzafrikaner« ist: »Mann von südlich der Sahara«. Wieso nur um alles in der Welt sollen alle diese Männer in einen Topf geworfen werden? Die traurige Wahrheit: Weil die Tatsache, dass die Leute »*richtig schwarze* Afrikaner« sind, den meisten weißen Deutschen schon genügt, um sich ein Bild von ihnen zu machen. Das Wort »Schwarzafrikaner« ist nämlich lediglich eine neuere Version des Begriffs »Neger«, der inzwischen allseits als Beleidigung verstanden wird. Das dahinter stehende *Konzept* wird damit aber weiterhin verteidigt: »Schwarzafrikaner« fußt auf der kolonialen Einteilung des afrikanischen Kontinents durch Europäer – und ist damit eine direkte Fortführung der alten Propaganda von »Rasse«-Einteilungen und ihren Zuschreibungen.

Das ist Ihnen noch nie aufgefallen? Warum sollte es dann allen *Schwarzen* Leuten bisher aufgefallen sein? Das Wort klingt ja auf den ersten Höreindruck nicht unverschämt und wird in »seriösen« Medien verwendet.

Ebenfalls wichtig: Eine Bezeichnung ist nicht diskriminierungsfrei, nur weil diejenigen, die mit dieser Bezeichnung *nicht* gemeint sind, die Gewalt hinter dem Begriff nicht zu spüren bekommen. Und ein Begriff wird auch dadurch nicht diskriminierungsfrei, dass ihn Menschen in der Vergangenheit verwendet haben oder weiterhin verwenden.

7) Bei der Stelle, die Sie aufregt, haben Sie festgestellt, dass es »darum« ja gar nicht geht.

Sie finden: Es geht hier doch gar nicht darum, wer oder wer nicht als »Schwarzafrikaner« bezeichnet wird. Das ist doch nicht der Rassismus, der hasserfüllte Menschen Geflüchtetenunterkünfte anzünden lässt, der Brutalität und Unterdrückung hervorbringt und so vielen Menschen das Leben zur Hölle macht.

Und ich sage: Doch, das ist er. Genau der Rassismus. Die vermeintliche Gewissheit, dass weiße Menschen über Schwarzen Menschen stünden, und *wichtiger* seien, ist so tief in unserer Gesellschaft verankert, dass sie nicht mehr ausgesprochen werden muss, um zu wirken. Der Normalfall ist sogar, zu lernen, das Gegenteil nachzuplappern, und sich weiterhin trotzdem rassistisch zu verhalten. Der Zustand, dass weiße Menschen sich Schwarzen Menschen überlegen fühlen, und dass Schwarze Interessen als vernachlässigbar behandelt werden, führt zu Verfolgung, Tod, Folter, Herabsetzung und eben auch zum Festhalten an der Verwendung von Begriffen, von denen bekannt ist, dass sie verletzend und diskriminierend sind. Die Demonstration dieses Verhaltens bestätigt dann wiederum alle anderen Weißen darin, dass sie mit ihrer Einschätzung der eigenen Überlegenheit recht haben, und erhält den Status quo. Der Rassismus, der Menschen anzündet, und der, der sie beleidigt und kategorisiert, ist genau der gleiche, er äußert sich nur unterschiedlich.

Die Technik, bei Kritik an weißen Verhaltenstraditionen als erstes zu verkünden, dass es »darum« gar nicht geht, heißt in der Rassismusaufklärung »derailing« - Ablenkung. Die Deutungshoheit über das Thema soll unbedingt beibehalten werden und Aspekte, die als unangenehm empfunden werden, sollen ausgeklammert werden. Rassismus und white supremacy können aber nun mal leider nicht dadurch beendet werden, dass ein Schwerpunkt darauf gelegt wird, dass weiße Menschen den Prozess als angenehm empfinden.

Sie finden, es müsse jetzt mal dringend gesagt werden, dass Rassismus nicht bekämpft wird, indem an Weißen herumgenörgelt wird.

An wem denn sonst? Haben die Schwarzen etwa ihre eigenen Länder überfallen, sich dann selbst als Menschen zweiter Klasse bezeichnet und fortan alles darangesetzt, diese angebliche Zweitklassigkeit immer wieder mit albernen

Konstrukten zu beweisen, um die Übergriffe vor dem Rest der Welt zu rechtfertigen und globale Supremacy zu etablieren?

Dass Schwarze Menschen noch heute unterdrückt, beleidigt und diskriminiert werden, ist nicht etwa eine naturgegebene Selbstverständlichkeit. Das Rassedenken von heute beruht auf den – nie ordentlich beseitigten – Überresten der Propaganda von damals. Wir alle wachsen auch heute noch mit einer solchen Fülle an rassistischen Bildern, Vorstellungen und Überzeugungen auf, die uns als »Grundwahrheiten« untergejubelt werden, dass kein Mensch behaupten kann, »frei davon« zu sein. Mit einem rassistischen Weltbild werden wir bereits infiziert, bevor die Grundschule überhaupt beginnt.

Wenn Sie fordern, dass Schwarze Menschen softer und freundlicher zu Ihnen sein sollen, während sie über Entmenschlichung sprechen, sind Sie eindeutig noch nicht sehr fortgeschritten im Verständnis, wie Rassismus koloniale Subjekte produziert und was das mit Ihrer eigenen Kultur zu tun haben könnte. In spätestens zwei Kapiteln wird es Ihnen aber ganz klar sein. Halten Sie durch.

9) Überhaupt lehnen Sie es ab, so pauschal als »Weiße_r« bezeichnet zu werden, weil Sie ja ein individueller Mensch sind und nicht wegen Ihrer Farbe irgendeiner Gruppe zugeordnet werden können, und das soll respektiert werden.

Ich schlage vor: Bis es allen Menschen in Deutschland so geht, wie Sie sich das für sich selbst wünschen, jammern Sie nicht, sondern arbeiten Sie stattdessen daran, Rassismus aufzulösen. Man kann auch nicht Sexismus bekämpfen, indem man es erst mal »ablehnt«, als Mann bezeichnet zu werden.

10) Mit Rassisten lassen Sie sich nicht in einen Topf werfen, denn Sie sind nicht rassistisch, das wissen Sie genau, und Sie müssen sich auch nicht fragen lassen, woher Sie das so genau wissen wollen!

Da sind wir an einem besonders interessanten Punkt: Rassist ist in Deutschland nämlich nicht, wer sich rassistisch verhält, sondern nur, wer offen zugibt, dass er einer sei. Das ist praktisch. Denn dadurch gibt es hier kaum Rassisten.

Selbst das Anzünden von Asylunterkünften firmiert unter »Zukunftsangst« und »Überforderung«. Das Publizieren rassistischer Schriften wird vom Mainstream ebenfalls nicht rassistisch genannt sondern »polarisierend«, »gewagt« und »frei«.

Warum bekommen wir nicht schon in der Schule beigebracht, dass wir nur dann nicht faschistisch sind, wenn wir keine faschistischen Sprüche klopfen? Dass wir natürlich automatisch antisemitisch sind, wenn wir uns antisemitisch äußern? Dass, wer sich sorglos rassistischer Worte und Taten bedient, selbstverständlich rassistisch ist? In Wirklichkeit lernen wir das Gegenteil. Mit Aussagen wie »Ich hab nichts gegen xy, ich hatte sogar mal 'ne xy Freundin« wollen und können sich diejenigen herausreden, die gerade einen rassistischen Spruch abgelassen haben. Der Nationalsozialist und Mörder Adolf Eichmann hat sich übrigens genau derselben Mittel bedient und damit versucht, seine persönliche Verantwortung abzuschütteln. Er behauptete einfach, er habe persönlich nichts gegen Juden.

Bill Stewart, der Cheftrainer der »Hamburg Freezers«, darf, wie in den Medien und im Netz nachzulesen war (bei Bedarf Suchmaschine strapazieren), im November 2006 einen anderen Coach als »fucking Ni****« rassistisch beleidigen, gilt danach aber nicht als Rassist, weil anschließend schnell einmütig behauptet wird, er »wär ja nicht so einer«, und weil vor allem seine fachliche Kompetenz im Vordergrund stehen soll: »*Man hört viel über seine Eskapaden, aber als Fachmann ist er unumstritten.*« Was für »so einer« ist er denn angeblich nicht? Was ist denn jemand, der einen Kollegen »fucking Ni****« nennt, sonst, wenn nicht ein Rassist?

Der Potsdamer Ermyas M. wird von mehreren weißen Glatzen ins Koma getreten und geprügelt und dabei mehrmals als »N****« beschimpft. Im Prozess behauptet der Richter dann tatsächlich, es habe sich nicht um ein rassistisches Verbrechen gehandelt. Hallo? Aufwachen! Was hier passiert, ist gefährlich und geht so: Ich stecke den Kopf in den Sand. Ich nenne das Ding nicht beim Namen, weil ich damit ein ungemütliches Fass aufmachen würde und die Folgen vielleicht nachteilig für mich wären. Ich komme davon, wenn ich die Wahrheit verdrehe, weil alle anderen (sagen wir: alle *relevanten* anderen) das auch gut finden und mich dafür belohnen werden. Ich muss nicht nachdenken. Ich mag nicht nachdenken. Ein solches Verhalten steht sinnbildlich für Feigheit und abhanden gekommenes Rückgrat.

Spiegel Online schießt in der Betrachtung des letztgenannten Vorfalls wie so oft den Vogel ab. Vielleicht hat die Redaktion sich dort auch zum Ziel gesetzt, möglichst rassistisch eingefärbte Berichterstattung zu produzieren, damit für Bücher wie dieses umfangreiche Lehrbeispiele entstehen.

Die Schwarze deutsche Wissenschaftlerin und Blacktivistin Victoria B. Robinson schreibt darüber in ihrem Blog blackprint am 13. 2. 2007:

Für den SPIEGEL sind alle Deutschen weiß

> Nun hat also der Prozess gegen diejenigen begonnen, die Ermyas am letzten Ostersonntag fast das Leben gekostet hätten. Ermyas wird in der Berichterstattung manchmal als Afrodeutscher (juhuuu, so einfach kann das sein!), mal als schwarzer Deutscher (auch so einfach könnte es sein), dann als Deutscher äthiopischer Herkunft, oftmals auch als Deutsch-Äthiopier bezeichnet. Einige Medien können es sich nicht verkneifen, ihn weiter als Afrikaner, Farbigen o. ä. zu bezeichnen. Was der Spiegel sich in dem aktuellen Artikel »Attacke auf Ermyas M« <http://www.spiegel.de/panorama/justiz/0,1518,4655

20,00.html> leistet, ist aber kaum an Ignoranz zu überbieten:

»Der großgewachsene Ermyas Mulugeta, 38, spricht leise, langsam, bedächtig, manchmal sucht er nach einem Wort, bisweilen sind seine Sätze schwer zu verstehen. Vermutlich ist dies noch eine Folge der schweren Kopfverletzungen, die er in der Nacht vom 15. auf den 16. April vorigen Jahres davontrug, nachdem er an einer Potsdamer Bushaltestelle mit zwei Deutschen in Händel geraten war. Oder es fällt ihm schwer, in einer fremden Sprache zu erklären, was er sich selbst nicht erklären kann.«

Fremde Sprache? Wie auch immer, aber was hat es mit den »zwei Deutschen« auf sich? Ermyas ist ebenfalls deutsch! Warum kommt man nicht auf den Punkt, dass es sich um zwei weiße Deutsche gehandelt hat??? Oder propagiert man jetzt auch beim Spiegel die »rassische Blutreinheit des deutschen Volkes«?

Das Ganze ist kein einmaliger Ausrutscher, sondern folgt noch einmal in sehr ähnlicher Weise im wunderbaren Resümee:

»Schon zu Beginn des Prozesses zeichnete sich ab, wie es damals zu der zunächst gravierenden Fehleinschätzung des Tatablaufs als eines rassistisch geprägten Überfalls kam. Es gibt keine Formel: Nimm zwei Deutsche und einen Farbigen und du weißt, wer das Opfer ist.«

Gravierende Fehleinschätzung? Ganz sicher auf Seiten der Spiegel-Autorin Gisela Friedrichsen, die offensichtlich weder Worte wie »Nigger« oder ihr selbst verwendetes »Farbige« rassistisch findet, noch ihre eigene Überzeugung, nur Weiße könnten deutsch sein.[viii]

Die Autorin des Blogs schickte mir später außerdem diese interessante weiterführende Anmerkung: »Was an dem Beispiel noch netter und mir erst später aufgefallen ist: die Täter sind ja offiziell Unbekannte, daher weiß man gar nicht, ob es sich um

Deutsche handelt. Ergo: Zwei WEISSE trafen einen DEUTSCHEN!!«

Das haben Sie jetzt alles gelesen und finden es wahrscheinlich ebenso schlimm wie ich. Sie wissen aber immer noch genau, dass Sie nicht rassistisch sind. Woher? Weil Sie es nicht sein *wollen.* Da habe ich leider eine schlechte Nachricht für Sie: Ganz frei von rassistischem Gedankengut wachsen Sie in Deutschland nur auf, wenn Sie keinerlei Kontakte zur Außenwelt haben – Medien eingeschlossen.

»Ja, ja, normalerweise stimmt das, aber bei uns zu Hause war das echt ganz anders, ich bin Gott sei Dank ohne so was aufgewachsen!«

Ohne was? Ohne Schwarze Menschen? Ohne Fernseher? Ohne das Lied »Zehn kleine N****lein«? In einer Welt, in der das Reinigungspersonal grundsätzlich weiß und deutsch und Schuldirektor_innen und Polizeibeamte alle Schwarz waren? In der Schwarze Menschen nicht ständig mit Kolonialausdrücken belegt und mit Tieren oder Nahrungsmitteln verglichen wurden? Ganz ohne geschönten oder gar keinen Unterricht über die deutschen Kolonialaktivitäten? In einer Stadt ohne Straßen mit den Namen weißer Kolonial›herren‹, ohne Denkmal dafür, dass sie afrikanische Menschen versklavt haben und dadurch Reichtum nach Hause brachten? In einer Welt, in der Sie nicht weiße Privilegien genossen und dabei gar nicht mitbekommen haben, dass Ihre Handlungsfreiheit vor allem an Ihrem Weißsein liegt?

11) Sie sammeln Argumente, mit denen Sie möglichst bald beweisen können, dass das, was da steht, zum Teil die Tatsachen verdreht, am Thema vorbeigeht oder ungerecht ist.

Sammeln Sie weiter. Senden Sie sie ein. Wenn Sie nicht etwas wiederholen, was ich bereits erklärt habe (zum Beispiel: »Aber ich finde, Schwarzafrikaner ist wirklich ein neutraler Begriff«), übe ich an Ihren Einwänden das Argumentieren für das nächste Buch oder korrigiere mich dort.

12) Sie gehen davon aus, dass Sie Ahnung von dem Thema haben.

Unsere Generation ist noch mit den vielfältigsten Rassismen aufgewachsen. Wir spielten im Kindergarten »Wer hat Angst vorm schwarzen Mann«, sangen »Zehn kleine N****lein«, und es kam schon mal vor, dass Figuren von Schwarzen Dienern im Eingang des Schuhladens standen. Gleichzeitig setzten wir uns gegen Rassismus ein, indem wir auf dem Schulbalkon ein Transparent anbrachten, auf dem »Wir sind gegen Rassismus« stand. Wir messen seit frühester Kindheit »Gleichberechtigung« mit zweierlei Maß: das eine behaupten und das andere überall als Normalität erleben. Wie kommen Sie mit dieser Sozialisierung auf die Idee, dass Sie auch nur ein Fünkchen über Rassismus Bescheid wüssten?

Weil Weißen auch dies beigebracht wurde: »Wir wissen es besser.« Das ist so selbstverständlich, dass es gar nicht erst diskutiert zu werden braucht.

Es gibt in Deutschland zahlreiche »Anti-Rassismus-Beauftragte« oder Anti-Rassismus-Vortragende, die über keinerlei Bildung auf diesem Gebiet verfügen. Das ist auf anderen Gebieten kaum vorstellbar (Eva Herman zum Thema »Hausfrauen« mal außen vor).

Was macht all diese »Experten« und »Expertinnen« ohne Ausbildung glauben, dass sie die Mechaniken von institutionellem und strukturellem Rassismus erkennen oder gar ausheben können, wenn sie weder alle Auswirkungen kennen noch darin geschult sind?

Bei einer Podiumsdiskussion mit den Fanvertretern großer deutscher Fußballvereine und dem ehemaligen Bundesliga-Fußballspieler Yves Eigenrauch durfte ich kürzlich miterleben, wie sieben Leute sich am Tisch über »Rassismus im deutschen Fußball« unterhielten und davon überzeugt waren, dass sie ihn durch ihre Arbeit gezielt bekämpften. Auf die Frage eines

Zuhörers im Publikum: »Was qualifiziert Sie eigentlich für antirassistische Arbeit mit Erwachsenen und Jugendgruppen?«, war es erst mal so leise, dass man fast hören konnte, wie sich das Resthaar von Yves Eigenrauch knisternd aufstellte.

Die Antwort der Fanvertreter war so ehrlich wie bezeichnend: »Äh, das ist eine sehr gute Frage. Genau genommen... nichts.«

Sie hätten natürlich jemanden fragen können, der sich damit auskennt. Für sehr viele weiße Deutsche kommt genau das aber anscheinend nicht infrage.

Ich habe bisher viel mehr weiße »Experten« auf Podiumsdiskussionen zum Thema Rassismus gehört, die sich um Kopf und Kragen redeten, weil sie sich mit dem Thema vorher gerade mal kurz theoretisch auseinandergesetzt hatten oder Schwarze Forschung halbverstanden wiedergaben, als echte Sachverständige, die die Mechanismen des Rassismus kennen, weil sie über jahrzehntelange Analyse und entsprechende Ausbildungen verfügen.

In einer Diskussion in Hamburg, bei der ich Zuhörerin war, ging ich, als zu Wortbeiträgen aufgerufen wurde, zum Publikumsmikrofon, woraufhin der Moderator sagte: »Moment bitte, junge Frau, erst mal wollen wir zu dem Thema noch einen Experten hören.« Der »Experte« war ein weißer ehemaliger Spiegel-Autor, der schon mal in Afrika war und es als »Land« bezeichnete.

Warum automatisch davon ausgegangen wurde, dass dieser Mann mehr Ahnung von dem Thema haben könnte als ich, konnte ich gleich als wunderbares Beispiel verwenden, um zu zeigen, dass rassismuskritische Arbeit eben nichts für Anfänger und Hobby-Afrikafans ist, weil diese Arbeit ernst genommen werden muss, damit sie gelingt[2].

Da Politik und Gesellschaft Rassismus nicht konsequent bekämpfen wollen, wird das Feld jeder beliebigen Person überlassen, die sich nicht gerade durch Qualifikation auszeichnen muss. Viele unserer selbst gezüchteten Probleme lassen sich auf diese Weise auch so behandeln, als seien sie *keine gesamtgesellschaftlichen* oder *nicht unsere* Probleme, sondern nur die anderer oder bestimmter Gruppen, und als bestünde bei uns bestimmt kein Fortbildungs- oder Änderungsbedarf. Solange wir jedoch Rassismus und rassistische Gewalt nicht als *unser* Problem betrachten, haben wir keine Chance, diese loszuwerden (und dürfen uns nicht aufregen, wenn die Engländer uns ständig »Nazis« nennen).

13) Sie glauben, dass Sie mehr Ahnung von dem Thema haben als die Autorin.

Belehren Sie eigentlich auch Michael Schumacher über Getriebe? Sie beschäftigen sich gelegentlich hobbymäßig mit dem Thema, ich seit dreißig Jahren. Sie haben eine Binnensicht. Die rassistischen Erfahrungen, die Schwarze Menschen machen, sind für Sie – gottlob – nicht einmal theoretisch möglich. »Bei meinem Urlaub in Afrika/Teneriffa/Malaysia wurde ich auch komisch angeschaut« ist keine vergleichbare Erfahrung wie die, Angehörige einer diskriminierten Minderheit im eigenen Land zu sein. Genau wie Sie als Mann unter Frauen nicht herausfinden können, wie es als Frau unter Männern ist, denn dabei fehlt das globale Macht- und Bedrohungsszenario. Wenn Sie jetzt noch denken, Sie wüssten es besser, wissen Sie ja bereits, an welch ungutem Impuls das liegt. Widerstehen Sie ihm.

14) Und Sie wissen auch nicht, woher die Autorin sich das Recht nimmt, Sie jetzt schon wieder einfach so zu beurteilen und so zu tun, als würde sie Sie kennen.

Stellen Sie sich am besten vor, ich sei ein sechzigjähriger weißer Mann, damit Sie den Gedanken zulassen können, dass ich recht habe und Ihnen Einsichten in Verhaltensweisen beibringen könnte.

Und denken Sie daran: Zerlegt wird hier gesellschaftlich erlerntes und tradiertes weißes Herrschaftsverhalten. Deutschland ist schuld. Und die Schule. Und Stoiber. Und Schäuble. Und Thomas de Maizière. Nicht primär Sie selbst. Bis jetzt jedenfalls, denn nun, wo Sie Bescheid wissen, ist es Ihre Verantwortlichkeit, ob Sie Ihr Verhalten in Zukunft diskriminierungsfreier gestalten wollen.

Packen wir's an.

Test 2: Erkenne ich Rassismus? (mit Auflösung)

1) »(Eddie) Murphys neuer Film ... ist ein solch unsympathisches Machwerk, dass man zum Rassisten werden könnte« (Hans Mentz in der Zeitschrift *Titanic*).

Dieser Satz ist

a) Satire und daher nicht rassistisch

b) rassistisch

c) nicht rassistisch

2) »Bitte halten Sie einen Vortrag über das Thema ›Schwarze Deutsche‹ und besorgen Sie geeignete Unterrichtsmaterialien. Wenn Ihnen das Thema wichtig ist, möchten wir gern alle Ihre Meinung dazu hören« (weißer Professor in der weißen Germanistik-Vorlesung zur einzigen Schwarzen Studentin).

Dieses Angebot ist

a) gerecht und nicht diskriminierend

b) ungerecht und diskriminierend

c) ungerecht, aber nicht diskriminierend

3) (Für Weiße:) Wenn ich mit einem neuen Schwarzen Kollegen zusammenarbeiten soll, sage ich ihm, dass seine Hautfarbe für mich keine Rolle spielt, damit er sich nicht unwohl fühlt.

Diese Idee ist

a) gut und nicht rassistisch

b) schlecht und rassistisch

c) schlecht, aber nicht unbedingt rassistisch

Auflösung:

1) Antwort b

Nur wer *ausschließlich* die »Hautfarbe« (eigentlich: »rassische« Merkmale) eines Schauspielers (= Menschen) sieht, kann auf so eine krude Idee kommen. Wenn Hans Mentz den Impuls verspürt, er könnte, wenn er nicht aufpasst, Schwarze Menschen ganz generell als minderwertig betrachten, weil er einen beliebigen Schwarzen irgendetwas tun sieht, was ihn persönlich nicht genug amüsiert, ist das klarer Rassismus.

Ebenso könnte er behaupten, er würde Antisemitismus jetzt besser verstehen, weil ihm die Performance von Winona Ryder nicht gefallen hat. Den Beweis tritt er im nachfolgenden Nebensatz auch gleich selbst an, denn komplett lautet das Zitat: »Murphys neuer Film ›Dr. Doolittle‹ ist ein solch unsympathisches Machwerk, dass man zum Rassisten werden könnte, wenn man in gewisser Hinsicht nicht schon einer wäre.« Den Konjunktiv und die »gewisse Hinsicht« können wir da ruhig streichen.

Ich bin noch nie auf die Idee gekommen, ich könnte zur Weißenhasserin werden, nur weil Oliver Pocher mich langweilt.

2) Antwort b

Die deutsche Wissenschaft untersucht begeistert alle möglichen Themen, wie zum Beispiel die Performanz der Aufführung der Aguaxima, aber ein gesamtgesellschaftliches Phänomen, nämlich das der Herausbildung der deutschen Identität aufgrund der unausgeglichenen Macht- und Anerkennungsverhältnisse von Schwarz/weiß wird – wenn es denn überhaupt untersucht wird – immer noch unzulässig pauschalisiert. In der Aussage des Professors wird das Forschungsfeld zu einer »persönlichen Angelegenheit« herabgestuft und eben *nicht* als gesamtgesellschaftliches Phänomen behandelt. Die Aussage »Wenn Ihnen das Thema wichtig ist« besagt bereits, dass das Thema nicht *selbstverständlich* wichtig ist, sondern dass es vor allem der Schwarzen Vortragenden etwas bedeuten würde, und wird damit als nicht besonders relevant eingestuft.

Auch ist das von ihm gegebene »Thema« kein Thema sondern lediglich ein Stichwort zu vielen hundert möglichen Themen politischer, historischer, soziologischer, künstlerischer, sprachlicher und kultureller germanistischer Forschung und Betrachtung. Die Studierende kann unmöglich einen Abschnitt auswählen, der der viel zu weit gefassten Themensetzung genügen kann. Zudem wird sie unter dem Druck stehen, mit dem Vortrag zugleich ihre eigene Geschichte, Anwesenheit und Kultur zu *rechtfertigen*, und gleichzeitig die Betrachtung all dessen als Kuriosität zu verhandeln - eine monströse Zumutung, der andere Studierende niemals ausgesetzt werden.

Die Arbeit, die eigentlich ein Kurs zu leisten hat, wird auf sie alleine abgewälzt, und damit bereits im Vorfeld ein weiteres Mittel geschaffen, ihren Vortrag anschließend relativieren zu können: Das Feld wurde bereits reduziert auf *ihre* Sicht; auf eine »Meinung« - als ein Anhängsel an die »echten« (selbstverständlichen) Inhalte und Studienfelder.

Warum? Weiße tragen ständig über Weiße vor, und es wird ihnen (leider) deswegen nicht automatisch eine Binnensicht unterstellt, die dann erst mal in der Gruppe relativiert werden muss, bevor schließlich das richtigen Ergebnis herauskommt. Dies wird der Schwarzen Studierenden in diesem Beispiel von vornherein verwehrt. Diskriminierungsfreie Lehre sieht anders aus. Der Wille dazu fehlt bei Schwarzen Themen an deutschen Universitäten sehr häufig.

3) Antwort b

Das Märchen, dass »die Hautfarbe keine Rolle spielt«, wird gern strapaziert, ähnlich wie das naive »Ich teile die Welt aber nicht in Schwarz und Weiß!«. Wenn der weiße Kollege bei gleicher Qualifikation zum Partner der Kanzlei befördert wird, haben andere die Ungleichbehandlung ja bereits für ihn erledigt. Wenn Aussehen für ihn wirklich keine Rolle spielte, müsste er dieses auch gar nicht groß erwähnen. Oder wollte er damit zum Ausdruck bringen, dass für ihn *Rassismus* keine Rolle spielt?

Die Aussage ist irritierend und bedeutet eigentlich: Hier will jemand einen unverdienten Freifahrtschein als »supertoleranter Typ«. In unserer Gesellschaft wachsen wir nun mal mit Rassismen auf. Diese Prägung für sich selbst einfach so beiseitewischen zu wollen, zeugt von Angst, Verkrampfung und zeigt einige Unreflektiertheit (und nebenbei Unverschämtheit). Wo liegt die Angst? Nachforschen. Rausfinden. Was soll so ein Satz bedeuten? Wie doof würden Sie sich vorkommen, ihn zu einem weißen Kollegen zu sagen?

KAPITEL ZWEI

Noch lange nicht passé: »Rasse« und Rassismus in Deutschland

Was ist »Rasse«?

Rasse ist eine Erfindung. Ja, auch wissenschaftlich ist das schon lange erwiesen und ein so alter Zopf, dass es einige jetzt vielleicht langweilen wird, wenn ich das ganze Ding noch einmal aufrolle. Da es aber ziemlich viele Leute in Deutschland gibt, die tatsächlich glauben, es gäbe so etwas wie verschiedene Menschen-»Rassen«, bringe ich das mal eben hinter mich. Dafür zitiere ich auszugsweise aus einer Erklärung, die die UNESCO auf einer wissenschaftlichen Arbeitstagung unter der Leitung des Wiener Anthropologen Prof. Dr. Horst Seidler einstimmig verabschiedet hat.[viii]

> »Das Konzept der ›Rasse‹, das aus der Vergangenheit in das 20. Jahrhundert übernommen wurde, ist völlig obsolet geworden. Dessen ungeachtet ist dieses Konzept dazu benutzt worden, gänzlich unannehmbare Verletzungen der Menschenrechte zu rechtfertigen. Ein wichtiger Schritt, einem solchen Mißbrauch genetischer Argumente vorzubeugen, besteht darin, das überholte Konzept der ›Rasse‹ durch Vorstellungen und Schlußfolgerungen zu ersetzen, die auf einem gültigen Verständnis genetischer Variation beruhen, das für menschliche Populationen angemessen ist.«

Das heißt im Klartext: Wer die »Rasse«-Idee noch immer benutzt, um Menschen zu unterscheiden, ist entweder schlecht informiert oder kriminell. Weiter heißt es in der Erklärung:

> »... ›Rassen‹ des Menschen wurden traditionell als genetisch einheitlich, aber untereinander verschieden angesehen. Diese Definition wurde entwickelt, um menschliche Vielfalt zu beschreiben, wie sie beispielsweise mit verschiedenen geographischen Orten verbunden ist. Neue, auf den Methoden der molekularen Genetik und mathematischen Modellen der Populationsgenetik beruhende Fortschritte der modernen Biologie zeigen jedoch, daß diese Definition völlig unangemessen ist. Die neuen wissenschaftlichen Befunde stützen nicht die frühere Auffassung, daß menschliche Populationen in getrennte ›Rassen‹ wie ›Afrikaner‹, ›Eurasier‹ (einschließlich ›eingeborener Amerikaner‹), oder irgendeine größere Anzahl von Untergruppen klassifiziert werden könnten. ... Darüber hinaus hat die Analyse von Genen, die in verschiedenen Versionen (Allelen) auftreten, gezeigt, daß die genetische Variation zwischen den Individuen innerhalb jeder Gruppe groß ist, während im Vergleich dazu die Variation zwischen den Gruppen verhältnismäßig klein ist.«

Das heißt im Klartext: Der genetische Unterschied zwischen ABBA[lix] untereinander ist wahrscheinlich größer als der genetische Unterschied zwischen ABBA und jeder beliebigen anderen Eingeborenentanzgruppe.

> »Nach wissenschaftlichem Verständnis ist die Einteilung von Menschen anhand der Verteilung von genetisch determinierten Faktoren daher einseitig und fördert das Hervorbringen endloser Listen von willkürlichen und mißleitenden sozialen Wahrnehmungen und Vorstellungen. Darüber hinaus gibt es keine überzeugenden Belege für ›rassistische‹ Verschiedenheit hinsichtlich Intelligenz, emotionaler,

motivationaler oder anderer psychologischer und das Verhalten betreffender Eigenschaften, die unabhängig von kulturellen Faktoren sind. ...

Mit diesem Dokument wird nachdrücklich erklärt, daß es keinen wissenschaftlich zuverlässigen Weg gibt, die menschliche Vielfalt mit den starren Begriffen ›rassischer‹ Kategorien oder dem traditionellen ›Rassen‹-Konzept zu charakterisieren.«

Warum nur halten sich so viele nicht daran?

Weil »Rasse« eben nicht nur eine wissenschaftliche Idee ist, die irgendjemand irgendwann fälschlicherweise in der »Vergangenheit« hatte – quasi ein Forschungsirrtum, den man einfach revidieren könnte. Nein, die These der Existenz von »Rassen« ist in Wirklichkeit eine *ideologische* und beruht auf der Verknüpfung von Biologie und Kultur. Der Glaube also, dass Menschen oder Menschengruppen bestimmte Neigungen »im Blut« lägen (interessanterweise ist es bei den Weißen, die dieses Konstrukt erfunden haben, angeblich vor allem der Intellekt), ist noch heute tief in unserem gesellschaftlichen Denken verwurzelt. Die »Rasse«-Idee ist aufs Engste mit dem weißen Bedürfnis verbunden, sich einen »anderen« zu schaffen – eine Projektionsfläche für alles Böse, Unheimliche, Verbotene oder Begehrte. Die mehr oder weniger willkürlichen Schubladen sind Teil einer Hierarchie, in der Weiße sich selbst ganz oben einordneten. Weiße Wissenschaften[x] und Gesellschaften wiederum stützten diese Weltsicht, die auf gewaltsame Weise zu einer »Weltordnung« wurde, mit eigenen Definitionen, Kategorien und Beschreibungen. Außer dem angenehmen Überlegenheitsgefühl hatte das Ganze auch noch den positiven Nebeneffekt, dass sich damit die kolonialen Eroberungen der außereuropäischen Welt hervorragend rechtfertigen ließen.

Es gibt tatsächlich noch heute weiße Forscher (viele von ihnen sind leider deutlich unter achtzig Jahre alt), die versuchen, einen Nachweis für weiße Rassetheorien zu erbringen. Stures Völkchen, das.

Dass Deutschland aufgrund seiner Geschichte ein bekanntermaßen gespaltenes Verhältnis zu »Rasse« hat, wird im Gleichbehandlungsgesetz, das ja eigentlich so schön sein könnte, deutlich. Dort heißt es:

> »Entschließung des Europäischen Parlaments vom 27. September 2007 zur Anwendung der Richtlinie 2000/43/EG des Rates vom 29. Juni 2000 zur Anwendung des Gleichbehandlungsgrundsatzes ohne Unterschied der Rasse oder der ethnischen Herkunft«.

Auf Proteste vieler Gruppen und Organisationen hin, dass es schädlich und bescheuert sei (natürlich haben sie sich gewählter ausgedrückt), den Rassebegriff so zu verwenden, wurde auf dieses Papier aus dem Bundestag hingewiesen:

> »Das Merkmal ›Rasse‹ bzw. ›ethnische Herkunft‹ ist von der Antirassismusrichtlinie 2000/43/EG vorgegeben. Diese auch in Artikel 13 EG-Vertrag erwähnten Begriffe sind EG-rechtlich in einem umfassenden Sinne zu verstehen, denn sie sollen einen möglichst lückenlosen Schutz vor ethnisch motivierter Benachteiligung gewährleisten. Die Verwendung des Begriffs der ›Rasse‹ ist nicht unproblematisch und bereits bei der Erarbeitung der Antirassismusrichtlinie 2000/43/EG intensiv diskutiert worden (zur Auslegung des Begriffs siehe Göksu, Rassendiskriminierung beim Vertragsabschluss als Persönlichkeitsverletzung, Freiburg/CH 2003, S. 8ff.). Die Mitgliedstaaten und die Kommission der Europäischen Gemeinschaften haben letztlich hieran festgehalten, weil ›Rasse‹ den sprachlichen Anknüpfungspunkt zu dem Begriff des ›Rassismus‹ bildet und die hiermit verbundene Signalwirkung – nämlich die konsequente Bekämpfung rassistischer

Tendenzen – genutzt werden soll. Zugleich entspricht die Wortwahl dem Wortlaut des Artikels 13 EG-Vertrag, dessen Ausfüllung die Antirassismusrichtlinie 2000/43/EG dient, sowie dem Wortlaut des Artikels 3 Abs. 3 Satz 1 des Grundgesetzes. In Übereinstimmung mit Erwägungsgrund 6 der Antirassismusrichtlinie 2000/43/EG sind allerdings Theorien zurückzuweisen, mit denen versucht wird, die Existenz verschiedener menschlicher Rassen zu belegen. Die Verwendung des Begriffs ›Rasse‹ in der Antirassismusrichtlinie 2000/43/EG bedeutet keinesfalls eine Akzeptanz solcher Vorstellungen. Zur Klarstellung wurde daher – auch in Anlehnung an den Wortlaut des Artikels 13 des EG-Vertrags – die Formulierung ›aus Gründen der Rasse‹ und nicht die in Artikel 3 Abs. 3 GG verwandte Wendung ›wegen seiner Rasse‹ gewählt. Sie soll deutlich machen, dass nicht das Gesetz das Vorhandensein verschiedener menschlicher ›Rassen‹ voraussetzt, sondern dass derjenige, der sich rassistisch verhält, eben dies annimmt.«[lxi]

Also, jetzt mal weniger kompliziert und von vorne. Bundestag und Bundesrat argumentieren folgendermaßen:

1) Wir wissen, dass »Rasse« eine rassistische Erfindung ist und nicht etwas, das tatsächlich existiert.

2) Wir verwenden den Begriff aber trotzdem ohne Anführungszeichen, weil er so gut zu den Rassisten passt. (Diese »Logik« muss man nicht verstehen. Es ist mir schleierhaft, warum ein Begriff gut zu Rassisten passen soll und nicht lieber eine präzise Bezeichnung benutzt wird.)

3) Der falsche Begriff wird weiterhin verwendet, weil wir ihn an anderer Stelle auch schon verwendet haben.

4) Das Ganze nennen wir ab sofort »konsequente Bekämpfung rassistischer Tendenzen«.

5) Es ist uns egal, dass damit bei allen, die das Gesetz lesen, sich aber sonst nicht viel mit dem Thema beschäftigen, der

Eindruck entsteht, dass es sehr wohl »Rassen« gebe. Denn dass es keine Rassen gibt, steht nur in unserem komplizierten langen Papier, das gar nicht am Gesetzestext dranhängt.

6) Was diejenigen sagen und einwenden, die Opfer von Rassismus werden können, ist uns sowieso extra-egal.

7) Diese »Logik« ist für uns selbst so uninnig, dass wir noch im selben Papier, in dem wir behaupten, dass es keine Rassen gibt, weiter hinten so etwas schreiben:

> »Hierzu gehört beispielsweise der Bericht der Beauftragten der Bundesregierung für Migration, Flüchtlinge und Integration nach § 91c Abs. 2 Ausl G (ab 1. Januar 2005 § 94 Abs. 2 des Aufenthaltsgesetzes), soweit dieser Aussagen zu den wegen ihrer Rasse [sic] oder ethnischen Herkunft benachteiligten Ausländerinnen und Ausländern [sic] enthält.«

Auf meine Frage: »Wie erklären Sie einem Teenager, der zu seinem Schulfreund sagt: ›Du bist ja eine andere Rasse als ich‹, dass das Wort und seine Idee nachweislich falsch sind, wenn er das Wort gerade in der Schule in einem neuen ANTI-Diskriminierungs-Gesetzestext gelesen hat?«, habe ich nie eine Antwort bekommen.

Wir fassen also zusammen: Weiße ordneten Menschen in beliebige »Rassen« ein, sich selbst als Krone der Schöpfung, und versuchten das dann zu rechtfertigen. Gebräuchliche Argumente waren und sind bis heute: »Das sieht man doch«, oder – wie sinngemäß bei Kant – »Das versteht sich von selbst«.

Was ist Rassismus?

Das UNESCO-Papier, das ich oben zitiere, enthält eine Definition von Rassismus, die in etwa dem entspricht, was auch in den meisten Lexika und Nachschlagewerken steht: »Rassismus ist der Glaube, dass menschliche Populationen sich in genetisch bedingten Merkmalen von sozialem Wert unterscheiden, sodass bestimmte Gruppen gegenüber anderen höherwertig oder minderwertig sind.«[lxiii]

Da jedoch gerade ausführlich erklärt wurde, dass es außer dem Homo Sapiens keine weiteren Menschenrassen gibt, möchte ich den Begriff weiter fassen und behaupte: außer der oben beschriebenen *white supremacy* ist Rassismus zudem auch der *Glaube,* dass Menschen aufgrund ihrer genetisch bedingten und als ethnisch interpretierbaren Merkmale bestimmte Prädispositionen (Veranlagungen) jedweder Art haben. Der Unterschied ist: Die herkömmliche Definition findet, dass es erst Rassismus ist, wenn (konstruierte) Menschengruppen angeblich unterschiedlich viel wert sind. Meiner Definition nach genügt es hingegen, den Rassetheorien der angeblichen genetischen *Verschiedenheit* weiterhin anzuhängen. Denn Rassismus funktioniert eindeutig auch ganz ohne eine direkte Proklamierung von Höher- oder Minderwertigkeit. Es genügt bereits, dass die Grundannahme etabliert ist, dass Menschen unterschiedlich veranlagt seien – nicht aufgrund ihrer Kultur oder Familie oder Prägung oder *persönlichen* Genetik, sondern wegen ihrer (unterstellten) Zugehörigkeit zu einer eigens hierfür konstruierten *genetischen Gruppe.* Rassismus ist demnach schlicht auch schon die Theorie, dass es verschiedene Menschen-»Rassen« gebe, deren Individuen über gemeinsame prädisponierte Veranlagungen verfügen. Von den Angehörigen der jeweiligen »Rassen« wird angenommen, dass sie generell über eine bestimmte hohe oder niedrige Ausprägung verschiedener Eigenschaften verfügen, beispielsweise des Temperaments, des Charakters, biologischer oder kognitiver

Fähigkeiten. Rassismus ist folglich nicht erst die negative *Reaktion* auf einen angeblichen Unterschied, sondern bereits die *Behauptung* des Unterschieds.

So weit zur »biologischen« (richtiger: biologistischen) Komponente von Rassismus.

Die politische Komponente von Rassismus ist davon jedoch nicht trennbar, denn der Versuch, »Unterschiede von »»Rassen«« festzuschreiben, hatte und hat politische Gründe. Daher ist es unbedingt notwendig, auch politisch entschlüsselnde Formeln von Rassismus zu kennen. Eine seit langer Zeit in der Soziologie beliebte Kurzform lautet: *Rassismus = Vorurteil + Macht*[lxiii].

Um Themaverfehlungen und Ablenkungen vorzubeugen, hier die dazugehörende Einrahmung: *Rassismus = [rassifizierendes] Vorurteil + [strukturelle] Macht*.

Die Macht macht hierbei den ganzen Unterschied. Ist sie nicht vorhanden, handelt es sich sozusagen um »Vorurteile auf Augenhöhe«. Dies läge etwa vor bei einem Disput, bei dem Polizei und Justiz beide Streitenden gleich behandeln würden.

Die Formel *Rassismus = Vorurteil + Macht* hat den Vorteil, dass sie sich nicht nur auf die persönliche Einstellung bezieht. Damit verhindert sie, dass die globale Aggression, die Rassismus darstellt, verdeckt und als quasi-individuelles Problem betrachtet werden kann.

Mehrere Dinge sind aber auch problematisch an obiger Gleichung. Zum einen negiert sie, dass auch PoC und Schwarze Menschen dazu in der Lage sind, Rassismus und white supremacy zu unterstützen. Wenn beispielsweise eine Schwarze Person die Rassenlehre verteidigt oder rassismusbedingte Voreingenommenheiten unterhält, so wird das von der Formel nicht abgedeckt. Auch bei rassistischen Handlungen Handlungen von PoC greift die Gleichung nicht. Zudem trifft die Formel das ›Neben‹problem, dass bei ihrer Aufstellung nicht das Ausmaß der Abwehr antizipiert werden konnte, die weiße Menschen noch 50 Jahre später aufbringen würden, um weiße strukturelle Gewaltpositionen gleichzeitig aufrechtzuerhalten und abzustreiten. Auf die gängigste Nebelkerze, die Formel *absichtlich* falsch zu verstehen, möchte ich daher eingehen. Sie lautet: »Wenn ich in einem afrikanischen Land übertrieben kontrolliert werde, ist das dann aber auch Rassismus!«

Nun, zunächst kommt es darauf an, weshalb die Kontrolle stattfand. Wahrscheinlich gehört die kontrollierte Person einer Minderheit an, welche bereits polizeibekannt für Raubüberfälle und globale Nötigung ist, und die Beamten haben rein statistisch agiert. Sarkasmus einmal beiseite - da wir Rassismus als strukturelles Phänomen betrachten müssen, weil er sich in Gemengelage mit der *weltweiten* Aufteilung von Zugängen, Macht und Ressourcen befindet, können *einzelne* Zumutungen, die weiße Menschen erfahren, nicht unter »struktureller Unterdrückung« eingeordnet werden.

»Strukturelle Macht« liegt nicht automatisch für diejenigen vor, die in der Überzahl sind. Das lässt sich erkennen, wenn wir die Verteilung von Reichtum, Grundbesitz und Einfluss etwa in Brasilien, Südafrika oder Martinique betrachten. In fast allen ›post‹kolonialen Gesellschaften halten weiße Menschen, die einen kleinen Teil der Bevölkerung ausmachen, nach wie vor überproportional viele der vormals gewaltsam angeeigneten Ressourcen.

Strukturelle Macht ist ebenfalls nicht gegeben, wenn es sich um *individuelle* Machtpositionen handelt, denn diese können bekannterweise geschwind auch wieder verloren werden. Oprah Winfrey mag die wohlhabendste Publizistin der USA sein. Dort wo sie nicht bekannt ist, ist sie aber einfach eine beliebige Schwarze Frau und wird entsprechend behandelt[lxiv]. Es gehört nicht viel dazu, zu antizipieren, dass eine machtvolle Stellung Schwarzer Menschen bei ihrer Behandlung keine Rolle spielt, wenn diese machtvolle Stellung den potenziellen Aggressoren nicht bekannt ist.

Strukturelle Macht liegt dann vor, wenn Menschen im globalen Kontext systematisch begünstigt werden. Für Individuen bedeutet strukturelle Macht unter anderem:

- bei einer Geiselnahme hoffen zu dürfen, vielleicht von der Regierung freigekauft zu werden (sprich: dass das eigene Leben aufgrund der »ethnischen« oder kulturellen Zugehörigkeit als wertvoll erachtet wird)
- bei institutioneller Misshandlung Proteste erwarten zu können, über die in großen Medien berichtet wird
- davon ausgehen zu können, im Falle einer Flucht oder eines Umzugs ein Aufnahmeland finden zu können, in dem das eigene Leben nicht bedroht ist
- erwarten zu können, dass Polizei und Justiz sich bemühen, ein unvoreingenommenes Urteil zu fällen

Eine andere Definition von Rassismus präzisiert diese Mechanik noch. Sie ist etwas länger und eignet sich auch zur genaueren Einschätzung von Vorkommnissen, die Ungeübten bisweilen diffus erscheinen können. Diese Definition von Louise Derman-Sparks und Carol Brunson Phillips wird ebenfalls häufig in den Sozialwissenschaften verwendet:

> „Wir definieren Rassismus als institutionalisiertes System von wirtschaftlichen, politischen, sozialen und kulturellen Beziehungen, welches dafür sorgt, dass eine ‚racial group' gegenüber den anderen privilegiert ist, Macht hat und diese erhält. Individuelle Teilhabe an Rassismus geschieht dann, wenn das objektive Resultat von Verhalten diese Beziehungen verstärkt, unabhängig davon ob eine subjektive Intention dahinter steht"[xvi]

Diese Definition legt unter anderem offen, dass es zum Ermessen, ob Rassismus vorliegt, keine Rolle spielt, ob eine Benachteiligung absichtlich ausgeübt wurde oder »versehentlich«.

Weil Deutschland so sehr in freiwilliger Ahnungslosigkeit in Bezug auf Kolonialismus und Rassismus verharrt[xvii], herrscht hierzulande tatsächlich immer noch die Meinung vor, Rassismus sei nicht vorhanden, wenn die, die ihn ausüben, es *nicht so gemeint* hätten. Dementsprechend wird ein Rassismusvorwurf häufig mit reflexhafter Eingeschnapptheit beantwortet, die bis zu *white whine*[xviii] reichen kann: Personen, die gerade rassistisch gesprochen oder gehandelt haben, geben oft an, dass sie sich in erster Linie *unverstanden* fühlen.

Eben weil wir in Deutschland so ungeübt im Umgang mit Rassismus aufwachsen, führen Störungen einer ungebrochenen Ausübung von Rassismus oft direkt zu einer (empfundenen) narzisstischen Kränkung.

So wurde an einer Universität in Berlin im Jahr 2015 der studentische Antrag auf »Ich wurde in dieser Veranstaltung diskriminiert« als zusätzliches Item in den Evaluationsbögen für Dozierende abgelehnt - mit der Begründung, dass sich die dozierende Person, falls es angekreuzt würde, sehr schlecht fühlen würde.

Bizarrerweise *möchten* viele weiße Deutsche rassistisch benachteiligt worden sein: „Mir ging es auch mal so!..." Es handelt sich dabei um die Weigerung, zur Kenntnis zu nehmen, dass Vorteile, Nachteile sowie die Auswirkungen von Vorurteilen auf dem Planeten, auf dem auch die BRD sich befindet, nun einmal tatsächlich ganz ungleich verteilt sind. Die Betrachtung dieses Strukturphänomens wird von Weißen jedoch regelmäßig durch die Betrachtung ihrer eigenen persönlichen Erfahrungen ersetzt. Auch wird mit derartigen Behauptungen der Anspruch erhoben, dass auf dem Erdenrund keine Erfahrung möglich ist, bei der weiße Menschen nicht legitimiert sind, aus der ersten Reihe mitzureden. Das Selbstbild möchte bei diesem Manöver also gleichzeitig alle Ansagen machen *und* auf der Opferseite stehen. Während diese Realitätsverzerrung aus psychologischen Gründen möglicherweise nachvollziehbar ist, hat sie jedoch fatale

Auswirkungen. Denn durch ein Abtun und Nichtwahrhabenwollen der gesellschaftlichen Machtverteilung wird Gleichstellung verhindert.

Es gibt inzwischen unzählige Fachartikel, Abhandlungen und Internetvideos, die für alle verschiedenen Lernstufen erklären, warum »umgekehrter Rassismus« nicht existiert.

Natürlich ist es anstrengend, die eigene Betrachtungsweise zu korrigieren und zu überlegen, ob die Mehrheit der Mitmenschen - die eigene Person eingeschlossen- vielleicht bisher unter schiefen Voraussetzungen auf die Welt geblickt haben könnte. So machten wir es immerhin auch mit den Nachrichten »Die Erde ist keine Scheibe«, »Die Erde dreht sich um die Sonne und nicht umgekehrt«, »Sedlmayr ist schwul« und »Wir haben den Krieg verloren«. Nur weil sie die meisten nicht wahrhaben wollen, ist eine Sache deswegen nicht weniger richtig. Ich kann sogar verstehen, warum viele, selbst nachdem sie in der Schule gelernt haben, dass alle Menschen gleich seien, immer noch glauben können, dass es doch einen gewissen *angeborenen* Unterschied zwischen Schwarzen und weißen Menschen geben soll: weil wir Letzteres vor Ersterem lernen. Das, was wir »wissen« – also die Dinge, die zuerst in uns installiert wurden, wenn wir uns jetzt mal als Betriebssystem betrachten –, sitzt viel tiefer als das, was wir uns intellektuell erarbeitet haben. Die beiden Systeme können tatsächlich gleichzeitig existieren, weil Widersprüche in uns nun mal gleichzeitig existieren können. Gewinner ist im Zweifel jedoch das zuerst installierte. Dieses - ich nenne es mal – »Grundwissen« wird so gut wie nie von uns überprüft. Wenn »Wahrheiten« aus diesem »Grundwissen« widerlegt werden, kann das zu schweren Irritationen führen, denn damit wird nicht nur die eigene Weltsicht gefährdet, sondern die Basis der eigenen Identität und Identifikation. Eine solche Erschütterung, die ausgelöst wird, wenn alte Grundfesten und Überzeugungen bröckeln oder die eigene gesellschaftliche

Rolle neu eingeordnet werden muss, sollte aber nicht vermieden werden. Denn es ist ein Prozess, durch den sich hindurchgehen lässt. Das wissen alle, die ein Coming-Out hatten. Und es ist nicht zuletzt ein Prozess, der für weiße Deutsche notwendig ist, wenn sie dabei hilfreich sein wollen, Rassismus einzuschränken.

Was das angelernte »Grundwissen« angeht: Wer will, kann mit etwas Mut die Festplatte defragmentieren. Achtung: Das heißt nicht »neu formatieren«! Hier wird schließlich nichts gelöscht, vor allem lässt sich nicht die eigene frühkindliche Prägung auslöschen. Aber an sich selbst arbeiten und sich hinterfragen und immer mal wieder nach dem Rechten sehen, das ist jederzeit möglich.

Wenn bestimmten Menschen(gruppen) von der Mehrheitsgesellschaft eine vermeintliche »rassische« Andersartigkeit zugeschrieben wird, nennt sich das »rassifizieren« oder »rassisieren«. Damit wird deutlich, dass es sich um eine *Konstruktion* handelt – etwas, das erst künstlich hergestellt werden muss. Da die angestrengte Einteilung der Menschen und damit auch der gesellschaftlichen Hierarchien aber schon so lange geschieht und so wild verteidigt und abgesichert wird, haben viele Leute den Eindruck, das alles sei »normal« oder erwachse aus einer »natürlichen Ordnung«. So war zum Beispiel im Jahr 2005 jeder siebte Deutsche der Meinung, dass Weiße zu Recht führend in der Welt seien.[xviii]

»Positiv«rassismus

Natürlich gibt es keinen »positiven« Rassismus. Die Empfangenden von Rassismus werden durch ihn immer dominiert, eingeteilt und bekommen irgendwelche Eigenschaften in die Schuhe geschoben, die nicht sie als *Persönlichkeit* meinen, sondern ihre »Abstammung«. Das ist in jedem Fall unwürdig, egal, welche Eigenschaften dies sind.

»Positivrassismus« heißt es zum Beispiel, wenn einer Schwarzen Person pauschal unterstellt wird, sie sei sicher »von Natur aus supermusikalisch«, und ihr aus heiterem Himmel vorgeschlagen wird, sie solle doch mal was vorsingen (= zur Unterhaltung dienstbar sein).

Nein, Weiße sind nicht von Natur aus »technisch begabter«, und Schwarze Menschen haben nicht »Musik im Blut«. Jessye Norman singt nicht gut, weil sie so viel Melanin hat, sondern weil sie eine hervorragende Vokaltechnikerin mit großem künstlerischen Ausdruck ist. Wo wir gerade bei Jessye Norman sind: Es ist erschreckend, wie viele Publikationen die stimmlichen Höchstleistungen dieser Künstlerin eher auf »natürliches Talent« schieben denn auf meisterliche Technik und jahrzehntelange Übung. Oder sich zu so einem Quatsch versteigen:

Seite 24

Konzerthaus: Norman

Bezaubert von Jessye

Sie zieht in ihren Bann wie eh und je: Jessye Norman holte ihren mehrfach abgesagten Liederabend im Wiener Konzerthaus nach und wurde besonders nach der Pause nach Schönbergs „Brettl-Liedern", Berlioz, Ravel und Zugaben wie „Danksagung" und „The Man I Love" mehrmals mit stehenden Ovationen gefeiert.

Mag sie physische Probleme haben, der Zauber der Persönlichkeit ist ungebrochen. Wenn Jessye wie eine Stammeskönigin in feuerrotem Kleid und Stirnband, mit offenem Haar vor ihr Publikum tritt, wird ihr Gesang zum Beschwörungsri-

Ihre magische Ausstrahlung ist ungebrochen: Jessye Norman

»Stammeskönigin«? Ist die österreichische Kronen Zeitung noch ganz dicht?[xix]

Oft wird Positivrassismus als »nett gemeint« verteidigt. In Wirklichkeit kann aber eine Form von Rassismus nicht losgelöst von anderen Formen von Rassismus betrachtet werden. Die alte Einteilung, die wir noch immer gelernt haben und täglich bestätigt bekommen, ist folgende: Weiß = intellektuell überlegen, technisch überlegen, zivilisiert, fortgeschritten, rational, hohe Selbstkontrolle. Schwarz = intellektuell unterlegen, technisch rückständig, unzivilisiert, primitiv, impulsiv, triebhaft, sexuell, wenig Selbstkontrolle. Schwarz wird also immer konstruiert als das »Körperliche« im Gegensatz zum weißen »Geist«.

Betrachten wir nun die sogenannten »Positiv«rassismen, so stellen wir fest, dass diese lediglich Umschreibungen für dieselbe Einteilung sind, sich anderer Wörter bedienen, aber grundsätzlich das Gleiche bedeuten. Wir sagen heute »ursprünglich« und meinen damit »primitiv«. Aber kein Mensch ist »ursprünglicher« als ein anderer. Leute haben einfach verschiedene Lebensgewohnheiten. »Ursprünglich« ist eine Beschönigung von »verarmt« oder eine Fehleinschätzung von »geht gern in den Wald«. Wir sagen »Musik im Blut« und meinen damit »impulsiv und sexuell«. Wir sagen »exotische Schönheit« und meinen damit: »Diese Person ist nicht von hier, und wenn doch, darf ich bestimmen, dass sie nicht genauso hier dazugehört wie ich.« Mit gut gemeinten angeblich positiven Zuschreibungen zieht sich der Rassismus also nur ein neues Sakko an. Deswegen sind alle derartigen Sprüche unangemessen. Und sie sind eine Form von Dominanz und Ausdruck von Macht. Darum fühlt sich diese Art von Rassismus bei denen, die sie ausüben, gut und richtig an.

Zu behaupten, dass manche »Arten« von Rassismus nicht so schlimm seien und dass es überhaupt unterschiedliche Arten von Rassismus gebe, ist anmaßend. Sich herauszunehmen, man könne beurteilen, ab wann Rassismus Menschen entwürdigt und zerstört und wann nicht, ist überheblich, bevormundet alle Opfer und ist ein uralter Zopf, der schon immer dazu herangezogen wurde, rassistische Gewalt zu legitimieren.

Ist deutscher Rassismus Geschichte?

Weder ist deutscher Rassismus Geschichte, noch ist die *Geschichte des deutschen Rassismus* Geschichte. Um verstehen zu können, was Rassismus wirklich ist, müssen wir in die Zeit des Kolonialismus zurückgehen. Der US-amerikanische Autor Randall Robinson schreibt im August 2007 im Magazin *Ebony:*

> »Hätte es unter Historikern im Jahr 1200 eine Umfrage gegeben, in welcher Reihenfolge Afrika, Asien oder Europa 800 Jahre später abschneiden würden, hätte nicht einer von ihnen bei Europa auf Platz eins getippt und niemand auf Afrika auf dem letzten Platz. Europa war im Jahr 1200 schon seit langer Zeit die rückständigste dieser drei großen Weltregionen. Über 500 Jahre zuvor hatten Afrikaner in Timbuktu Sankore erbaut, die erste Universität der Welt, wo die Operation am grauen Star von afrikanischen Chirurgen entwickelt worden war. Das war lang bevor die Mauren aus Afrika nach Spanien kamen, um Europas erste Universität in Salamanca ab dem Jahr 711 zu erbauen. Dann kamen die hässliche, Gedächtnis auslöschende, Kultur vernichtende Nacht der Sklaverei und der transatlantische Sklavenhandel.«[lxxi]

Afrikanische Länder wurden überfallen, die Menschen ermordet, vergewaltigt, verschleppt, Völker und Kulturen vernichtet – im Namen von Religion, »Zivilisierung«, »Fortschritt«. Natürlich ging es den europäischen Aggressoren dabei um Macht, Geld und ökonomischen Einfluss. Kolonialismus war ein globales Projekt, und so konnten sich die Märchen von der natürlichen Autorität des weißen Mannes, der angeborenen Servilität der Afrikaner_innen und deren Dankbarkeit gegenüber den Kolonisatoren bis heute in den Köpfen halten.

Als Völkermord wurden die Überfälle der Kolonialisierung bis heute nur in minimalen Ansätzen eingestanden. Wir lernen in der Schule so gut wie nichts über das *Ausmaß* der Verbrechen der weißen Europäer. Im Gegenteil: Der *Spiegel* lässt im Jahr 2007 Stimmen zu Wort kommen, die eine Rekolonisierung fordern (im Artikel »Der afrikanische Fluch« vom April 2007 werden drei US-amerikanische Thinktank-Politikwissenschaftler mit ihrer Forderung nach einer »Rekolonisierung« der afrikanischen »Elendsnationen« zitiert), und behauptet durch die Bank, dass jedweder Schwarze Widerstand »aus Rassismus« geschehe. Dieser irrationale Umdeutungsversuch ist einfach nachvollziehbar: Die wahre Geschichte mögen sich die Wenigsten eingestehen, stattdessen wird allerorts behauptet, die Afrikaner_innen seien selbst schuld an ihrer Lage, »unterentwickelt« und als Teil der »Dritten Welt« allesamt zu bedauern.

Jeder Schuldenerlass-Diskurs dreht sich um »Verantwortung« und »Hilfe«, aber nur selten wird darüber nachgedacht, dass der Wohlstand Europas auf koloniale Ausplünderungen und Bereicherungen zurückgeht und wir noch heute gut davon leben.

Verdrängungen: Koloniale Gewalt, koloniale Bilder

Hierzulande wird gern behauptet, der Kolonialismus hätte in der deutschen Geschichte kaum eine Rolle gespielt, man sei nicht »so schlimm« gewesen wie etwa die Franzosen oder die Briten, und von kolonialem »Rasse«-Denken wüssten wir eigentlich nicht wirklich etwas. Daher zunächst ein paar historische Fakten:

1884/85 Errichtung der deutschen Kolonien Togo, Kamerun, Deutsch-Südwestafrika (heutiges Namibia); Eröffnung der Westafrika-Konferenz in Berlin, wo auf der Grundlage der gegenseitigen Anerkennung der Kolonialmächte die Regelung von Handelsinteressen und Kolonialbesitz diskutiert sowie mehr als 10 Mio. Quadratmeilen afrikanischen Bodens aufgeteilt werden; Errichtung der deutschen Kolonie Deutsch-Ostafrika (heutiges Tansania, Burundi und Ruanda)

Ende des 19. Jahrhunderts Durchsetzung eines sozialdarwinistisch geprägten Rassismus, der auf der Basis naturwissenschaftlicher Theorien und Methoden rassistische Klischees zu »beweisen« versucht und ein in sich geschlossenes Denksystem etabliert

1896 Teilnahme von über einhundert afrikanischen Kontraktarbeiter_innen aus Togo, Kamerun und Deutsch-Ostafrika an der »Ersten Deutschen Kolonialausstellung« in Berlin, die für die Befürworter der Kolonialpolitik ein wichtiges repräsentatives Ereignis darstellt

1904 bis 1906 Widerstandskämpfe der Khoikhoin, Nama und Herero in Deutsch-Südwestafrika, Ermordung von etwa 75000 Herero

1905/06 Verbote von »Mischehen« durch die Kolonialverwaltungen in Deutsch-Südwestafrika und Deutsch-Ostafrika sowie weiterführende Diskussion der »Mischlingsfrage« im Reichstag, um die staatsbürgerlichen Rechte von Afrodeutschen einzuschränken und die »rassische« Ordnung in den Kolonien und in der Metropole aufrechtzuerhalten

1905 bis 1908 Widerstandskämpfe in Deutsch-Ostafrika (Maji Maji-Aufstand), Ermordung von etwa 200000 Menschen in den Aufstandsgebieten

1871 Proklamation des Deutschen Reiches in Versailles

1876 Der Hamburger Carl Hagenbeck wird zum wichtigsten Unternehmer bei der Durchführung von Völkerschauen und erschließt eine neue Unterhaltungsbranche; in den kommenden Jahrzehnten entwickelt sich die Zurschaustellung außereuropäischer Menschen in Zoos zur herrschenden Form einer gewaltvollen und ungleichen »Kulturbegegnung«

1914 Beginn des Ersten Weltkrieges; Hinrichtung von 200 Widerstandskämpfer_innen in Kamerun, darunter Rudolf Manga Bell, Ludwig Mpundo Akwa und Martin-Paul Samba

1918 Kriegsende; Abdankung Kaiser Wilhelm II.; Ausrufung der Republik[lxxii]

Das haben Sie vermutlich nicht in der Schule gelernt. Fallen Ihnen trotzdem einige Schlüsselthemen auf? Gut, denn von einer friedlichen, gleichberechtigten oder gar alle Beteiligten bereichernden Kulturbegegnung kann nun wohl kaum mehr die Rede sein.

Machen wir doch gleich weiter mit dem besten Beispiel dafür: den Völkerschauen. Hierfür zitiere ich aus einem Artikel des Marburger Politikwissenschaftlers Peer Zickgraf:

>»Der Kolonialismus brachte sowohl das Interesse Europas an fremden ›Kulturen‹ hervor als auch das Bedürfnis, diese zu beherrschen. Die Menschenzoos, die Ende des 19. Jahrhunderts ihre Hochphase hatten, befriedigten beides auf unmenschliche Weise – und schärften damit den europäischen, rassistischen Blick.
>
>Hagenbeck war auch der erste Zoodirektor, der die abgebrühte Geschäftstüchtigkeit besaß, ausländische Menschen im Zoo auszustellen.
>
>Was 1874 klein begann, sollte sich schon wenige Jahre später zu einem regelrechten Boom entwickeln: Millionen hellhäutiger Menschen aus ganz Europa begafften ›Neger‹ oder ›Eskimos‹, wie sie es zuvor nur mit Tieren gemacht hatten. Menschen wurden in den Zoos zu Tieren gemacht. Insofern wurde in dieser Zeit

eine neue Kategorie geschaffen: die des Untermenschen. ...

Zwar ging es in den Menschenzoos vordergründig um Volksbelustigung oder um pädagogische Belehrung, doch in erster Linie handelte es sich um Kolonialpropaganda. Es gab kaum Besseres zur Demonstration der Überlegenheit der weißen Kultur als die Menschenzoos, die die Betrachtenden zum Subjekt erhoben, die Betrachteten jedoch zu Objekten degradierten. Eine Annäherung und Kommunikation mit dem ›exotisch‹ fremden Menschen ist auf diese Weise im Menschenzoo weder möglich noch gewollt. Die Entwertung des Fremden, die durch seine Gleichsetzung mit Tieren erfolgte, gibt so einen Maßstab zur Bewertung des Fremden generell. Die rassistische Repräsentation ordnet ihn dem ›weißen Zivilisierten‹ unter. Dafür bilden die Medien die symbolische Plattform und das vermittelnde Forum, auf dem sich die öffentliche Meinung darstellt. ...

Hagenbeck & Co sorgten dafür, dass die exotische Ware Mensch den Europäern zur Belustigung oder für ›wissenschaftliche‹ Zwecke in ausreichender Menge zur Verfügung stand. ›Um Völkerstämme ... zu studieren, brauchen wir nicht mehr unsägliche Anstrengungen durchzumachen. Die Wilden kommen zu uns und lassen sich erforschen.‹ ...

Die Charakteristik der ›Völkerschauen‹ begann sich mit der zunehmenden innereuropäischen Konkurrenz um die Kolonien merklich zu verändern. Die Inszenierungen der Fremden wurden um die Jahrhundertwende 1900 betont aggressiver und menschenverachtender. Jetzt waren in den ›Eingeborenenschauen‹ in erster Linie nicht die guten Wilden zu bestaunen, sondern degenerierte, böse Untermenschen, mit denen die Wissenschaft ihr Huhn zu rupfen hatte. Hagenbecks Leistung für die Forschung wurde nun gerühmt, da ›diese ethnologischen Wanderausstellungen ... für die in den

Laboratorien arbeitenden Gelehrten ... von dem allerhöchsten Werthe‹ seien (zit. in: Staehelin). Mit einigen menschlichen Exponaten wurden bereits rassenkundliche Forschungen betrieben, mit dem Anspruch, wissenschaftliche Erkenntnisse zu gewinnen. ...

In den deutschen Kolonien begannen Mediziner seit 1884 mit einer Reihe von grausamen sowie mörderischen Menschenversuchen. Schon 1911 erhoben sich im Deutschen Reich Stimmen, die diesen Rassismus auf die Spitze trieben und – wie etwa der Jurist Karl Binding – ›die Freigabe der Vernichtung lebensunwerten Lebens‹ forderten.«[xxiii]

Die koloniale Gewalt der Eroberer blieb von den Kolonisierten nicht unbeantwortet. Widerstandsbewegungen gab es in allen Kolonien, nicht nur in den deutschen. Wie dieser Widerstand verstanden wurde, wird in einem Brief, den der deutsche General Lothar von Trotha anlässlich des Herero-Nama-Aufstands an Generalstabschef Graf von Schlieffen schrieb, sehr deutlich:

»Dieser Aufstand ist und bleibt der Anfang eines Rassenkampfes.«[xxiiii]

Und er führt aus:

»Ich kenne genug Stämme in Afrika. Sie gleichen sich alle in dem Gedankengang, dass sie nur der Gewalt weichen. Diese Gewalt mit krassem Terrorismus... auszuüben, war und ist meine Politik. Ich vernichte die aufständischen Stämme mit Strömen von Blut und Strömen von Geld.«[xxiv]

Heute wird es gern so dargestellt, als sei von Trotha ein besonders brutaler Einzelner gewesen, dem alle bedauernswerten Untergebenen zwangsweise folgen mussten. Dass hier allerdings politische Entscheidungen der

Kolonialmacht Deutschland umgesetzt wurden, wird dabei gern »vergessen«.

Im Jahr 1907 verschleppten deutsche Truppen die wenigen Nama und Herero, die die Metzeleien des deutschen Militärs überlebt hatten, in Konzentrationslager. Die Hälfte von ihnen überlebte das nicht.

Der Politikwissenschaftler und Webblogger »Che2001« schreibt in einem Artikel über die Verbrechen der Deutschen an den Herero in »Südwestafrika«:

> »Der Kommandeur der Verbannungsinsel Haifisch-Insel, v. Estorff, erklärte in einem Telegramm nach Berlin, für solche Henkersdienste übernehme er keine Verantwortung. Frauen mussten in den Lagern die Köpfe der Toten von Glasscherben säubern, da die Köpfe präpariert und in anthropologischen Sammlungen ausgestellt wurden. Bei den wenigen Überlebenden entstand so das Gerücht, die Deutschen seien Kannibalen. – Damit sind wir bei der Rolle der Anthropologen. Nach der Niederschlagung des Aufstands führte der Anthropologe und ›Rassenkundler‹ Eugen Fischer Untersuchungen an Abkömmlingen von Verbindungen aus Weißen und Namibiern durch, diese mündeten in das Buch, das 1913 unter dem Titel ›Die Rehobother Bastards und das Bastardierungsproblem beim Menschen. Anthropologische und ethnographische Studien am Rehobother Bastardvolk in Deutsch-Südwest-Afrika‹ publiziert wurde. Als Konsequenz seiner Untersuchungen führte er an, dass ›Vermischung‹ biologisch ungünstig sei, und schob damit eine ›biologische‹ Begründung des 1905 verfügten Verbots von ›Mischehen‹ nach.

> Fischer machte nach dem Ersten Weltkrieg eine blendende Karriere. Als einer der Autoren des tonangebenden humanbiologischen Werkes der 20er

und 30er Jahre, ›Menschliche Erblichkeitslehre und Rassenhygiene‹, des ›Baur/Fischer/ Lenz‹, in dem die Überlegenheit der ›nordischen Rasse‹ behauptet und die Notwendigkeit einer eugenischen Bevölkerungsplanung mit Massensterilisationen der ›untüchtigen‹ Teile der deutschen Bevölkerung gefordert wurde, beeinflusste er die Rassenvorstellungen Adolf Hitlers. Am 29. Juli 1933 bezeichnete er in seiner Antrittsrede als Rektor der Berliner Universität die NS-Machtübernahme als ›biologisch notwendige Erbund Rassenpflege‹ des deutschen Volkes. Zu seinen ersten Amtshandlungen gehörte die Entlassung aller jüdischen Kollegen. Die Pläne für die NS-›Rassegesetze‹, die Sterilisierung von Psychiatrieinsassen, Landstreichern sowie Sinti und Roma wurden von Fischer miterarbeitet. 1939 forderte er das ›Ausmerzen‹ der Juden, obwohl diese nicht ›insgesamt minderwertig seien, wie etwa Neger‹.

Fischer überstand das Ende des NS unbeschadet und wurde 1952 Ehrenmitglied der Deutschen Gesellschaft für Anthropologie und 1954 der Deutschen Gesellschaft für Anatomie ...

Im Gefolge der Wiedergutmachungszahlungen für die Shoah und die Sinti und Roma, das Abkommen der Bundesrepublik Deutschland mit der Jewish Claims Conference, jüdische Übersiedler aus der GUS als Kontingentflüchtlinge aufzunehmen und schließlich der zaghaften Wiedergutmachungsregelung für Zwangsarbeiter im ›Dritten Reich‹ wurden Anfang dieses Jahrhunderts auch Forderungen der letzten Herero auf Wiedergutmachungsleistungen oder zumindest ein öffentliches Gedenken und eine öffentliche Entschuldigung durch die Bundesrepublik Deutschland laut. Hierzu erklärte der damalige deutsche Außenminister Joschka Fischer 2003: ›Wir sind uns unserer geschichtlichen Verantwortung in jeder Hinsicht bewusst, sind aber auch keine Geiseln der Geschichte. Deshalb wird es eine entschädigungsrelevante Entschuldigung nicht geben.‹ Als kurz nach diesem Statement ein historisches Werk zum Völkermord an den Herero erschien (Jürgen Zimmer/Joachim Zeller: Völkermord in Deutsch-Südwestafrika. Der Kolonialkrieg 1904–1908 in Namibia und seine Folgen), wurde diesem die zuvor angekündigte finanzielle Unterstützung durch das Auswärtige Amt entzogen.

Es blieb Heidemarie Wieczorek-Zeul überlassen, sich zum Jahrestag für das Massaker zu entschuldigen.«[xxvi]

Koloniale Gewalt äußert sich in Taten und Bildern. Auf welche Weise Schwarze Menschen dämonisiert und funktionalisiert wurden, verdeutlicht in besonderer Weise die Postkartenausstellung »Bilder verkehren«. Hier wird eindringlich deutlich, in welcher Weise koloniale Propaganda benutzt wurde, um Weiße als »natürlich überlegen« zu konstruieren.

UNSERE MARINE

Und wenn ein Mädchen mir gefällt
Dann hilft kein Widerstreben.

Solche Bilder wurden in Deutschland aufgehängt. Sie wurden nie abgehängt. [xxvii]

101

Koloniale Kontinuitäten in der Weimarer Republik und im Nationalsozialismus

»Keine Geiseln der Geschichte«? Dann vielleicht noch ein paar historische Fakten, um ein klareres Bild zu bekommen.

1919 Unterzeichnung des Friedensvertrages in Versailles; Übertragung der deutschen Kolonien an Frankreich und Großbritannien; Besetzung von Teilen des Rheinlandes durch französische Kolonialtruppen aus Nord- und Westafrika, Madagaskar und Indochina

1920 und in den Folgejahren international angelegte, öffentliche Hetzkampagne gegen die als »Schwarze Schmach« diffamierten Besatzungssoldaten und ihre afrodeutschen und asiatischdeutschen Kinder; Gründung des Vereins »Notbund gegen die Schwarze Schmach«

1924 Wiedereinrichtung einer Kolonialabteilung im Auswärtigen Amt; erste statistische Erfassungen der afrodeutschen und asiatischdeutschen Rheinlandkinder

1927 Afrikaner_innen aus den ehemaligen deutschen Kolonien dürfen einen Reisepass im französischen und britischen Konsulat in Berlin beantragen oder werden staatenlos; die unsichere rechtliche Lage verschlechtert ihre Lebensbedingungen gravierend, einige wenige Erwerbsnischen bleiben in der Unterhaltungsbranche, in Völkerschauen und Kolonialfilmen

1933 Machtantritt des Nationalsozialismus; eingebürgerten Afrikaner_innen aus den ehemaligen Kolonien wird die deutsche Staatsbürgerschaft aberkannt, ihre deutschen Pässe werden durch Fremdenpässe ersetzt; erste Kündigungswelle für AfrikanerInnen und Afrodeutsche

1933/34 umfassende behördliche Erfassung der afrodeutschen und asiatischdeutschen Rheinlandkinder und

Durchführung   rassenanthropologischer
Begleituntersuchungen

1935 Inkrafttreten der »Nürnberger Gesetze«; Verlust der
bürgerlichen Gleichberechtigung für jüdische Menschen,
Schwarze Menschen sowie Sinti und Roma; Verbot »rassischer
Mischehen«; Inhabenden von Fremdenpässen wird der
Anspruch auf staatliche Unterstützung gestrichen

1937 und in den Folgejahren geheime Sterilisierung
von über 500 Rheinland»kindern« und anderen Schwarzen
Personen; Planung eines »Mittelafrikanischen Kolonialreiches«
als »tropische Ergänzung« eines nationalsozialistischen
Europas; Verbot über »das Auftreten von Schwarzen in der
Öffentlichkeit« durch die Reichspropagandaleitung der NSDAP;
Verbot des Schulbesuchs für Schwarze; Verschleppung zur
Zwangsarbeit und in Konzentrationslager

1945 Kapitulation des Deutschen Reiches; Aufteilung
Deutschlands in Besatzungszonen[lxxviii]

Die gern verklärten zwanziger Jahre – so »golden« waren sie
wohl nicht! Jedenfalls nicht für Schwarze Menschen, die in
Deutschland lebten oder hier als französische Kolonialsoldaten
stationiert waren.

Als Teil der groß angelegten Hetzkampagne, die übrigens in
mehreren Sprachen geführt wurde, wurde zum Beispiel im Jahr
1920 eine Münze geprägt, auf der eine weiße Frau an einen
riesigen erigierten Penis mit Soldatenhelm gekettet ist.

Ein Cover des Satireblattes *Kladderadatsch* aus dem Jahr 1924
zeigt ein stark verzerrtes Gesicht eines Schwarzen mit
cartoonartig entstellenden Merkmalen, dem anstelle von
Haaren Bajonette aus dem Kopf wachsen und der bedrohlich
über den Schornsteinen einer deutschen Ruhrgebietsstadt
auftaucht.

Weitere Plakat- und Flugblattmotive stellten Schwarze Soldaten als Affen, verzerrte Fratzen, Gewalttäter, stets gefährliche Wilde dar: die historische Mischung aus Neid und Furcht weißer Deutscher.

Die afrodeutsche Historikerin Fatima el-Tayeb, die sich in ihrem Buch *Schwarze Deutsche. Der Diskurs um »Rasse« und nationale Identität 1890–1933* auch dem Thema der Rheinlandbesetzung annimmt, zitiert – exemplarisch für die damalige öffentliche Meinung – den deutschen Reichs präsidenten Friedrich Ebert. Dieser ließ auf der Weimarer Nationalversammlung 1923 verlautbaren:

> »Daß die Verwendung farbiger Truppen niederster Kultur als Aufseher über eine Bevölkerung von der hohen geistigen und wirtschaftlichen Bedeutung der Rheinländer eine herausfordernde Verletzung der Gesetze europäischer Zivilisation ist, sei auch hier erneut in die Welt hinaus gerufen.«[xxviii]

Der Forschung vor allem von Schwarzen Historikerinnen ist es zu verdanken, dass wir inzwischen über die Situation von Afrodeutschen und Afrikanern während der Weimarer Republik und des Nationalsozialismus Bescheid wissen. Doch ist dies noch längst nicht aufgearbeitet, geschweige denn im gesellschaftlichen Bewusstsein verankert. Und so ist es auch wenig erstaunlich, dass die meisten Schwarzen Sterilisationsopfer und viele von denen, die Zwangsarbeit leisten mussten oder im KZ saßen, weder Entschädigungen noch eine offizielle Entschuldigung erhielten.

Keine »Geiseln der Geschichte«? Die Antwort finden Sie nach den folgenden zwei Exkursen sicher selbst.

Als ich 2007 in einer Schwarzen Gruppe an einer Führung durch die KZ-Gedenkstätte Neuengamme teilnahm, bekamen wir von der (weißen) Frau, die die Führung zum Thema »Schwarze im KZ« leitete, andauernd zu hören, dieses sei für Schwarze »nicht besonders nachteilig« und jenes »kein Unterschied« gewesen. Unter anderem erklärte sie, es sei »ja auch etwas Gutes daran« gewesen, dass ein Schwarzer Häftling aufgrund seiner Erscheinung als besonders kräftig eingeschätzt wurde, weil er daraufhin das »Privileg« genoss, die KZ-Aufseher bei Tisch bedienen zu dürfen.

Auf die Bemerkung einiger Schwarzer Teilnehmender hin, dass – historische Zweifel mal beiseite – die Vokabeln »gut«, »nicht so schlimm« oder gar »privilegiert« bezüglich Schwarzer Menschen im KZ nicht angemessen seien, reagierte die Frau emotional, wiegelte ab und verteidigte ihre Ausdrucksweise. Sie bestand darauf, dass der betreffende KZ-Insasse »Vorteile« gehabt habe. (Nein, dabei gewesen ist sie nicht.)

Ich persönlich fand besonders schade, dass die Vortragende sich, was alle anderen Punkte betraf, sehr differenziert ausdrückte. Sie war also grundsätzlich durchaus dazu in der Lage. Bei Schwarzen Menschen – einem Themengebiet, das sie sich selbst ausgesucht hatte – war es ihr aber anscheinend nicht wichtig, die Gefühle und Ansichten der Opfer so wie die der anderen KZ-Häftlingsgruppen zu respektieren, sondern sie interpretierte selbst, was »schlimm« und was »weniger schlimm« gewesen sei. Schockierend war auch, dass die Frau anführte, einer der KZ-Aufseher habe »Erfahrungen« durch einen langen Aufenthalt in einer deutschen Kolonie gehabt und sei »deswegen Schwarzen gegenüber positiv eingestellt« gewesen. So viel Gedankenlosigkeit ...

Zweiter Exkurs: Koloniale Jetzt-Zeit

Im Jahr 2005 veranstalteten der Zoo und die Stadt Augsburg ein »African Village« im Tierpark. Dass das kein harmloser Spaß sein konnte, deutete bereits ein öffentlicher Antwortbrief an, den Zoodirektorin Barbara Jantschke angesichts der zahlreichen internationalen Proteste verfasste:

> »Natürlich wird dies [die Veranstaltung, Anm. d. Aut.] von farbigen Managern gemanagt, und zwar sehr gerne – wir haben mehr Anfragen für Standplätze als wir befriedigen können. Wenn Sie das mit ›Zur-Schau-Stellen‹ meinen, dann dürften auch keine internationalen Sportveranstaltungen mehr stattfinden, bei denen farbige Menschen zu sehen sind. Diese Veranstaltung soll im Gegenteil die Toleranz und Völkerverständigung fördern und den Augsburgern die afrikanische Kultur näher bringen. Sie können sicher sein, dass es sich nicht um einen Planungsfehler handelt, und Sie können sich ebenfalls sicher sein, dass wir keinen anderen Veranstaltungsort suchen werden. Denn ich denke, dass der Augsburger Zoo genau der richtige Ort ist, um auch die Atmosphäre von Exotik zu vermitteln.« [xxxix]

Interessanterweise betonte Frau Jantschke zudem noch, dass sie als Zoodirektorin »natürlich« um die »Geschichte von Hagenbeck« wisse. Das macht ihre Aktion und Haltung noch befremdlicher. Ich kann dieses Verhalten nur so deuten: Die Frau wollte die schlimme Tradition der Veranstaltung (er-)kennen und *zugleich* beschließen, dass diese Tradition nicht relevant sei. Dieser Blickwinkel spricht Bände. Anders ist auch kaum erklärbar, dass Frau Jantschke sogar die Proteste von Schwarzen Organisationen, Universitäten, Fakultäten und Medien in der ganzen Welt als irrelevant einstufte.

Schon allein die Anzahl und die Einstimmigkeit der Protestierenden hätte zu einem Nachgeben oder zumindest zu einem Überdenken führen müssen, weil anscheinend genügend

Leute offen ihre Bedenken äußerten. Egal, ob ich die Gründe persönlich nachvollziehen kann oder nicht: Eine solche Party sage ich ab, weil es sozialen Anstand bedeutet. In Augsburg hingegen wurde deutlich: Es ging nicht um ein »Miteinander«, sondern um ein »Wir gegen die« und damit um den weißen Blick, der auf Teufel komm raus verteidigt werden musste.

Stichwort Herrenrecht. Schon als kleine Kinder lernen wir, *wem* wir antworten, auf *wen* wir reagieren, *wem* gegenüber wir Rechenschaft ablegen müssen – und *wem* gegenüber eben nicht. Diese früh und tief verinnerlichten »Wahrheiten« erklären solche späteren Abwehrreaktionen. Die Zoodirektorin verspürt, dass sie Schwarzen Menschen gegenüber keine Rechenschaft ablegen muss. Dass sie keine ernstzunehmenden Gegenüber seien. Dass die Wahrung der Würde Schwarzer Menschen nicht notwendig ist. Sie entscheidet sich nicht für die Ratio oder Menschlichkeit, sondern schnurstracks und ausschließlich für ihre vermeintliche Überlegenheit. Zipfelmütze.

Währenddessen zogen die Autoren Schallenberg und Broder von *taz* und *Spiegel* aus lauter Angst vor politischer Korrektheit die Proteste ins Lächerliche und wollten partout nicht verstehen, weshalb die Veranstaltung unzumutbar angelegt war. Welchem Club sie damit angehören, erklärt sich mit einigen Beiträgen in Online-Foren zum Thema »African Village im Augsburger Zoo«, wie zum Beispiel diesen hier aus einem »Tierschutz«(!)-Forum (die Schreibfehler habe ich stehen gelassen):

- »Ich finde die Idee eingentlich sehr gut, wenn sich Afrikaner im Umfeld ihrer heimischen Tierwelt präsentieren.«
- »Für mich sind sowieso alle Menschen gleich und deshalb fällt mir sowas gar nicht so auf!«
- »Habe gestern in Leipzig ... auch einen Afrikaner getroffen und kann mmer wieder einschätzen: Ich finde diese Wesen mit ihrem ebenso sanften freundlichen Wesen wie auch ihrer animalischen

Schönheit wirklich sympathisch. Ja so lange sie nicht
schon von unserer ›modernen‹ Gesellschaft
verdorben wurden... Mein Traum ist es, Afrika einige
Zeit zu besuchen, vor allem im Gebiet der Serengeti.
... Würde gern näher mit Schwarzafrikanern in
Kontakt treten, weiß noch nicht wie. Es gibt
kulturelle Zentren, soweit ich weiß.«

Schwarze Geschichte – Deutschland/Europa

Es gibt hierzulande mehrere hunderttausend Schwarze
Deutsche. Folglich sind Deutsche nicht alle weiß und Schwarze
nicht automatisch »Ausländer« (nein, auch nicht »Migranten«).
Dies ist logisch und eigentlich nicht schwer zu verstehen. Wird
aber gerne ignoriert und sogar abgestritten, weil es nun mal
nicht in das weiße Deutschenbild passt. Das Problem ist auch
nicht, in wie vielen Kulturen Schwarze Deutsche zu Hause sind.
Das Problem ist, dass Deutschland sie als Bevölkerungsgruppe
ausblendet. Übrigens nicht erst seit gestern. Die Autorin
Victoria B. Robinson schreibt im Artikel »Schwarze deutsche
Kräfte«:

> »Dass die Begriffe ›Schwarz‹ und ›Deutsch‹ nach der
> Meinung   vieler   weißer   Deutscher   nicht
> zusammenpassen, erklärt sich aus dem spezifisch
> deutschen Phantasma einer Blutsgemeinschaft. Laut
> Gotlinde Magiriba Lwanga* liegen die Gründe für diese
> rassistischen Ausprägungen unter anderem am Gesetz:
> ›Im Vergleich zu anderen (europäischen) Ländern hat
> sich in Deutschland bis heute die reinste Form des
> Abstammungsprinzips   als   Kriterium   für
> Staatsangehörigkeit erhalten. Diese Regelung ist seit
> ihrer Entstehung Ausdruck von nationalistischen,
> rassistischen und antidemokratischen Intentionen. Als
> 1913 das immer noch (mit wenigen Abstrichen und
> Änderungen)   geltende   Reichsund
> Staatsangehörigkeitsgesetz   (RuStAG)   verhandelt
> wurde, hieß es im Bericht der gesetzesvorbereitenden

Kommission ganz explizit, das →ius-soli-Prinzip sei
›mit der Reinerhaltung der Rasse und der Eigenart
unseres Volkes unverträglich‹.«[xxxi]

Rassismus ist zwar eine Auswirkung des Kolonialismus, die
Anwesenheit Schwarzer Menschen in Europa ist es aber
keinesfalls. Der afrodeutsche Geschichtslehrer »Patrick«
schreibt in einem Artikel:

> »In der Antike fand nicht nur ein personeller und
> kultureller Austausch zwischen Afrika und Europa
> statt. Nein, vielmehr waren Teile Afrikas ein Teil
> Europas – und zwar kulturell und staatlich. Das
> Römische Reich (der erste gesamteuropäische Staat)
> hatte mehrere afrikanische Provinzen: Aegyptus
> (heutiges Ägypten und Teile des nördlichen Sudans),
> Cyrenaica (in etwa das heutige Libyen), Africa (in etwa
> das heutige Tunesien und Teile des heutigen
> Algeriens) und Mauretania (in etwa das heutige
> Marokko und Teile des heutigen Algeriens). ...
>
> Im Militär des Imperiums waren schwarze Soldaten
> eine feste Größe. Die Legio III Cyrenaica wurde um 36
> v. Chr. von Marcus Antonius aufgestellt, als er
> Statthalter in der Provinz Cyrenaica war, und auch die
> vom römischen Kaiser Septimius Severus aufgestellte
> Legio II Parthica bestand u.a. nachweislich aus
> afrikanischen Soldaten. Eben jene II. Legion wurde
> auch in Britannien zur Bekämpfung einheimischer
> Stämme eingesetzt. Das muss man sich mal vorstellen:
> Schwarze Römer, die weiße ›Wilde‹ (Skoten und
> Pikten) jagen!
>
> Aber es kommt noch besser: Eben jener Kaiser
> Septimius Severus (193–211), der diese Legion
> ausgehoben hat und die militärischen Operationen in
> Britannien geleitet hat, war selbst ein Schwarzer (aus
> Leptis Magna in der Provinz Africa). ... Die severische
> Dynastie umfasste noch weitere Kaiser, die direkt von
> Septimius Severus abstammten, nämlich Caracalla

(211–217) und Geta (211), Elagabal (218–222) und Severus Alexander (222–235).

Auch die christliche Kirche des Römischen Reiches hatte viele Afrikaner in ihren Reihen. Unter ihnen finden wir einige der bekanntesten Namen des frühen Christentums, darunter die drei Kirchenväter Tertullian, St. Cyprian und St. Augustinus von Hippo, die alle drei aus der Provinz Africa stammten. Es gab auch schwarze Päpste, darunter der dritte afrikanische Papst Gelasius I. (Papst von ca. 492 bis ca. 496), der die für das Verhältnis von Papsttum und Kaisertum wichtige Zweischwertertheorie formulierte.

Die Geschichte der Afro-Europäer reicht mindestens zweitausend Jahre zurück. Wenn Afro-Europäer heute selbstbewusst ihre Ziele als Individuen und als Bevölkerungsgruppe verfolgen, dann ist das nichts Spektakuläres, dann ist das nichts Neues. Nein, es ist, historisch betrachtet, die Rückkehr zur Normalität.«[lxxxi]

Dem kann ich nur hinzufügen, dass die auffällige Gedächtnislücke, die unsere deutsche Öffentlichkeit in Bezug auf die Schwarze Präsenz und Geschichte in Deutschland und Europa aufweist, vor allem die weiße Geschichtsschreibung betrifft. Natürlich hat es immer auch eine Schwarze deutsche und europäische Geschichtsschreibung gegeben, und selbstverständlich ist sie auch nicht etwa ein unerforschtes oder neues Feld – sie wird nur von der Mehrheit ignoriert.

Zeitdokumente und Überlieferungen, die Einzug in historische Archive und Geschichtsbücher halten, stammen meist von den Mächtigen. Ebenso wie heute der Eindruck entstehen könnte, die gesamte Geschichte Europas sei bis auf fünf Ausnahmen ausschließlich von Männern bestellt worden, so findet sich die Schwarze deutsche oder mitteleuropäische Geschichte nicht oder nur selten in Materialien von Weißen. Sie wird als randständig oder sogar bedrohlich empfunden und daher unter den Teppich gekehrt.

Es gab und gibt immer noch unzählige Versuche, Deutschland historisch »weiß zu waschen«, sozusagen die Anstrengung, etwas, was in der Wirklichkeit nicht gelingt, zumindest für die Nachwelt so darzustellen, als sei es so gewesen: »Alle Deutschen sind weiß«. Die anderen sind »Einwanderer« (»Migranten«, »Menschen mit Migrationshintergrund«), »Ausländer«, »Afrikaner mit deutschem Pass«, aber eben nie: einfach »Deutsche«.

Schwarze Menschen haben genau wie Weiße historisch recherchiert, sind dabei aber zu anderen Schlussfolgerungen gekommen. Dass diese Forschungsergebnisse von vielen Weißen gern als ›indiskutabel‹ abgetan werden, deutet darauf hin, dass sie wunde Punkte getroffen haben. Der Wille zur Aufklärung hört anscheinend schlagartig dort auf, wo eigene Herrschaftsvorstellungen infrage gestellt werden.

KAPITEL DREI

Ein weites weisses Feld: Alltagsrassismus in der Gegenwart

Innocent Racism

Spoken Word von Victoria B. Robinson

Wann immer ich meine Texte lese,
wann immer ich keine Lust habe,
Fragen nach meiner »Herkunft« zu beantworten
Wann immer ich meine Meinung zu Worten wie
Negerküssen, Mohrenköpfen und »Mulatten in
gelben Sesseln« sagen soll
Höre ich von euch, dass das alles kein Rassismus ist,
dass ich zu empfindlich bin, wenn sich mir der Atem
zuschnürt,
dass all das in der Vergangenheit liegt
und heute in Deutschland keine Bedeutung mehr hat,
dass ich froh sein kann über meinen Exoten-Bonus
und all die Türen, die sich deswegen für mich öffnen.

Ich bin drei, als ich auf gut fränkisch höre
»du darfst fei net mitspieln«
Ich bin sechs, als man mir einredet, dass ich
wie ein Affe aussehe und lieber im Busch
Bananen pflücken soll
Ich bin acht, als man meiner Mutter auf der Straße
»Negerhure« hinterherschreit
Noch immer acht, als eine alte Frau in der
Straßenbahn meinen Bruder und mich auffordert,
doch endlich nach Hause zu gehen.
Wir wären ja schließlich lang genug hier gewesen
Ich bin 13, als ich zum ersten Mal von einem

Fremden angegriffen werde, als ich mir beim
Zeitungaustragen mein erstes eigenes Geld
verdiene und von einem älteren Mann erst im
Hausflur rumgeschubst und schließlich auf die
Straße geworfen werde
Ich bin 15, als ich auf einer Party zum ersten
Mal Bekanntschaft mit einem Springerstiefel in
meinem Gesicht mache
Ich bin 18, als ein Typ – den ich verdammt noch
mal vorher wochenlang gedatet habe, um
sicherzugehen, dass er auch wirklich mich
meint – nach dem ersten Sex sagt »Wow, das war
jetzt das erste Mal, dass ich mit ner
schwarzen Frau im Bett war«
Jetzt bin ich 25 und kann es noch immer nicht
leiden, wenn Leute mich auf nem Gehweg warten
lassen, weil man mich zu oft gefragt hat, was
ein Blowjob kostet
Ich bin verdammte 25 und fremde Menschen fassen
noch immer ohne zu fragen meine Haare an und
erzählen mir, wie süß doch »Schokokinder« sind
und dass sie sooo gern selbst eins hätten

Freunde von mir tun das auch und denken, das
wär ein Kompliment
Halten mir vor, dass ich doch nur, weil ich so
»exotisch« aussehe in Musikvideos und
Werbespots rumhüpfe
Als wenn ich das nicht selbst wüsste
Als würde das irgendwas besser machen
Als gäbe es ein alternatives Ich ohne meine
Afro-Optik
Und was sollte das sein?

Aber ja, ich bin doch dankbar
dafür, dass Ehemänner ihre Frauen mit mir
betrügen wollen, um ein bisschen Würze in ihr
Leben zu bringen, wenn das Madras Curry auf
dem Küchenregal nicht mehr ausreicht
dafür, dass man mir in Sachen Musik, Party, Sex

und Übersetzung völlig vertraut, ohne zu
hinterfragen, ob ich tatsächlich ne Ahnung hab
dafür, dass man einfach weiß, dass ich Singen,
Tanzen und extrem gut Sexen kann, weil es mir
in die Wiege gelegt ist

Und wie könnte ich euch böse sein?
Ich bin schließlich noch am Leben
wurde nicht halbtot geprügelt, während man mich
dreckiger Nigger genannt hat
wurde nicht an Händen und Füßen gefesselt auf
der Polizeiwache verbrannt
Musste keine Schuhsohlen ablecken und »Heil
Hitler« schreien
Sollte nicht in den Kantstein beißen, damit man
danach wie in »American History X« auf meinen
Hinterkopf treten kann

Nein, mir geht es gut. Ich bin
– zumindest in Hamburg Altona – relativ sicher,
kriege Jobs,
man kann mich nicht ausweisen

Und euer Rassismus ist so unschuldig
weil ihr weder Böses wollt, meint, noch tut und
einfach nicht versteht,
was ihr Tag für Tag, Spruch für Spruch und
Frage für Frage anrichtet

Aber ich bin genau so unschuldig wie ihr
Und ich war unschuldig mit 3, 6, 8, 13, 15 und 18
und bin und war trotzdem
ständig konfrontiert
mit eurem
innocent
racism

{xxxii}

In Deutschland herrscht starke Verwirrung darüber, was Rassismus im Alltag denn nun ist. Die Mehrheit will glauben, dass Rassismus eine körperliche Gewalttat ist, am liebsten im Osten, und von Menschen begangen, die nicht zur Mehrheit gehören. Die Wirklichkeit sieht jedoch anders aus: Wir alle -auch die Mehrheitsdeutschen- sind ständig umgeben von allen möglichen Äußerungen von Rassismus.

Schmeckt Ihnen untenstehendes Produkt? Mögen Sie herrlich romantische Nippesfiguren? Und kommen Sie aus dem Westen? Dann bleibt nur eins: »Grundwissen« überprüfen und natürlich – Zipfelmütze!

Bis diese Firma nicht auch »Scheiß-Arier-Brot« herausbringt, lasse ich die Finger von ihren Produkten.[xxxiiii]

Koloniale Romantik (was ist an Millionen Ermordeten romantisch?) hin oder her ... Meistens lautet das Argument der Freunde solcher lebensgroßen Dekofiguren: »Aber das war doch zu der Zeit wirklich so, dass die Diener waren. Das darf man doch zeigen!«

Mal abgesehen davon, dass wir uns ja auch keine Zwangsarbeiterfiguren aufstellen – warum tragen diese Jungs hier dann eine Baseballmütze und Sneakers bzw. ein CD-Regal?[xxxiv]

Diese Figuren beweisen, dass die An-Sicht, die wirklich dahintersteckt, nicht »Schwarze = Diener in der Kolonialzeit« ist, sondern »Schwarze = Diener«. Die Neuzeit kommt ... und geht ... an den weißen Kolonialromantikern vorbei.[xxxv]

Unser täglich Wort: Rassistische Sprache

Lassen wir uns mal auf ein sprachliches Experiment ein: Erstellen Sie eine Liste von Wörtern mit »schwarz« und mit Assoziationen zum Begriff »schwarz«. Tun Sie das Gleiche mit »weiß«.

Meine Liste sieht so aus:

Wörter mit »schwarz«: Schwarzarbeit, schwarzfahren, schwarzes Schaf, Wer hat Angst vorm schwarzen Mann, schwarzsehen, schwarzer Block, Schwarzmalerei, schwarzes Loch, Schwarzmarkt, schwarze Magie, Schwarzkittel, Schwarzbart, schwarze Witwe, schwarzer Peter, schwarze Seele, warten bis du schwarz wirst (nein, Schwarzwaldklinik zählt hier nicht dazu, das ist ein Eigenname).

Assoziationen und Bedeutungen von »schwarz«: Schatten, dunkel, unheimlich, beklemmend, fremd, böse, Teufel, unbekannt, düster, unmoralisch, Höhle, unehrlich, unergründlich, eng, Sünde, zu vermeiden, drohend/bedrohlich, Natur, Nacht, Geheimnis.

Sprachliche Fortführungen: »finster«, »unterbelichtet«.

Wörter mit »weiß«: weiße Weste, etwas weiß waschen.

Assoziationen und Bedeutungen von »weiß«: Licht, Reinheit, Sauberkeit, makellos, leer, unbefleckt, unschuldig, tugendhaft, schön, moralisch, Engel, Läuterung, gut, Elfe, Fee, erstrebenswert, harmlos, freundlich, übersichtlich, edel, wertvoll, schützenswert, zerbrechlich, zugänglich.

Sprachliche Fortführungen: »helle sein«, »eine Leuchte sein«, »hellhörig sein«, »fair« (engl. »hell[häutig]«).

Das ist unsere Sprache und wie wir sie benutzen.

Denken Sie, dass Kinder diese Zusammenhänge nicht verinnerlichen, wenn sie doch andauernd verwendet werden? Vor allem wenn dies nie besprochen oder erläutert oder relativiert wird, müssen Kinder natürlich annehmen, »weiß = gut, schwarz = böse« seien *naturgemäß* richtig und nicht etwa erfunden oder auf Menschen bezogen ganz falsch.

Unsere Sprache ist aber keine natürliche Gegebenheit, sondern steht in einer *Tradition* und spricht gesellschaftliche Werte aus. Kultur und Machtverhältnisse werden durch Sprache weitergegeben und verfestigt, und so führen wir den Status quo als Erwachsene munter fort – nicht nur in unserer Sprache, sondern sehr wirksam auch mit Bildern:

»Spiderman 3« hat ein schwarzes Alter Ego, in das er sich immer verwandelt, wenn er böse wird und über seine moralischen Grenzen hinausgeht. Der schwarze Spiderman ist dann rachsüchtig, bösartig, unbeherrscht, außer Kontrolle.

Im Grimm-Märchen »Allerleirau« färbt sich die Königstochter Gesicht und Hände schwarz, um hässlich und unscheinbar zu wirken, und wird aufgrund dieser Schwärze im weiteren Verlauf sogar mit einem »wunderlichen Tier« (sic) verwechselt. So etwas kann nur irrelevant und weit hergeholt finden, wer nicht »dunkel« ist und allein deswegen als verdächtig, unaufrichtig oder unansehnlich behandelt wurde.

An keiner Schule lernen wir, dass diese Art, wie wir mit den Begriffen und Deutungen von »schwarz« und »weiß« in der Sprache umgehen, nicht »normal«, sondern das Ergebnis verschiedener Konstruktionen ist: Die Dämonisierung alles »Schwarzen« und »Dunklen« erfolgte – auf Menschen und ihre Eigenschaften und Handlungen angewandt – unter anderem durch die Kirche. Zur Zeit der ersten kolonialen Aktivitäten Europas wurde »aethiops« sogar als Synonym für den Teufel gebraucht.

Die afrodeutsche Autorin, Dichterin und Wissenschaftlerin May Ayim schreibt im »Lexikon ethnische Minderheiten in Deutschland«:

»Religiös bestimmte Vorurteile und Diskriminierungen bildeten so einen Teil des Fundamentes, auf dem sich in der Kolonialzeit mühelos ein Konglomerat rassistischer Überzeugungen entfalten konnte, welches die schwarzen Heiden (Mohren) zu schwarzen Untermenschen (Negern) werden ließ.«[lxxxvii]

Sagen wir's mal drastischer: In Deutschland dürfen sich die dümmsten Unsympathen den ganzen Tag überlegen fühlen – sofern sie weiß sind. Sie können nämlich immer noch auf vermeintlich »weniger wertvolle« Menschen herabschauen. So erklären sich »N***-witze« und Hetzjagden Weißer auf Schwarze und asiatischstämmige Menschen. So erklären sich aber auch die Vorstellungen und Pauschalurteile, die Deutsche von Afrika, Afrikaner_innen und Schwarzen Menschen ganz allgemein haben. Diesen Vorstellungen gemeinsam ist, dass sie eurozentrischem Wunschdenken entspringen und eine Haltung der Selbstüberschätzung erzeugen.

Möglicherweise denken Sie, dass Deutschland inzwischen sprachlich ganz gewaltfrei und politisch korrekt geworden sei. Ihre Bekannten sagen zu gezuckerter Eischaummasse mit Waffel und Schokoladenüberzug vielleicht »Schokoküsse«, und Sie haben auch schon lange keine rassistischen Ausdrücke mehr in den Nachrichten gehört. Wenn Sie dieser Meinung sind, müssen Sie sich in Acht nehmen vor der »Ist-jetzt-genug-Falle«. Sie schnappt zu, sobald im Mainstream grundsätzlich angekommen ist, dass auf eine jeweilige rassistische Tradition auch einfach verzichtet werden kann. Ab diesem Moment gibt es nämlich sofort wieder einen »Backlash«: die gewalthaltigen Wörter und Inhalte werden jetzt wieder *vermehrt* produziert und dazu auch noch verharmlost, mit der Ausrede: »weil man ja inzwischen weiß, dass man das eigentlich nicht sagen soll, und es außerdem als Spaß gemeint ist«. So rechtfertigen einige Weiße es vor sich selbst und allen anderen, laut Ni*** zu sagen, und so erleben wir regelmäßig eine Renaissance des sprachlichen Öffentlichkeitsrassismus:

Das ist ein Buch aus dem Jahr 1885 ... nein, 2004.[xxxviii]

Dass Deutschland sprachlich gewaltfrei geworden sei, lässt sich nun wirklich nicht erkennen. Nicht wenige Publikationen versuchen, rassistische Sprache als Normalität darzustellen, einfach indem sie sie anhaltend verwenden, vehement verteidigen oder als »selbstverständlich« präsentieren.

Das Magazin *Woman* rief im Jahr 2006 zur Wahl von »Deutschlands bestem Kanaken« auf; zur Disposition standen verschiedene Persönlichkeiten des öffentlichen Lebens. Einziges Kriterium hierfür schien zu sein, dass die Promis, die zur Wahl standen, nicht »rein arischer« Abstammung waren; andere Gemeinsamkeiten fanden sich nicht. Mit Karina Krawczyk, Wladimir Kaminer, Marc Terenzi, Gerald Asamoah, Fatih Akin, Vitali Klitschko, Charlotte Roche, Verona Pooth, Senait Mehari und Minh-Khai Phan-Thi gehörten zur Kategorie der »Kanaken« (übrigens ein kolonialsprachlicher Ausdruck) interessanterweise vor allem Deutsche. Die unfreiwilligen

Kandidierenden dieser »Wahl« waren Leute, die unser Land immerhin reichhaltiger kulturell prägten, als *Woman* dies zu tun in der Lage war (das Magazin wurde inzwischen eingestellt). Dies ist ein gutes Beispiel dafür, dass »Multikulti« schnell zum Schimpfwort werden kann, wenn es als generalisierende, verniedlichende Markierung für nicht weißdeutsche Menschen verwendet wird und zudem noch einer tendenziösen Aufmerksamkeitskampagne dient.

Es sollte sich eigentlich von selbst verstehen, dass mensch sich nicht rassistisch verhalten und von den Diskriminierten dafür auch noch Applaus ernten kann. Genau das fordern viele Weiße aber bizarrerweise ein, wenn sie sich beschweren: »Jetzt darf man nicht mal mehr das und das sagen.«

Was sie tatsächlich meinen, ist Folgendes: Sie wollen keine Reaktion auf ihre verbalen Entgleisungen erhalten und sich noch viel weniger den möglichen Konsequenzen stellen. Einige gebrauchen das N-Wort und sind beleidigt, wenn sie dann rassistisch genannt werden. Empfindliches Völkchen, das.

Also noch einmal: Rassistische Inhalte und Ausdrücke sind nie in Ordnung, vor allem, wenn sie von Weißen kommen. Sie und Ihre Bekannten wissen das vielleicht, die deutsche Medienöffentlichkeit ignoriert es aber fröhlich, wie wir später noch erörtern werden. Deshalb habe ich hier ein Bündel Informationen zusammengefasst über etwas, das eigentlich ganz einfach ist. Zum Kopieren und Beim-»Eis-N...«-auf der Kirmes Abgeben.

Ersatzlos zu streichen: Das N-Wort

Über den historischen Ursprung und Deutungswandel des N-Wortes ist im Volkslexikon *Wikipedia* Folgendes nachzulesen:

> Das Wort »Neger« ... erlangte ... mit dem Aufkommen des europäischen Imperialismus und der damals als

wissenschaftlich geltenden Rassentheorien weite Verbreitung, sowohl in der Gelehrten-, der Literaturund der Alltagssprache. ... Mit dem Aufkommen der *modernen* Rassentheorien kam der Begriff »Neger« in die deutsche Sprache ...

Mit dem Begriff ... sind eine Vielzahl von rassistischen und eurozentristischen Stereotypen verbunden. Diese Bilder oder *Projektionen* haben vor allem mit eigenen Versagungen und Ängsten zu tun: Sexualrepression, Entfremdung und/oder Ohnmachtserfahrungen sind psychodynamische Grundlagen für das Suchen von vermeintlich Schwächeren, um die eigene Person aufzuwerten. Einige Elemente des eurozentristischen Blicks ... sind:

- Inferiorität ...
- Viktimisierung ...
- Infantilisierung ...
- *Triebhaftigkeit* und *Naturhaftigkeit,* insbesondere die übertriebene Darstellung von *Sexualität;*
- *Kulturlosigkeit,* der Beitrag Afrikas zur Zivilisation wird geleugnet.[xxxviii]

Die Legitimation des N-Wortes ergab sich also nie aus einem Prozess heraus, in dem Selbstbestimmung und Selbstbenennung Schwarzer Menschen eine Rolle gespielt hätten, sondern entwuchs der »Definitionsmacht« weißer Deutscher. Anders als etwa in den USA, wo Prozesse der Selbstbenennung *(self-naming)* seit vielen Jahrzehnten Teil eines öffentlichen Diskurses sind und zu den Emanzipationsbestrebungen aller diskriminierter Gruppen gehören, werden ähnliche Bemühungen in Deutschland – und diese gibt es durchaus – weitgehend von der Mehrheitsgesellschaft ignoriert. Das vermeintliche Recht der Dominanzgruppe auf diffamierende Benennung aller weiterer Gruppen wird in Deutschland als Herrenrecht noch heute angestrengt verteidigt.

Linguistische Aspekte

Ein wichtiges Identifikations- und Identitätsmerkmal jedes Menschen, jeder Familie, jeder Kultur, jedes Vereins und jeder Gruppe ist deren Selbstbezeichnung (die offen oder versteckt bereits viele Assoziationen auslöst). Deshalb ist das Recht auf Selbstbestimmung des eigenen Namens auch eines der am härtesten verteidigten Rechte aller unterdrückten Menschen und Gemeinschaften.

Schon immer war das Verbot, den eigenen Namen zu tragen, ein wirksames Mittel von Eroberungs- und Besatzungsmächten jedweder Kultur und Herkunft, um zu unterdrücken, zu zermürben und zu demütigen. Ähnlich wie das Verbot der eigenen Schrift oder Sprache hat es Identitätsverlust und Marginalisierung zum Ziel und zur Folge. Deshalb wehren sich auch rassistisch diskriminierte Menschen in Deutschland gegen Fremdbestimmung und das vermeintliche Recht, beziehungsweise die omnipräsente Praxis, sie mit Begriffen zu belegen, die despektierlicher Natur sind. Und sie wehren sich zu recht dagegen, dass Selbstbenennungen wie »afrodeutsch, »Schwarz« oder »Roma/Rroma« systematisch ignoriert und verweigert und stattdessen auch in der Jetztzeit noch durch rassistische Begriffe in kolonialer Tradition ersetzt werden.

Oft erfolgen bei der Rechtfertigung für die kritiklose Verwendung des N-Wortes Konstrukte, die auf dem Versuch einer »neutralen« Herleitung basieren. Dafür wird die »linguistische« Information strapaziert, das N-Wort leite sich von dem lateinischen »niger«, französischen »nègre« oder spanischen »negro« ab. Da die Wörter »niger«, »nègre« oder »negro« sich aber bis dato zu keiner Zeit im deutschen Sprachgebrauch fanden und Schwarze Menschen auch nicht etwa als »negro«, sondern als »Neger« bezeichnet wurden, ist dieser Rechtfertigungsversuch hinfällig.

Die Alltagsrealität zeigt, dass das N-Wort im 20. Und 21. Jahrhundert von seiner Bedeutung her vielmehr vergleichbar ist mit dem englischen »Nigger« (ebenfalls eine Abwandlung eines ursprünglich »harmlosen« Wortes).

Schon allein die Tatsache, dass für weiße Menschen so gut wie keine pauschal entmenschlichende Beleidigung existiert, sollte zum Nachdenken anregen. Es gibt kein Pendant zum N-Wort, das in seiner Wirkmacht vergleichbar wäre.

Journalistische Aspekte

Wurden früher in der Kolonialberichterstattung zumeist pauschal alle Schwarzen Bewohner_innen Afrikas mit dem N-Wort bezeichnet, so verstehen wir heute, dass dieser Ausdruck keinerlei tatsächliche Information enthält. Der Begriff sagt – ähnlich wie der Ausdruck »Schwarzafrikaner« – nicht das Geringste aus über Herkunft, Nationalität oder Background einer Person oder einer Personengruppe.

Der bisweilen vorgetragene Einwand, dass es ohne derartige Unpersonenausdrücke in Berichterstattung nicht gehe, ist bei genauerer Betrachtung hinfällig: Eine vergleichbare Bezeichnungsmöglichkeit einer willkürlich konstruierten Gruppe steht zum Beispiel bezüglich Menschen südasiatischer Herkunft gar nicht zur Verfügung (sie werden weder als Schwarze noch als Weiße wahrgenommen und kommen natürlich auch nicht alle aus demselben Land). Deswegen wird jede dieser Personen oder jede der Kulturen nach Herkunft (»Pakistan«) oder persönlicher Geschichte (»Engländer und Enkel indischer Einwanderer«) beschrieben. Diese Differenzierungsbereitschaft erlischt aber bereits wieder sobald es sich um Personen handelt, die einem anderen asiatischen Phänotyp enstprechen.

Sehr viele Deutsche verstehen noch nicht einmal, was frech und problematisch daran ist, den Unterschied zwischen Vietnam und Korea nicht zu kennen, oder alle Menschen, die in der weißdeutschen Phantasie ein bestimmtes Klischee auslösen, als »Chinesen« zu bezeichnen.

Es gehört jedenfalls einige schlechte Erziehung dazu, es zu kompliziert zu finden, Menschen als Menschen beschreiben zu müssen.

Aktuelle rassistische Aspekte

Es fällt auf, dass in nahezu allen Publikationen, die seit dem Ende des 20. Jahrhunderts das N-Wort noch kritiklos verwenden, grundlegend ein offen rassistischer Tenor festgestellt werden kann. Dies ist ein Indiz dafür, dass der Ausdruck sehr wohl zumindest von puplizistisch Tätigen als das begriffen wird, was er in der Tat darstellt: eine Beleidigung. Wie schon auf dem Schulhof ausschließlich dann Personen mit »N...« bezeichnet werden, wenn sie beleidigt oder provoziert werden sollen, so ist seit vielen Jahren im gesellschaftlichen Konsens verankert, dass diese Vokabel wegen ihres rassistischen Hintergrunds als gewaltfreie Bezeichnung von Menschen nicht taugt. Dies hat beispielsweise das Amtsgericht Schwäbisch Hall erkannt, dessen Urteil im Jahr 2000 am Ende eines unter Journalisten geführten Prozesses lautete:

> »Wer in der Öffentlichkeit für einen Menschen hinsichtlich Abstammung und Aussehen einen Ausdruck verwendet, der von einem nicht unbedeutenden Personenkreis als diskriminierend angesehen wird, muß hinnehmen, daß die Äußerung als rassistisch beurteilt wird. ... Wer das Wort also benutzt muß akzeptieren, wenn er als Rassist bezeichnet wird.«[xxxix]

Dass vereinzelte Autor_innen und Verlage dennoch einem reaktionären Drang nachgeben und darauf bestehen, ihr vermeintliches Recht zu verteidigen, indem sie Beleidigungen unterdrückter Minderheiten fortführen, führt seitens der aufgeklärteren Bevölkerung inzwischen oft zu raschem und deutlichem Feedback. Man beachte in diesem Zusammenhang, dass die Vokabel »Shitstorm[xl]« dazu geeignet ist, eben jenes

Feedback zu delegitimieren und zu verdrehen, wer den »Shit« eigentlich verursacht hat.

Um Ihnen zu verdeutlichen, in welcher Gesellschaft Sie sich befinden, wenn Sie das N-Wort verwenden, darf ich hier den Verein »Brothers Keepers« zitieren, einen Zusammenschluss von primär afrodeutschen Künstlern und Produzenten, der sich um die Jahrtausendwende herum öffentlichkeitswirksam gegen Rassismus engagierte:

> »Das N-Wort steht für die Herabwürdigung und Entmenschlichung Schwarzer Menschen. Dies zeigt sich sowohl in der deutschen Geschichte (Versklavung, Kolonialismus, Genozid, Zwangssterilisierung, Ermordung in Konzentrationslagern) als auch in der deutschen Gegenwart. So sangen die faschistischen Mörder von Alberto Adriano das kolonialrassistische deutsche Kinderlied ›Zehn kleine Negerlein‹, während sie den mehrfachen Familienvater feige und brutal zu Tode traten. Zudem bedient sich die rechtsextreme Polit-Szene allzu gerne des N-Wortes, wie die jüngsten Aussagen über ›arrogante Wohlstandsneger‹ des NPD-Fraktionschefs, Holger Apfel, im Sächsischen Landtag zeigen.«[xlii]

Das N-Wort als »Witz«

Neuerdings ist eine Tendenz festzustellen, wonach »politische Korrektheit« in der Gesellschaft als vollzogen betrachtet wird. Viele »Satiriker« und »Comedians« nehmen eine solche Einschätzung zum Anlass, diese Entwicklung wieder zurückzuschrauben, denn mit der Verwendung des N-Wortes lässt sich heute Aufmerksamkeit und kostenlose Promotion in sozialen Netzwerken bekommen. Frei nach dem schönen und tatsächlich geäußerten Satz: »Ich bin kein Rassist, aber ich lass mir doch von einem Neger das N-Wort nicht verbieten.[xliii]«

Die Rolle des Comedians als Person, die die unausgesprochenen Gedanken der Gesellschaft zugespitzt äußern darf, wird dazu genutzt, um unter dem Deckmantel der »Satire« die Verteidigung des Herrenrechts auf rassistisches Verhalten neu zu formulieren. Dahinter versteckt sich offener Rassismus, der sich aber auf eine neue, vermeintlich gesellschaftsfähige Plattform flüchtet. Im Ergebnis reißt Stromberg dann ungeniert entsprechende Witze, und all die Menschen, denen Deutschland in letzter Zeit viel zu ›rassismusfrei‹ wurde, lachen sich ohne schlechtes Gewissen schlapp. Die Binsenweisheit, Satire dürfe alles, wird aggressiv dafür strapaziert, dass weiße Deutsche alle anderen Menschen weiterhin rassistisch beleidigen.

Damit haben die so verfahrenden »Satiriker« ihren Beruf verfehlt, denn die eigentliche Aufgabe von Satire besteht ja darin, *herrschende* Klassen, Gruppen oder Individuen mit *unerhörten* (= originellen, tabuisierten) Kommentaren zu bedenken. Nach unten zu treten durch die Wiederholung einer jahrhundertealten Unterdrückungstradition ist nicht originell, schon gar nicht tabuisiert, und keine aufdeckerische Arbeit sondern billig. Und es erfüllt nicht die Funktion von *Satire,* sondern von Herrschaftspropaganda.

Es verdient zudem Betrachtung, *weshalb* bei aller sich anbietenden Themenfülle Satiriker und Comedians ihren Entscheidungsspielraum ausgerechnet dafür nutzen *möchten,* rassistische Sprache wieder gesellschaftsfähig zu machen.

Oft wird argumentiert: »*Ich will mit Wörtern wie ›N...‹ aufrütteln und der Gesellschaft zeigen, wie rassistisch sie ist!*« Davon abgesehen, dass sich nichts durch seine Wiederholung auflösen lässt, auch nicht rassistische Konzepte, widerspricht dieser Behauptung auch die häufige Verwendung des N-Wortes vollständig außerhalb jedes gesellschaftskritischen Kontextes, dafür aber mit unverhohlen präsentiertem *Vergnügen* beim Aussprechen rassistischer Wörter. Wenn der Radiomoderator etwa von sich gibt: »Dann tanzen hier gleich zehn Negerinnen«

(wie bei Radio Fritz geschehen), um einen möglichst spektakulären Abendverlauf zu beschreiben, so dient dies keinesfalls einer »Aufrüttelung der Gesellschaft gegen Rassismus«, sondern lediglich der Aufmerksamkeitsheischerei und weißer chauvinistischer Dominanzpräsentation.

Das N-Wort in Enzyklopädien und Wörterbüchern

Enzyklopädien und Wörterbücher erheben gern den Anspruch auf »Objektivität« und dienen der Gesellschaft oft als eine Art Instanz bei der Klärung von Begrifflichkeiten. Dass sie aber ebenfalls von Menschen gemacht werden, die ihre eigene Sozialisation nicht an der Redaktionstür abgeben können, ist nun mal ein Fakt. Dadurch entstehen oft falsche, verzerrte Einträge, die Rassifizierungsprozessen das Wort reden. Weißes Herrschaftsdenken findet sich folglich auch in diesen Bereichen. Im Fall der Benennung von Menschen, die als »anders« konstruiert wurden, wird dies besonders deutlich.

Den wissenschaftlichen Mythos der »Objektivität« können wir getrost zu den Akten legen, denn so etwas gibt es nicht. Jeder Mensch hat eine subjektive – genauer: eine positionierte – Betrachtungsweise der Dinge und verschiedene Grundannahmen, die sich in Äußerungen widerspiegeln. Der Anspruch, »objektiv« zu sein, ist also immer Unsinn, unter anderem weil darin die Anmaßung mitschwingt, andere Menschen seien weniger objektiv.

Besonders fatal ist dies im Fall der Lexika, weil diese tatsächlich als Referenz angesehen werden und die meisten Leute sich nicht fragen, *wer* die Einträge verfasst hat. So können sogar höchst problematische Einträge jahrelang bestehen bleiben.

Zwei Beispiele:

Im *dtv-Lexikon* aus dem Jahr 1995 heißt es unter dem Stichwort »Neger«: »die der negriden Rasse (→Negride) angehörenden

Menschen. Sie stellen den größten Teil der Bevölkerung Afrikas südlich der Sahara (Schwarzafrika) ...«[xliii] Prüfen Sie doch einmal Ihre Lexika zu Hause auf diesen Eintrag! Sie werden sehen, die Rassenkunde des 19. Jahrhunderts lässt grüßen. In Wort und (zuweilen) Bild!

Der Langenscheidt-Verlag machte es sich gar zur Aufgabe, speziell jungen Menschen rassistische Beleidigungen nahezubringen: Im *Power Wörterbuch Französisch*34 (Zielgruppe: »Schüler an allen Schulen, besonders in der Sekundarstufe I«) werden die Begriffe »Neger, -in« fälschlich mit »le Noir« und »la Noire« (= schwarz) übersetzt. Interessant, nicht wahr?

elle voit tout en noir [tutɑ̃nwaʀ]
Negativ *eines Fotos:* le négatif
Neger, -in le Noir, la Noire [nwaʀ]

△ Ähnlich wie im Deutschen werden auch im Französischen die Wörter *le nègre* und *la négresse* als abwertend

empfunden und sollten daher nicht verwendet werden. Man sagt stattdessen *le Noir, la Noire* (der, die Schwarze).

nehmen 1. prendre; *etwas vom Tisch (aus dem Schrank usw.)* **nehmen** prendre quelque chose sur la table (dans l'armoire [laʀmwaʀ] usw.); *da, nimm!* tiens!

Zu Beachten ist hier, dass die Wörter im Kästchen »als abwertend empfunden« werden, was nicht bedeutet, dass sie wirklich abwertend *sind*. Ein rassistisches Wort ist also erst rassistisch, wenn alle Weißen dies auch eingesehen haben. Rassismus und Abwertung werden damit auf die Gefühlslage der Opfer geschoben und nicht als Aggression begriffen. Sehr bequem.[xliv]

> négocier [negɔsje] v. verhandeln 2. négo-
> cier *un traité* über einen Vertrag verhan-
> deln, einen Vertrag aushandeln
> nègre[1] *m* [nɛgʀ] *beleidigend* Neger
> nègre[2] *m* [nɛgʀ] **petit nègre** Kauder-
> welsch, gebrochenes Französisch
> négresse *f* [negʀɛs] *beleidigend* Negerin
> neige *f* [nɛʒ] Schnee
> neiger [neʒe] schneien (△ *vor Endungen,*
> *die mit -a oder -o beginnen, steht -ge-:* Il

Hier bekommen wir neben dem N-Wort auch noch praktische Anleitung, wie es am originellsten zu gebrauchen sei.[xlvi]

Der braune mob e.V. und Alliierte forderten den Langenscheidt-Verlag im Jahr 2006 dazu auf, rassistische Beleidigungen aller Art nicht mehr in ihren Wörterbüchern zu publizieren. Die Reaktion war erwartungsgemäß ablehnend, allerdings mit erstaunlichen Begründungen. Es wurde nämlich kreuz und quer, durchweg widersprüchlich und sogar unlogisch argumentiert: Der Langenscheidt-Verlag erklärte sinngemäß, dass rassistische Ausdrücke verwendet werden dürften, wenn einige alte Weiße diese Ausdrücke in Ordnung fänden. Außerdem seien rassistische Ausdrücke bei Langenscheidt deshalb akzeptabel, weil die Wörterbücher angeblich nur *Wörter* sammeln und keinerlei *Inhalte* übermitteln würden. Dass sie Letzteres natürlich sehr wohl tun, beweisen die erklärenden Zusatzkästchen. Der »Fall Langenscheidt« geriet zu einem umfangreichen und ziemlich bizarren Briefwechsel. Aber lesen Sie selbst.

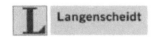
L Langenscheidt

Langenscheidt KG | Postfach 40 11 20 | D-80711 München

Berlin
München
Wien
Zürich
Warschau
New York

der braune mob e. V.

20357 Hamburg

Ihre Nachricht vom / Ihr Zeichen   Unser Zeichen: Durchwahl 0 89 / 3 60 96 · 400   Datum   07.02.2006
                                     DrDo/Lei   E-Mail: v.docherty@langenscheidt.de

Sehr geehrte Damen und Herren,

vielen Dank für Ihren Brief betr. „Neger"-Übersetzungen, der am 31. Januar d.J. bei uns
einging. Sie sprechen in Ihrem Brief ein ganz heikles Thema an, und Sie ja haben selbst
bemerkt, dass wir bei Langenscheidt versuchen, mit diesem Thema senisbel umzugehen. Unser
Hauptproblem liegt darin, dass die anderen Wörter, die Sie als „beleidigende Begriffe" für
verschiedene Volksgruppen bezeichnen (wie „Schlitzauge" oder „Rothaut") für alle eindeutig
negative Konnotationen hervorrufen. Beim „N"-Wort (um den englischen Begriff zu
paraphrasieren), ist dies – leider Gottes – nicht der Fall.

Für viele Deutsche – vor allem für ältere – hat das Wort „Neger" absolut keine negative Seite,
sondern ist ein wertneutrales Wort für eine Person mit dunkler Hautfarbe. Wir haben in dieser
Sache recherchiert, denn wir gehen gerade mit solchen Wörtern sehr vorsichtig um. Unsere
Kennzeichnung ist also bewusst gewählt und entspricht unserer allgemeinen Handhabung. Das
machen wir bei ‚Zigeuner' ebenfalls, das von Sinti und Roma als beleidigend empfunden, von
vielen Deutschen aber als wertneutral angesehen wird.

Es ist nicht unsere Aufgabe zu beurteilen, ob dieser Gebrauch ‚fair' oder diskriminierend ist.
Unsere Aufgabe ist es, die Sprachrealität abzubilden, ohne normativ eingreifen zu wollen.

Wir haben viel Verständnis für Ihr Anliegen und verurteilen jede Art von Diskriminierung aufs
Schärfste, bitten Sie aber ebenfalls um Verständnis für unsere deskriptive – nicht präskriptive –
Vorgehensweise, die in der Lexikographie als international anerkannt gilt.

Mit freundlichen Grüßen

LANGENSCHEIDT KG
Redaktion Wörterbücher

Dr. Vincent J. Docherty

Adresse   Langenscheidt KG   Telefon   0-89/3 60 96 · 0   Handelsregister   Amtsgericht München HRA 17282
           Mies-van-der-Rohe-Straße 1   Fax   0 89/3 60 96 · 292 (Allgemein)   USt-IdNr   DE136022475
           D-80807 München   Fax   0 89/3 60 96 · 258 (Bestellung)   Bankverbindung   Deutsche Bank AG, München
Postadresse   Postfach 40 11 20   Internet   www.langenscheidt.de   BLZ 700 700 10, Konto-Nr. 1 921 162
           D-80711 München   IBAN: DE36 7007 0010 0192 1162 00
           BIC (SWIFT): DEUTDEMM

DER BRAUNE MOB
SCHWARZE DEUTSCHE IN MEDIEN UND ÖFFENTLICHKEIT

Langenscheidt Verlag
Postfach 401120
80711 München
Betr: »Neger«-Übersetzungen

Unser Schreiben vom Januar 2006
Ihre Antwort vom 7.2.2006

Sehr geehrte Damen und Herren,

vielen Dank für Ihr freundliches Antwortschreiben. Wir respektieren durchaus, dass ein Lexikon die – wie Sie schreiben – »Sprachrealität« abbilden möchte, »ohne normativ eingreifen zu wollen«.

Sicher ist Ihnen jedoch auch bewusst, dass dies ähnlich wie bei Nachrichten allein schon durch die Auswahl der Vokabeln ständig geschieht. Bei einem Schülerwörterbuch mit 65000 Stichwörtern besteht ja kein Anspruch auf Vollständigkeit der enthaltenen Vokabeln. Die Tatsache, dass in diesem Buch »Negerin« beispielsweise aufgeführt ist, »Zigeuner« jedoch nicht, belegt bereits die Möglichkeit, auf einzelne rassistische Begriffe zu verzichten, deren beleidigender Charakter trotz vermeintlich gängiger sprachlicher Gepflogenheiten weithin bekannt ist. Diese Möglichkeit nehmen Sie bei verschiedenen Wörterbüchern und Begriffen immer wieder wahr, weshalb es unser Anliegen ist, dass Sie bei den Vokabeln »Neger«, »Negerin« ebenso verfahren.

Wir sind ferner der Ansicht, dass für die korrekte Abbildung einer zeitgemäßen und im Wandel befindlichen »Sprachrealität« der heutige tatsächliche Gebrauch bestimmter Vokabeln ausschlaggebend ist, weil dieser auf einen gesellschaftlichen Konsens verweist, der

133

wiederum für die gegenwärtigen Konnotationen und somit für die herrschenden Bedeutungsgehalte der jeweiligen Wörter relevant ist. Viele der von Ihnen erwähnten »älteren« Menschen verwenden Begriffe wie etwa »Oheim« oder »Base«, die sich in Ihrem Schulwörterbuch allerdings nicht mehr finden. Daher gibt es keinen logischen Grund, weshalb dagegen »Neger« oder »zigeunerhaft« von Ihrer Redaktion als »Sprachrealität« widerspiegelnde Ausdrücke eingestuft werden. Abgesehen davon, dass eben diese älteren Menschen vermutlich kaum zu den AdressatInnen eines Schulwörterbuches zählen, ergaben unsere Recherchen außerdem, dass selbst unter älteren oder alten Menschen nur sehr wenige diese Vokabeln für »problemlos« bzw. für uneingeschränkt gängig halten. Dieser Personenkreis macht also nur einen Bruchteil der Sprache betreibenden Menschen in Deutschland aus und bestimmt unsere Sprachrealität auch in allen anderen Fällen keineswegs exklusiv.

Wir würden uns sehr freuen, wenn Sie – wie im »political correctness«-Fenster so anschaulich beschrieben – in dieser Angelegenheit Ihrem Anspruch folgen könnten und künftig eben *nicht* normativ eingreifen, indem Sie willkürlich einzelne rassistisch-beleidigende Vokabeln als einen Teil der Gegenwartssprache abbilden (was sie nicht mehr sind), sondern sich stattdessen dem Prozess der sprachlichen Entwicklung auf diesem Gebiet genauso aufgeschlossen und wissenschaftlich verbunden fühlen könnten wie etwa auf dem Gebiet der neuen Elektronik, in dem seitens Ihrer Redaktion regelmäßig in Abständen von wenigen Jahren Begriffe als überholt, nicht mehr passend und nicht mehr dem normalen Sprachgebrauch zugehörig ganz leidenschaftslos einfach aussortiert werden.

mit freundlichen Grüßen,
der braune mob e.V.
et.alt.

Bitte beachten Sie, dass dieser Briefwechsel von uns öffentlich geführt wird, und wir dieses Anschreiben wie auch Ihre eventuelle Antwort zu Zwecken der Dokumentation und Aufklärung veröffentlichen.

Es schaltete sich daraufhin die verantwortliche Redakteurin ein, die fand, dass unser Brief »übers Ziel hinausgeschossen« sei. Als Indiz für ihre Aufgeschlossenheit führte sie an, dass den »neuen Sprachkalender Französisch« ein »*strahlendes braunes Gesicht*« ziere und dass sie höchstselbst den Begriff »Migrant, -in« für die nächste Ausgabe vorgemerkt habe. Außerdem wünschte sie uns »weiterhin viel Erfolg«.

Richtig: In der Sache selbst hatte sie keine Argumente. Deshalb gingen wir auch auf ihren neuen Brief Punkt für Punkt ein und empfahlen ihr ein Antirassismustraining (vollständig ist der Vorgang abgebildet im Internet, falls Sie sich einmal ein »objektives« Bild von der völlig »unemotionalen Rationalität« einer Lexikonredaktion machen wollen).

Da antirassistische Arbeit nicht aus der Diskussion mit Einsichtsresistenten bestehen sollte, erspare ich Ihnen an dieser Stelle den Rest der Geschichte. Tatsächlich ist dieser Briefwechsel aber beispielhaft für das Ihnen bereits bekannte Abwehrverhalten von Menschen, die sich selbst für nicht rassistisch halten. Und so finden sich überhebliche Ausdrücke wie »übers Ziel hinausgeschossen« oder »nicht verstanden, dass« in einem Großteil der Korrespondenz seitens derjenigen, die vom braunen mob e.V. oder anderen Organisationen zu dikriminierungsfreierem Verhalten aufgefordert wurden.

Das N-Wort von Schwarzen

Eine gängige weiße Proklamierung ist: »Wenn Schwarze sich selbst oder gegenseitig so nennen, oder dieses Wort in ihrer Musik verwenden, darf ich das ja wohl auch!«

Dieses hatte ich auf der FAQ Seite der Organisation der braune mob e.V. ursprünglich so beantwortet:

> [...]
>
> Das heisst nicht, dass das Wort generell verwendet werden darf weil es »nicht so schlimm« ist, sondern

das Gegenteil: Dass »N...er« sich in den Sprachgebrauch mancher *Schwarzer* Menschen eingebürgert hat, ist ein Erste-Hilfe-Trick: wenn man die schlimmstmögliche Beleidigung ständig selbst verwendet (und sogar in eine Art Respektsbegriff umbaut, wie es unter einigen Amerikanern der Fall ist.. aber bitte bloss nicht eigenmächtig selbst ausprobieren!! '*/&%$), verliert das »böse Wort« seine Macht und die Beleidigung an Wirkung, so der Ansatz. Diese Technik heißt »Geusenwort«.

Nach einiger Zeit hatte der mob die Angelegenheit offline genommen, aus folgenden Gründen:

- Schon allein die Idee, das Verhalten Einzelner als Diskussionsgrundlage für alle Schwarzen Menschen zu nehmen, ist absurd. In Bayern nennen viele weiße Männer ihre Ehefrau straflos »Muschi«; würden Menschen ernsthaft deswegen eine Bayernorganisation fragen, ob sich daraus evtl. herleiten lässt, dass weiße Frauen grundsätzlich als Muschis bezeichnet werden können?

- Mit dieser Diskussion wird zudem die zugrundeliegende Dynamik ausgeklammert oder verdeckt: Entsprechende Rap-Texte (die die Verbreitung dieser »Kosenamen« sicher maßgeblich vorangetrieben haben dürften) werden ja zunächst einmal von einem Label ausgewählt, profitabel promotet und verkauft. Sie haben also weder eine quantitative Verhältnismäßigkeit zu realem Schwarzen Leben (vor allem in Deutschland) noch zur Meinung »der Schwarzen«. Diese Unverhältnismäßigkeit wird zumeist nicht erkannt. Dass Plattenfirmen stattdessen auch Künstler_innen mit respektvollen Texten auswählen könnten, aber die finanzkräftigere Mehrheitsgesellschaft anscheinend ein großes Bedürfnis nach Schwarzen Selbstbeschimpfungen hat (siehe große Nachfrage) und die überwältigende Präsenz solcher Inhalte dadurch überhaupt erst bedingt, muß bei der Frage nach dem »warum« und auch »wozu/für wen« ebenfalls bedacht werden.

Ergänzend erging die Einschätzung des mob:

> Solange Schwarze Menschen von Mitgliedern der Dominanzgesellschaften mit den N-Worten bezeichnet werden, solange diese Begriffe und Konzepte in der Literatur (auch in Kinderbüchern) auftauchen, werden Schwarze Menschen die oben beschriebene Geusenwort-Strategie anwenden. Solange die Geschichte fortwirkt, solange Rassismus Realität ist, solange das N-Wort seine rassistische Macht behält, werden Schwarze Menschen versuchen, diese zu bannen, zu benennen und zu entmachten, auf die unterschiedlichsten Arten.

Wir hätten uns freilich auch viel kürzer fassen und stattdessen schreiben können: Weißbrote[xlvi], die »zum Spaß« N-Wörter sagen, sind auch weiterhin durchschaubar rassistisch und bekommen keinen Keks.

Das N-Wort als Zitat

Hierüber müssen Sie eigentlich nur eines wissen.

Wenn Sie rassistisch eingestellt sind,

- werden Sie weiterhin versuchen, Wege zu finden, das N-Wort doch noch genussvoll durchsagen zu können, idealerweise in Anwesenheit Schwarzer Menschen.

- haben Sie das schon oft gemacht und dachten dabei immer, Ihre Anwendungen wären originell und so schwer durchschaubar, dass Sie sogar als »unrassistischer Mensch« galten, *während* Sie das N-Wort sagten. Da habe ich aber Neuigkeiten für Sie: die anwesenden Schwarzen Personen haben dabei gedacht: »was für eine durchschaubare rassistische Flasche«.

- haben Sie eins der folgenden Ihnen besonders gewitzt erscheinenden Manöver verwendet:

* Bei einem Lied laut »N....« mitgesungen
* Einer Schwarzen Person von Ihrer Intervention gegen einen Rassisten erzählt, der doch tatsächlich gesagt/geschrieben hatte: »N...« (hier bitte »N...« in Vollversion mindestens so sehr betonen wie den Teil mit Ihrer total solidarischen Intervention!).
* Über »Zitate!« gefaselt und eine wissenschaftliche Fragestellung vorgeschoben dafür, dass Sie sich selbst dafür entschieden haben, ausgerechnet ein rassistisches Werk laut zu zitieren.

Wenn Sie nicht rassistisch eingestellt sind, wissen Sie bereits, dass sich Zitate in der Literatur mit einer vorangestellten Inhaltswarnung versehen und bei einer Konversation abgewandelt aussprechen lassen. Zahlreiche Menschen bewerkstelligen es jeden Tag, über das N-Wort zu sprechen und zu schreiben, ohne es Schwarzen Menschen andauernd ungefragt in Vollversion entgegenzuwerfen. Weil es dafür gute Gründe gibt.

Unverbesserlich: Das M-Wort

Wenn Sie aus vorgenannten Gründen das N-Wort vermeiden möchten, dafür aber auf das M-Wort (»Mohr«) zurückgreifen, sei nur so viel gesagt:

Ein *noch älteres* Konzept, das weiße Menschen für Schwarze erfunden haben, um sie durch ihre Herabsicht mit Eigenschaften zu markieren (in diesem Fall u.a.: dienstbar, selbstlos, gottlos, *anders*), ist selbstverständlich nicht weniger rassistisch.

Wie schwer es doch sein muss, gewalthaltige Fremdbezeichnungen einfach zu unterlassen, wenn die soziale Prägung verankert hat, dass darauf ein Recht bestünde...

Unser täglich Tun: Rassistische gesellschaftliche Sphären

Die deutsche Mehrheitsgesellschaft hat ein Repertoire an undifferenzierten und stigmatisierenden Bildern von Schwarzen Menschen, die sich auf unseren Umgang nicht nur im täglichen Leben auswirken. Vielmehr werden wir durch diese Bilder auch von gesellschaftlichen Organen von vornherein strukturell benachteiligt. Um nur einige Beispiele zu nennen: Arbeitssuche und Wohnungssuche, Polizeikontrollen und Polizeigewalt. Besonders tragisch ist, dass diese Art von Alltagsrassismus oft nur schwer juristisch nachgewiesen werden kann. Die vielen alltäglichen Erfahrungen Schwarzer Menschen in Deutschland sprechen jedoch Bände. Am Telefon erkundigen sich potenzielle Vermieter_innen bisweilen, ob die Person deutsch sei. Das ist freilich pure Diskriminierung. Wird die Frage nach der deutschen Nationalität von Schwarzen Deutschen am Telefon bejaht, werden ihnen dann beim Besichtigungstermin trotzdem schon mal Türen vor der Nase zugeknallt mit Bemerkungen wie: »Das hätten Sie aber dazusagen müssen.« Auch Äußerungen wie »Sie können aber nicht zu fünft hier einziehen oder Ihre Familie rüberholen«, »Tut uns leid, schon vergeben, das müssen Sie verstehen, man hört ja so viel« oder »Sie sind doch sauber? Wie lang sind Sie denn schon in Deutschland?« sind keine Seltenheit, sondern beispielhaft für zigtausend ähnliche Erlebnisse. Wie viele Wohnungen, Arbeitsstellen oder Beförderungen Schwarze Menschen und PoC aus rassistischen

Gründen nicht bekommen, lässt sich nur erahnen, denn die meisten Weißen, die sie diskriminieren, würden dies natürlich nicht so unverblümt zugeben.

Außerdem müssen Schwarze Menschen mit starken Repressionen rechnen, wenn sie in Deutschland den Verdacht auf Rassismus äußern. Schillernd-aggressive Abwehrperformance und *White Whine* sind hierbei noch die vergleichsweise harmloseren Folgen. Wenn rassistische Praktiken als rassistisch betitelt werden, sind Beleidigungsklagen als Antwort keine Seltenheit. Viele weiße Deutsche fassen es eben noch als eine Art Majestätsbeleidigung auf, wenn Schwarze Menschen diskriminierungsfreien Umgang einfordern oder sich auch einfach nur gleichberechtigt verhalten.

Kein Einzelfall! Stichwort: struktureller Rassismus

Außer den seelischen Belastungen, die entstehen, wenn ungerechte Behandlung nicht geglaubt oder als »Einzelfall« heruntergespielt wird, erleben Schwarze Menschen durch Rassismus in Deutschland auch vielfältige strukturelle Benachteiligungen mit finanziellen und sozialen Konsequenzen.

Die Online-Plattform XING, die sich dem beruflichen Networking verschrieben hat und auf der sich Interessengruppen bilden können, hat beispielsweise wiederholt Gruppen mit Namen wie »black business« beziehungsweise »black business women« abgelehnt; eine davon mit der Begründung, dies widerspreche ihren Anti-Rassismus-Richtlinien. Das ergibt ungefähr so viel Sinn, wie zu behaupten, eine Frauenfördergruppe sei sexistisch. Als »türkisch« definierte Businessgruppen wurden zu diesem Zeitpunkt bereits zugelassen, mit der Begründung, diese seien ja eine *sprachliche* Gruppe. Eine Schwarze Gruppe wurde auf XING schließlich erst erlaubt, als sie sich nicht als *Schwarz* definierte. Sie hieß fortan »Afro-Community«. Wer hat Angst vorm schwarzen Mann?

Ein weiteres Beispiel: Eine Schwarze Moderatorin der jungen Welle eines öffentlich-rechtlichen Radiosenders wurde im Sommer 2007 von ihrem Programmchef »Quotenneger« genannt. Der Hörfunkdirektor, bei dem sie sich beschwerte, bot ihr daraufhin lediglich an, ein gutes Wort in einem anderen Bundesland für sie einzulegen, und verwies sie auf die »Multikulti«-Redaktion eines fernen Senders. Sie ist damit kein Einzel-»Fall«. Ganz im Gegenteil scheint es genau dem Schema zu entsprechen, dass die Person, die angegriffen wurde, zu guter Letzt auch noch den Schaden alleine trägt und als Störfaktor behandelt wird, wenn sie es wagt, nicht jede Beleidigung klaglos hinzunehmen. Ob das Gleichbehandlungsgesetz hieran eines Tages etwas zu ändern vermag, wird sich noch zeigen müssen. Wie die Belasteten mit Druck, Stigmatisierung, Verleumdung, Hass und Gleichgültigkeit der Vorgesetzten und Kolleg_innen nach einem verbalen Übergriff umgehen, wird das Gesetz sicher nicht regeln können.

Die Diplomarbeit von May Ayim, die sich erstmals mit den Dimensionen afrodeutscher Geschichte beschäftigte, wurde Anfang der 1980er Jahre zunächst von einem Berliner Professor mit der Begründung abgelehnt, in Deutschland gebe es keinen Rassismus: »Vielleicht in den USA, aber nicht hier.« 1986 wurde die Arbeit dann in dem von ihr mit herausgegebenen bahnbrechenden Buch *Farbe bekennen* veröffentlicht. Obwohl die historische Forschung May Ayims den Grundstein für die weitere Beschäftigung mit dem Thema legte und Schwarze Deutsche in Literatur, Musik und akademischer Arbeit Schwarze Realitäten erstmals so genannt und sichtbar gemacht haben, werden Erkenntnisse, wenn sie von Schwarzen Menschen kommen, häufig ignoriert. Oder was noch perfider ist: Sie werden - ungeachtet ihres Inhalts - abgetan als

»persönliche Erfahrungen«, als »subjektive Meinungen«. Es ist nicht schwer zu erkennen, dass dies bei gesellschaftskritischen Fragestellungen oder Erkenntnissen über Geschichte, Gegenwart und Machtstrukturen wissenschaftlich nicht hilfreich ist.

Schwarze Erkenntnisse zu ignorieren und als »Einzelsicht« einzuordnen wie etwas nicht Bindendes, nicht Wissenschaftliches, ist ein wichtiges Herrschaftsinstrument weißer Hochschulen. Und es ist wirksam: Zum einen wird so vermieden, dass der »gefährliche« (weil für Weiße beunruhigende) Inhalt einen Anspruch auf Allgemeingültigkeit erheben könnte, zum anderen wird der Anschein erweckt, dass Schwarze deutsche Publikationen keinerlei Notwendigkeit zu gesellschaftlicher Reflexion, Umdenken und Handeln nach sich ziehen müssten. Beides sind Verzerrungen, denn die Erkenntnisse und Publikationen von Schwarzen Menschen in Deutschland haben bereits viele Teile der Gesellschaft zur Veränderung gezwungen.

Das systematische Ignorieren der Tatsache, dass Schwarze Menschen ein *integraler* Teil Deutschlands sind, stellt ebenfalls eine institutionelle Diskriminierung dar und taucht in allen möglichen Facetten auf.

Nach einer Studie aus dem Jahr 2006 verfügen zwanzig Prozent der Deutschen über einen sogenannten »Migrationshintergrund«. Trotzdem heißen in den meisten deutschen Modezeitschriften die verschiedenen Hauttypen immer noch »hell/sommersprossig«, »hellbraune Haare« und »dunkelbraune Haare« , wenn es um Kosmetik oder Sonnenbaden geht. Gemeint sind dabei ausschließlich Weiße. Auch über bestimmte dermatologische Laserbehandlungen, die bei Schwarzen Menschen schwere Verbrennungen verursachen, ist hierzulande regelmäßig zu lesen, dass sie angeblich »für alle Hauttypen infrage« kämen. Die Gesundheit Schwarzer Menschen zählt da wohl einfach nicht.

Im Beschwerdefall werden solche Texte dann oft verteidigt, indem die Redaktion behauptet, das sei »für die Zielgruppe nicht relevant«. Das ist bemerkenswert, denn es bedeutet, dass die Zielgruppe anscheinend nur aus Weißen besteht, dass also Schwarze Menschen als Kundschaft gar nicht erwünscht oder relevant sind. Hier beißt sich der Hund in den Schwanz: Wenn Publikationen Menschen ganz offensichtlich gezielt ausklammern, werden sie für diese natürlich uninteressant. Eine kleine Empfehlung an die Redaktionen: Stecken Sie die Energie, die Sie aufwenden, um solches Verhalten zu verteidigen, künftig in drei Sekunden Nachdenken, seriösen Journalismus und brauchbare Recherche. Und diversifizieren Sie endlich Ihre Redaktion.

Gedankensprung (bitte versuchen Sie, mir zu folgen):

Obwohl ich einer Medienorganisation angehöre, die damals den Untertitel »Schwarze Deutsche in Medien und Öffentlichkeit« trug,

- wurde diese Organisation zuerst als »Ausländerverein« eingestuft (auf die Nachfrage, wie um alles in der Welt das Amtsgericht Hamburg auf diese Idee käme, wurde einsilbig geantwortet, man sei jetzt zu dem Schluss gekommen, dass es sich doch nicht um einen Ausländerverein handle. Na, da haben wir ja noch mal Glück gehabt).
- werde ich des Öfteren zu Panels eingeladen oder zu Themen befragt, deren Titel vor allem die Wörter »Integration« und/oder »Migration« enthalten. So sehr ich mich freue, dass derartige Panels existieren, fände ich es jedoch viel, viel höflicher, dazu Menschen einzuladen, die wirklich migriert sind, nicht nur lauter Deutsche. Was Integration anbelangt, finde ich, müssten wir uns in der Tat bald etwas einfallen lassen, um Subjekten, die ihrer Vorstellung, dies sei nur ein Land für DNA mit Melaninschwäche, mit Gewalt Gehör verschaffen, eine ordentliche Erziehung zukommen zu lassen (ich denke da etwa an einen umfassenden Fragebogen,

unter anderem zu Geschichte und Kulturwissen, der bei zu vielen falschen Antworten zur Ausweisung ins Exil nach Helgoland führt).

- lautete bisher, wenn Interviews mit mir gesendet oder abgedruckt wurden, in vielen Fällen der Infotext vor dem Interview: »Sie *nennt* sich selbst eine ›Schwarze Deutsche‹.« Als sei die Wortkombination »Schwarze Deutsche« schon etwas Besonderes beziehungsweise eine *These,* etwas, das es erst zu diskutieren gilt.

Institutioneller Rassismus

Polizei und Staat: Die Praxis des Racial Profiling

Auch in unserer jüngeren demokratischen Nachkriegsgeschichte gibt es institutionellen Rassismus. Die Erfahrung zeigt: Deutschland ist ein Club, in dem alle Weißen grundsätzlich hochwillkommen und alle Schwarzen grundsätzlich verdächtig sind. Dies zeigt sich beispielsweise in der anhaltenden Praxis des Racial Profiling.

Der Begriff stammt aus den USA, wo diese Praxis inzwischen zumindest als höchst problematisch eingestuft wird. Racial Profiling ist das, was wir in Deutschland »verdachtsunabhängige Personenkontrolle« nennen; mit dem Zusatz, dass gezielt Menschen überprüft werden, die nicht weiß sind. Viele kennen solche Szenen vom Hauptbahnhof oder von Personalienkontrollen, bei denen »türkisch«, »afrikanisch« oder »arabisch« aussehende Leute ins Visier der Polizei geraten, während Weiße, die ja theoretisch ebenso Verbrecher aus dem In- oder Ausland sein könnten, in der Regel unbehelligt bleiben.

Die polizeiliche Fahndungstechnik des Racial Profiling wird in der ganzen Welt bekämpft und abgeschafft, aber in Deutschland haben Vertreter der Polizei anscheinend noch nicht einmal erkannt, was daran falsch ist: die

Generalverdächtigung von Personen wegen ihrer vermeintlichen ethnischen Zugehörigkeit. Das ist natürlich etwas irreführend formuliert, denn was eigentlich gemeint ist und praktiziert wird, möchte ich auch benennen: wegen ihrer »rassischen« Merkmale.

Racial Profiling (ich nenne es selbst präziser »Racist Profiling«) bedeutet, dass jeder Person, die nicht weiß ist, damit grundsätzliche Bürgerrechte aberkannt werden, weil die Polizei ja davon ausgeht, dass diese Person *wahrscheinlicher gesetzeswidrig handelt* als Weiße. Racial Profiling verstößt folglich nicht nur gegen den Gleichheitsgrundsatz unseres Grundgesetzes, sondern auch gegen ganz simple Logik: Wenn proportional mehr Schwarze Menschen überprüft werden als Weiße, finden sich dadurch natürlich auch mehr Straffällige unter ihnen.

Schade, dass die Tatsache, dass diese einseitige Verdächtigungspraxis dem Gleichheitsgrundsatz widerspricht, in Bezug auf Deutschland noch heute weitgehend ignoriert wird. Vielmehr wird es von der deutschen Polizei immer noch als legitime Maßnahme verteidigt.

Ein Beispiel: Mitglieder der »Flüchtlingsinitiative Brandenburg«, die an einer antirassistischen Konferenz im Juni 2006 teilnehmen wollten, wurden auf ihrem Weg nach Hamburg in Berlin von der Bundespolizei willkürlich angehalten und kontrolliert. Die Pressesprecherin der Bundespolizei in Berlin, Polizeioberrätin Hartmann, antwortete auf Nachfrage der Antirassistischen Initiative Berlin sinngemäß, dass nach Hautfarbe und nach Kenntnisstand der deutschen Sprache kontrolliert werde, da die Wahrscheinlichkeit bei »solchen« Leuten größer sei, dass sie irgendeine Straftat begangen hätten.

Der Politikwissenschaftsdozent Norbert Pütter schreibt in *Bürgerrechte Polizei/CILIP*:

»Die indirekte und die direkte Bedeutung politischer Entscheidungen für Übergriffe wird besonders an den sogenannten ›verdachts- und ereignisunabhängigen Personenkontrollen‹ deutlich, die in den letzten Jahren in den meisten deutschen Polizeigesetzen verankert wurden und den Polizeien Raum für neue Kontrollstrategien geben. Da weder ein bestimmter Verdacht noch ein bestimmtes Verhalten die Personenkontrollen auslösen, bleiben den PolizistInnen nur äußerliche, sichtbare Merkmale von Personen. Neben der Kleidung, der Haartracht oder dem Fahrzeug, mit dem man unterwegs ist, ist die Hautfarbe und/oder die ethnische Herkunft einer Person ein solches sichtbares Merkmal. Die wenigen bekannten Daten zeigen, dass AusländerInnen von verdachtsunabhängigen Kontrollen erheblich häufiger als Deutsche betroffen sind. ... Die ›Schleierfahndung‹ passt sich deshalb in den von rassistischen Vorurteilen geprägten Kriminalitätsdiskurs ein; durch die erhöhte Kontrolldichte bestätigt sie scheinbar die Verdachtsvermutung. D.h. gesellschaftlich werden die Kriminalitätsgefahren durch AusländerInnen bestätigt; und für die Polizei wird das bekannte Feindbild festgeschrieben.

Neben diesen indirekten Wirkungen der verdachtsunabhängigen Kontrollen auf Polizeiübergriffe können die Kontrollen selbst bereits als Übergriff betrachtet werden. Denn dass Menschen unabhängig von ihren Handlungen kontrolliert werden, dass äußeres Erscheinen oder Hautfarbe darüber entscheiden, wer von der Polizei kontrolliert wird oder nicht, widerspricht dem liberalen und demokratischen Staats- und Gesellschaftsverständnis, demzufolge Eingriffe in Persönlichkeitsrechte an bestimmbare und bestimmte Voraussetzungen gebunden werden müssen. Die Ungleichbehandlung verstärkt gesellschaftlich vorhandene

146

Diskriminierungen. Außerdem führt die ›Schleierfahndung‹ das Verhältnismäßigkeitsprinzip ad absurdum: Da es weder Verdacht noch Ereignis gibt, an dem der Eingriff der Personenüberprüfung gemessen werden könnte, lässt sich deren Verhältnismäßigkeit nicht überprüfen.«^{lxlviii}[lxlviii]

Dass von diesen Repressionen und Diskriminierungen nicht bloß »Ausländer_innen«, sondern in erheblichem Maße auch Schwarze Menschen und PoC aus dem Inland betroffen sind, versteht sich von selbst.

Beispiele für Polizeigewalt

Es sind nicht nur Gängelungen, Beleidigungen und ständige Kontrollen, unter denen Schwarze Menschen in Deutschland seitens der Polizei zu leiden haben, wie die folgenden Beispiele zeigen:

- Ein Mann rief an Ostern 2007 in Freiburg die Polizei, weil sich in einer benachbarten Gaststätte eine Schlägerei abspielte. Als der Mann den Polizisten bei deren Eintreffen seine Personalien nicht geben wollte, hielten sie ihn fest und gaben dem Polizeihund das Kommando zum Zubeißen. Rassistische Beleidigungen, die laut Aussage des Mannes mit dem Beißbefehl einhergegangen sein sollen, wollte anschließend niemand bezeugen. Das Amtsgericht entlastete später die Polizisten, erließ aber auf Antrag der Staatsanwaltschaft Strafbefehl gegen das Opfer wegen Widerstands gegen Vollstreckungsbeamte und Bedrohung. Wir erinnern uns: Er hatte die Polizisten gerufen, damit sie eine Schlägerei in der Kneipe nebenan schlichten sollten! Natürlich war der Mann Schwarz, die Polizisten waren weiß.
- Ein Mann aus Hamburg weigerte sich im August 2006, einen Zug zu verlassen, weil er – anders als der

Fahrkartenkontrolleur – der Ansicht war, dass seine Fahrkarte gültig sei. Daraufhin wurde er an einer der nächsten Haltestellen von acht Polizisten aus dem Zug gezerrt, zu Boden geworfen, dort »fixiert« und auf das Polizeirevier gebracht. Dort wurde unter anderem festgestellt, dass seine Fahrkarte gültig war. Beim Gerichtsprozess, der daraufhin gegen ihn (!) angestrengt wurde, behaupteten einige der Polizisten, er habe sie bei der Tat »bis zur Arbeitsunfähigkeit verwundet«. Wo und wie dies genau geschehen konnte, während er am Boden festgehalten worden war, konnte niemand erklären. Der Mann wurde zu einer Geldstrafe von neunhundert Euro oder wahlweise drei Monaten Gefängnis verurteilt. Am Ende des Prozesses legte das Gericht noch Wert auf die Feststellung, dass »in Deutschland alles in Ordnung« sei und »niemand etwas gegen Ausländer« habe.

- Am 14. Juli 2001 wurde Mareame Sarr in Aschaffenburg von einem Polizisten erschossen. Eine gemeinsame Presseerklärung der African Refugees Association (ARA), der Black Students Organisation (BSO), Struggles Of Students (SOS) und ADEFRA e.V. beschreibt den Vorfall folgendermaßen:

> »Hintergrund ist ein Streit zwischen ihr und ihrem Ehemann, einem weißen Deutschen, der in der Nacht gegen 2.30 Uhr die Polizei gerufen hat, um seine Frau aus der Wohnung werfen zu lassen. Die Frau war in die Wohnung ihres Ehemannes gekommen, weil sie den zweijährigen Sohn abholen wollte, der einige Tage zuvor von dem Mann entführt wurde. Als Mareame bei ihrer Schwiegermutter in Köln anrief, erfuhr sie, dass ihr Sohn versteckt gehalten wurde. Die Schwiegermutter sagte zu Mareame: ›Es ist besser, wenn der Junge bei uns aufwächst. Dann nimmt er wenigstens nicht deine Nigger-Mentalität an.‹ Mareame hat die Polizei vergeblich um Hilfe bei der Abholung ihres Kindes gebeten. Aber als der Mann die Polizei anrief, waren sofort 2 Beamte zur Stelle. Als sie

auftauchten und sofort Partei für den Ehemann ergriffen, kam es zu einer Auseinandersetzung zwischen den zwei Polizeibeamten und der 26-jährigen Senegalesin.

Im Verlauf dieser Auseinandersetzung zog einer der Polizisten seine Dienstwaffe und erschoss die Frau, die wenig später im Klinikum Aschaffenburg gestorben ist. Jetzt kriminalisiert die Polizei die getötete Mareame, indem sie die Frau als ›gewalttätig‹ aggressiv und ›physisch ihrem Ehemann überlegen‹ darstellen und behaupten, dass die Polizeibeamten sie aus ›Nothilfe‹ erschossen hätten. Der Täter wurde nicht von Dienst suspendiert, sondern ist weiterhin für die Polizei Aschaffenburg tätig. Die Staatsanwaltschaft will sich der Interpretation der Polizei anschließen und die Ermittlungen einstellen.«[xlviii]

Die deutsche Presse, Fernsehen und Radio berichteten über den Fall so gut wie gar nicht. Die Frage, warum sich zwei Polizisten und ein weiterer Mann gegen eine einzelne Frau nur wehren konnten, indem sie sie töteten, ist bis heute unbeantwortet.

Mareame Sarr † 14. 7. 2001[xlix]

- Ein weiteres Opfer deutscher Polizeibrutalität ist Oury Jalloh, der am 22. Oktober 2005 in Polizeigewahrsam während eines Brandes in einer Zelle des Polizeireviers Dessau in Sachsen-Anhalt starb. Zunächst wurde sein Tod seitens der deutschen Medien und der Öffentlichkeit nicht weiter beachtet. Alle, die behaupteten, es habe sich nicht etwa um einen tragischen Unfall gehandelt, sondern um einen Ausbruch rassistischer Polizeigewalt, wurden als versponnene Verschwörungstheoretiker_innen behandelt.

Die Polizei stellte gegenüber der Staatsanwaltschaft, die Ermittlungen einleitete, den Todesfall aber nicht als Unfall, sondern als Suizid dar. Wie es Oury Jalloh möglich gewesen sein soll, sich selbst zu töten, während er an die schwer entflammbare Matratze einer Einzelzelle gefesselt und zuvor durchsucht worden war, ist dabei ebenso wichtig wie die Frage, weshalb die wachhabenden Polizisten trotz funktionierenden Rauchmelderalarms und Sprechanlage dem Verbrennenden schlicht nicht zu Hilfe kamen. Die Polizei behauptete, dass der zuständige Beamte die Anlage »wegen eines Telefonats« leise gestellt hätte. Selbst wenn dies wahr wäre, würde es nicht erklären, weshalb der Dienstgruppenleiter die Sirenen des Feueralarms vollständig abschaltete, *ohne* nach dem Gefangenen zu sehen.

Die Staatsanwaltschaft ging in der Anklageschrift gegen den Dienststellenleiter davon aus, dass Oury Jallohs Schreie durch die Sprechanlage zu hören gewesen seien. Ein Feuerzeug, das nicht bei der Durchsuchung, sondern erst einen Tag nach Oury Jallohs Tod in der Asservatenliste auftauchte; ein Polizist, der nachweislich vor Gericht log, sowie eine Polizistin, die ohne Angabe von Gründen ihre Aussagen zurückzog; ein gerichtsmedizinischer Befund, in dem ein gebrochenes Nasenbein vorkam, und Berichte über gebrochene Handgelenke – all diese Fakten können darauf hindeuten, was sich tatsächlich abgespielt hat. Die genauen Umstände von Oury Jallohs Tod sind bis heute nicht aufgeklärt.

Die deutsche Öffentlichkeit interessierte sich für diesen Skandal höchstens am Rande. Obwohl drei Jahre später eine TV-Doku darüber in der ARD und einigen dritten Programmen lief (»Tod in der Zelle – Warum starb Oury Jalloh?«), wissen noch heute die wenigsten Menschen in Deutschland, was ihm zugestoßen ist. Wäre er eine weiße Düsseldorferin gewesen, sähe das vermutlich ganz anders aus. Stichwort selektive Wahrnehmung.

Mouctar Bah, der Aktivist, der im Mordfall Oury Jalloh am entschiedensten für die Aufdeckung der Wahrheit gekämpft hat, wurde kriminalisiert und verfolgt. Am 7. Februar 2006 schlossen die Behörden sein »Telecafé« – im »öffentlichen Interesse«, so hieß es, da er angeblich Drogendealer in seinem Laden toleriert haben soll. Das Café war Bahs Lebensgrundlage und ein zentraler Treffpunkt für die »Initiative im Gedenken an Oury Jalloh«. Der Laden wurde unmittelbar danach wieder geöffnet – unter Leitung eines weißen Deutschen. Und obwohl dort dieselben Gäste wie zuvor verkehren, wurde der Verdacht auf Drogenhandel nach dem Besitzerwechsel nicht weiterverfolgt.

Nein, dies sind keine Einzelfälle. Sie wurden hier nur exemplarisch ausgewählt, und sie weisen auf etwas Grundsätzliches hin: Offensichtlich gelten für Schwarze Menschen in Deutschland ganz andere Regeln im Umgang mit der Polizei als für Weiße. Schwarze Menschen, die sich Polizeiwillkür nicht gefallen lassen wollen, haben gute Chancen, misshandelt, dafür angezeigt und verurteilt zu werden. Dies liegt mit Sicherheit daran, dass auch Polizeibeamte mit rassistischen Werten aufgewachsen sind. Frei nach dem Muster: Auch wenn es offiziell bestimmte Regeln für den Umgang mit Bürger_innen gibt, existiert ein gesellschaftlicher Konsens, dass Schwarze Menschen *keine*

Bürger_innen sind. Sie sind vielmehr eine potenzielle Bedrohung für Bürger_innen, und deshalb ist es nicht nötig, sie menschlich zu behandeln. Bei Misshandlungen sind echte Repressalien ergo nicht zu befürchten.

Im Jahr 2006 tauchte ein Video auf, in dem Bundeswehrsoldaten beim Schießtraining angewiesen wurden, sich vorzustellen, es handele sich bei den Zielscheiben um »Afroamerikaner in der Bronx«.

Es kann mit Fug und Recht behauptet werden, dass die Bürgerrechte in Deutschland keineswegs universell gelten. Es sind eben nur Bürgerrechte für Weiße.

Deutschland ist ein Entwicklungsland: Wir unterdrücken unsere ethnischen Minderheiten und schrecken dabei selbst vor Folter nicht zurück. Das ist auch die Ansicht des Europäischen Gerichtshofs für Menschenrechte, der Deutschland 2006 wegen des Verstoßes gegen das Folterverbot der europäischen Menschenrechtskonvention verurteilte. Es ging um den zwangsweisen Einsatz von Brechmitteln bei einem Schwarzen Drogenkurier. Dass weiße Dealer ins Gefängnis kommen, Schwarze Dealer vorher aber noch gefoltert werden, darauf deutet einiges hin. Laut der Aussage eines Anwalts, der für ein Verbot solcher Brechmitteleinsätze eintritt, waren die Gefolterten fast ausschließlich Schwarze Menschen.

Institution Schule

Im Ethikunterricht in der Schule habe ich noch selbst »gelernt«, dass Schwarze und »Menschen im Busch« »nicht so intelligent« seien wie Weiße. Ich war die einzige Schülerin, die widersprochen hat und den über fünfzigjährigen Lehrer fragte, wie er denn darauf komme. Er berief sich auf »Intelligenztests«, bei denen unter anderem festgestellt worden sei, dass die »Menschen aus dem Busch« Schwierigkeiten bei der Abstraktion hätten. Dies belegte er dadurch, dass sie angeblich beispielsweise verschiedene »Sitzmöbel« nicht als solche erkennen und als Gruppe zusammenfassen konnten. Schließlich musste ich mit meinen dreizehn Jahren den Ethiklehrer davon überzeugen, dass das schlechte Abstrahieren gepolsterter Sitzmöbel ganz sicher nichts über die »Intelligenz« eines Menschen auszusagen vermag, sondern vielmehr Erfahrungssache ist. Er sah dann immerhin ein, dass er selbst sicher sehr schlecht abgeschnitten hätte, wenn er verschiedene Waffen der sogenannten »Leute im Busch« hätte identifizieren müssen (oder auch nur einige moderne Sportgeräte), und dass er nebenbei selbst so »unintelligent« war, dass er ohne fremde Hilfe in Gebieten, die andere Leute bewohnen, innerhalb von ein paar Tagen bestimmt verdursten, verhungern oder sich vergiften würde. Dass Menschen wegen ihrer Lebensweise nur jeweils *bestimmte* Dinge abstrahieren müssen, musste er von einer Schülerin erklärt bekommen. Wie vielen Kindern er all die Jahre zuvor beigebracht hatte, Schwarze und »Menschen im Busch« (für ihn war das übrigens dasselbe) seien nicht so intelligent, und dies auch noch im Ethikunterricht, möchte ich gar nicht wissen.

Durch solche Debatten, die durchaus regelmäßig vorkamen und sich im Ablauf immer wiederholten (rassistische Idee wird als Grundwahrheit präsentiert → niemand außer mir, der einzigen Schwarzen Schülerin, interveniert → Unmut und Ärger allerseits → Bestrafung durch schlechte Note) wurde ich vieler beruflicher Möglichkeiten beraubt. Im Bayern der 1980er Jahre war es noch erlaubt, einer Schülerin schlechte Noten dafür zu geben, dass sie dem Lehrer widersprach. Wie sich das nicht nur auf die nächsten Zeugnisse auswirkt sondern auch auf die Gesundheit sowie auf die Perspektive, einmal zu studieren, wurde mir erst später klar (Über die Funktion von Schule und Hochschule als ideologische Unterwerfungsinstrumentarien schreibe ich aber eines Tages noch ein gesondertes Buch.).

Ich höre immer wieder Berichte von Eltern, deren Schwarze Kinder von ihren Lehrkräften diskriminiert und beleidigt werden. Die Palette reicht von »Du wirst am besten Bedienung oder Tänzerin, in die Wissenschaft kannst du ja nicht« über das Verteidigen des N-Wortes als »normale Bezeichnung« bis hin zu schweren Sanktionen und Ausgrenzung der Kinder, wenn solches Verhalten von ihnen und ihren Eltern nicht klaglos hingenommen wird. Eigentlich ist doch die Schule zuständig für »Integration« aller jungen Menschen, dafür, dass sie dort schon mal üben können, ihren Platz innerhalb der Gesellschaft zu finden, und um durch die Vermittlung von Fähigkeiten und Wissen Selbstbewusstsein zu erzeugen. Die Wirklichkeit sieht jedoch anders aus: Die rassistisch eingefärbte Wahrnehmung weißer Deutscher von »Schwarzen« spiegelt sich in den Lehrmaterialien und -methoden wider, die in der Schule verwendet werden.

So ist in der Broschüre *Afrika in deutschen Medien und Schulbüchern* von Anke Poenicke nachzulesen, dass die Darstellung afrikanischer Bevölkerungsgruppen in Schulbüchern weiterhin durch das alte Rassenkonzept bestimmt ist:

»›Rassische‹ Merkmale werden hervorgehoben und die Idee von ›Mischvölkern‹ vs. ›rassisch reinen Völkern‹ aufrechterhalten. Sogar das rassistische Prinzip, einen Kausalzusammenhang zwischen physischen und psychischen bzw. kulturellen Merkmalen zu konstruieren, hat sich in einigen Büchern gehalten. Wissenschaftlich schon lange vor dem Erscheinen der analysierten Schulbücher unhaltbar gewordene Aufteilungen und Zuordnungen werden unternommen, Kulturstufen behauptet, dies alles mit der alten rassistischen Terminologie. ... Es entsteht auch der Eindruck, dass die Darstellungen das aus eigener Sicht Fremde Afrikas hervorheben sollen. Da dieses Fremde als bizarr dargestellt wird, erhalten eigene Werte und Lebensweise automatisch eine Aufwertung. Eine Annäherung wird vermutlich unmöglich gemacht, da die Darstellungen vorhandene Unkenntnis und Fremdheitsgefühle eher noch verstärken werden. ... Es erstaunt dann kaum, dass die meisten Bücher nach Hervorhebung des Exotischen nicht mehr viel erklären zu den aufgeführten Gesellschaften. Auch Bewertungen werden nicht erklärt. Dazu passen die Reiseprospekte, die in manchen Büchern unreflektiert als scheinbar seriöse Informationsquelle abgedruckt werden und damit eine Aufwertung ihrer Glaubwürdigkeit erfahren.«[i]

Auch erfahren wir in dieser Broschüre die Ergebnisse einer Befragung von Schüler_innen im Rahmen des studentischen Projekts »Das Afrikabild an Berliner Schulen«:

> »Demnach wirkt Afrika weiterhin sehr fremd, Unterschiede werden betont. Selbst Vertrautes interpretierten die Befragten als fremd (z. B. Freude am Fußball grundsätzlich als Fixiertheit auf eine Karriere in Europa, um die Familie aus dem grundsätzlich unterstellten Elend Afrikas zu holen). ...
> Die Äußerungen der Jugendlichen über afrikanische Frauen sind teilweise auffallend aggressiv-sexistisch formuliert. Zahlreiche Schulbücher drucken zum Thema Afrika unvermittelt Photos ab, die die Blicke auf freie Oberkörper von Afrikanerinnen lenken. ...«

Abgesehen davon, dass derlei Lerninhalte viele wünschen lassen, die Schulzeit solle möglichst kurz verlaufen, zeigt sich Rassismus inform von unterlassener Hilfeleistung und institutioneller Diskriminierung beleghaft auch auf weiteren schulischen Strukturebenen: Deutsche Studien und OECD Studien ergeben: Nirgendwo ist der Bildungserfolg so stark von der sozialen Herkunft abhängig wie in Deutschland.[ii] Wir sind in der OECD Schlusslicht bei der Inklusion von Kindern, die im eigenen Land geboren sind, aber nicht der Dominanzkultur angehören. Sprich: migrantisierte Kinder ab der zweiten Generation (das Wort »migrantisiert« verdeutlicht, dass diese

Kinder alle nicht migriert sind, aber als Zugereiste *betrachtet* werden). In den gleichen Studien finden wir bei *denselben Kindern eine erhöhte Lernbereitschaft und eine positive Einstellung.* Kinder of Color sind also motiviert. Sie bekommen aber weitaus seltener eine Gymnasialempfehlung ausgesprochen als weiße deutsche Kinder.

Rassismus im Sport

Der Fußballspieler Adebowale Ogungbure vom FC Sachsen Leipzig wurde über einen langen Zeitraum regelmäßig das Opfer schlimmster rassistischer Beleidigungen durch gegnerische Fans, die ihn in Sprechchören außer als »Ni...« auch noch als Tier beschimpften. Sowohl der Verein als auch die Polizei oder der DFB waren offensichtlich nicht in der Lage (oder interessiert genug), dieses ebenso unwürdige wie rechtswidrige Verhalten zu bestrafen oder abzustellen. Ganz im Gegenteil: 2006 wurde das Opfer sogar zum Täter gemacht. Von Fans des Halleschen FC wurde er ein ganzes Spiel lang mit Dschungellauten und oben genannten Beleidigungen beschimpft und anschließend auch noch körperlich bedroht: »Auf einmal standen sieben, acht Halle-Fans vor mir. Die spuckten mich an und ließen mich nicht vorbei. Einer versuchte mich zu schlagen«, erklärte Ade Ogungbure in einem Interview gegenüber *SportBILD*.

Polizei und Stadion-Security schritten nicht ein, als Fans über den Zaun sprangen und ihn verprügeln wollten. Statt tätlicher Gegenwehr entschloss er sich zu einem zynischen politischen Statement: »Da habe ich ihnen den Hitlergruß gezeigt. Ein paar Zuschauer stürmten dann das Feld, würgten und bespuckten mich. Aber ich musste mich doch wehren ...« Was er damit auszudrücken versuchte und bezwecken wollte, ist eigentlich unmissverständlich. Und doch erhielt er eine Anzeige wegen »Zeigens verfassungswidriger Symbole«. Soviel zur allgemeinen Einordnung der Bedrohungslage durch Rassismus in Deutschland.

Die geschilderten Beschimpfungen vom Spielfeldrand sind natürlich kein Einzelfall. Schwarze Fußballspieler_innen werden andauernd rassistisch beleidigt. Ebenso beunruhigend ist allerdings die Strategie der Vereinsverantwortlichen und Verbände: Bei konkreten rassistischen Vorfällen im Stadion stecken sie zunächst den Kopf in den Sand, reagieren aber heftig, empört und abwiegelnd, sobald die Vorfälle angesprochen werden. Oft folgt darauf eine weitere gängige rassistische Strategie: Die Notwehrhandlungen der Opfer werden dazu missbraucht, diese zu kriminalisieren. Es reicht tatsächlich der geringste Anlass, und der Menschenverstand wird systematisch ausgeschaltet, sobald Schwarze Menschen gegen Rassismus agieren oder auch nur darauf hindeuten.

Der HSV-Spieler Timothy Atouba wird 2006 von der eigenen VIP-Tribüne herab als »Ni....«, »Kanake« und »Affe« beschimpft. Wenig später darf eine Fanvertreterin desselben Vereins auf einer Pressekonferenz gegen Nazis unwidersprochen behaupten, beim HSV gebe es »Gott sei Dank ... so was wie Rassismus nicht«.

Die Reaktionen auf den Vorwurf des Rassismus fallen in der Regel heftiger aus und gehen mit stärkeren Sanktionen einher als die rassistischen Handlungen selbst. Wes Geistes Kind Verantwortliche sind (und dass »Gegen Rassismus«-Bekundungen in der Halbzeit damit ad absurdum geführt werden), zeigte Rolf Heller, Präsident von Ade Ogungbures Fußballclub Sachsen Leipzig, als er die vorgenannten Vorfälle auf einer Pressekonferenz mit dem Statement kommentierte, wer »mit Afrikanern viel zu tun« habe, der wisse, dass »die ein ganz anderes Ehrgefühl« hätten. »Die wirken zwar austrainiert, wie Muskelprotze. Aber im Inneren sind das alles noch Kinder!«

Durch die koloniale Verknüpfung der angeblichen sportlichen Überlegenheit (und der damit immer implizierten intellektuellen Unterlegenheit) Schwarzer Menschen werden diese im Sportbetrieb noch heute oft instrumentalisiert und weniger als *Personen* anerkannt als Weiße.

In der Fußballsendung »Doppelpass« kommentiert Jörg Wontorra im September 2007 ein »Foul durch den farbigen Brasilianer ...«. Da Fußballmoderation üblicherweise mit auffallend weniger willkürlichen Phänotypenbezeichnungen auskommt als andere Moderationen im deutschen Fernsehen, fällt diese Ausnahme durchaus auf. Und wird sogleich aufgeklärt: Im nachfolgenden Diskussionsbeitrag soll es um Foulspiele verschiedener Fußballer gehen. Dass diese Schwarz sind, stellt für den Moderator anscheinend einen Kausalzusammenhang zu ihrem Foulspiel dar (Schwarz = aggressiv). Sonst würde er ja – wie bei all den tausenden Fouls durch weiße Spieler, die er in seinem bisherigen Leben noch nie mit deren Ethnolook in Verbindung gebracht hat – nicht ausgerechnet bei diesem Thema extra darauf »hinweisen«, dass die Spieler Schwarz waren. Was er im Übrigen auch nicht tut, wenn Schwarze Spieler sich grundanständig verhalten.

Eine Diskussion über aggressive Weiße habe ich noch nie gehört, sie wäre aber angesichts der andauernden Übergriffe langsam vielleicht mal notwendig. Nur weil inzwischen nicht mehr alle Spieler_innen der Nationalteams weiß sind, dürfen wir nicht denken, dass damit Gleichbehandlung erreicht wäre.

Selbst Oliver Kahn wurde weit seltener wegen seines Aussehens mit Primatengeräuschen beleidigt, als dies Schwarzen Spielern widerfährt. Und Atze Schröder hat es zur Fußball-WM der Männer 2006 ganz gut zusammengefasst: »Das sieht man an der Nationalmannschaft, die so deutsch noch nie war: Kuranyi, Asamoah, Podolski, Owomoyela ... Wir könnten im Prinzip die Weltmeisterschaft ohne ausländische Beteiligung durchziehen.« Diesen Gag finden er und das ZDF 2006 so irre komisch, dass er noch über ein Jahr später auf deren Website steht. Und sie bemerken dabei gar nicht, dass der »Witz« nur dann funktioniert, wenn Grundannahme ist, dass sich das Deutschsein ausschließlich durch arische Blutreinheit definiert.

KAPITEL VIER

WEISSDEUTSCHLAND SPEZIAL: RASSISMUS UND MEDIALE ÖFFENTLICHKEITEN

Rassismus in den Printmedien

Für dieses Kapitel hat sich der *Spiegel* im Heft 16/2005 mal wieder etwas besonders Hübsches überlegt. Ganz ohne Ironie und sehr bewusst wird in einem Artikel im Jahr 2005 über eine Geiselnahme der Kontrast zwischen »weiß = harmlos, gut, moralisch integer« und »Schwarz = brutal, böse, dämonisch« konstruiert. Und das auch noch vor der uralten Kulisse der angeblich bedrohlichen Sexualität Schwarzer Männer.

> sie ohnehin nicht. Ashley Smith: 26 Jahre jung, blond, hübsch, schlägt sich als Kellnerin durch, nebenbei Ausbildung zur Krankenschwester. Ashley hat ihr Leben im Griff, endlich. Auf ihrem Nachttisch liegt jetzt immer eine Bibel.

Ist das ein Kinderbuch von George Bush oder ein ernst gemeinter *Spiegel Artikel?*[liii]

Erde an *Spiegel:* Wenn einer vergewaltigt, dann deswegen, weil er ein Gewalttäter ist, aber bestimmt nicht wegen seiner Pigmentierung, Haarstruktur oder Schuhgröße. Die journalistischen Richtlinien bestimmen unter anderem, dass ethnokulturelle »Beschreibungen« von Personen zu unterlassen sind, wenn dies nicht zum Verständnis der Nachricht notwendig ist. Und zwar genau deswegen, weil es solche Typen wie Ralf Hoppe, den Verfasser dieses tendenziösen Artikels, gibt, die gezielte Pseudo-Informationen einseitig benutzen (bestimmt hat er noch nie einen Gewalttäter grundlos als »weiß« beschrieben) und auch noch dazu missbrauchen, Ressentiments gegenüber Schwarzen Menschen zu schüren.

Würde es in unseren Medien jedes Mal heißen: »Ein *weißer* deutscher Mann hat eine Gewalttat begangen«, wenn dies der Fall war, es würde ein viel realistischeres Bild Schwarzer und weißer Gewalt ergeben.

Deutlicher kann ein Autor kaum verraten, dass er Schwarze Männer als solche dämonisieren will. »*Soll* ... zugeraunt *haben*« klingt außerdem so richtig fundiert. Nicht.[lliiil]

Auch das *Spiegel-Titelblatt*[liv] zum Leitartikel »Das Böse im Guten – Die Biologie von Moral und Unmoral« (oha!) vom August 2007 ziert eine weiße Frau als gut/die Moral, in deren Hinterkopf das Böse/die Unmoral sitzt: die Schwarze Frau.

Dass der *Spiegel* genau diese Art der Darstellung gewählt hat, ist sicher kein Versehen. Aus »Versehen« wählt ein Verlagskonzern nicht genau diesen aus vielen Titelbildvorschlägen aus, und aus »Versehen« werden Redaktionen, die sich sonst für bestens informiert halten, nicht plötzlich ignorant. Vielmehr ist das Titelblatt ein Beispiel für die Tradition dieses Heftes, die weiße dominante und etablierte Sicht von »Schwarz« und »weiß« mit ihrem bewertenden Kontext aggressiv immer wieder neu zu etablieren. Diese Meinung über den *Spiegel* entstand bei mir aufgrund langjähriger Beobachtung des Magazins. Auf einem Titelblatt vom September 2007 über China beispielsweise lautet die Headline »Die gelben Spione«. Wie bitte? *Gelb?* Was soll das aussagen, außer dass die Redaktion rassistischen Assoziationen ganz gern freien Lauf lässt?

Sobald sich die deutsche Mehrheitsgesellschaft ausnahmsweise einmal ausführlich und differenziert mit Europa, seiner Kolonialgeschichte sowie seiner ausbeuterischen und unmenschlichen Behandlung des »globalen Südens« zu beschäftigen beginnt – wie dies zum Beispiel 2007 anlässlich des G8-Gipfels geschehen ist –, erscheint im *Spiegel* ein reaktionärer Leitartikel mit dem Titel »Der afrikanische Fluch«, in dem Afrika durchweg als »Land« und als Gefahr dargestellt wird; wie ein universeller Ort, mit lauter Menschen darin, die kaum vernunftbegabt sind, Bevormundung nötig haben und aufgrund ihres »Rassismus« weiße Siedler verjagen. Auf dem Foto dazu »beschützt« eine nervöse weiße Frau ihre beiden unschuldigen Kleinkinder vor einer Gruppe Schwarzer Menschen vor dem Zaun (Bildunterschrift: »Bedrängte Farmerin in Simbabwe«). Zwischen ihnen steht ein Rhodesian Ridgeback[lv].

Diese Art von »Journalismus« ist ebenso tendenziös wie das Vokabular, dessen sich dort bedient wird, und man darf dahinter ruhig eine gewisse Emotionalität vermuten: Diese Art von »Journalismus« ist ebenso tendenziös wie das Vokabular, dessen sich dort bedient wird, und deutet auf eine gewisse Emotionalität hin: Die Verfassenden scheinen im Schreibstil stets aggressiv und verärgert, die Artikel nicht gerade umfangreich recherchiert, sondern fahrig, eher wie eine *Reaktion* auf etwas, das ihnen bereits widerfahren ist und das sie nun von sich weisen, ändern und umbestimmen wollen. Sie fühlen sich angegriffen! Denn es gibt immer mehr Menschen, die sich viel besser mit Gesellschaften, Sozialisationen und Kulturen auskennen, weil sie in diesen Themen *zu Hause* sind.

Das, was das herkömmliche alte Modell der europäischen Journaille nur vom Beobachten, Einschätzen oder Hörensagen kennt, haben viele junge Menschen in Journalismus und Wissenschaft längst verinnerlicht. Sie sind nämlich selbst in mehreren Kulturen aufgewachsen, verstehen diese, haben in England und Ghana studiert und in den USA promoviert. Dann treffen sie bei einem Journalistenball in Frankfurt auf atavistische Typen, die ihnen erzählen wollen, wie die Welt funktioniert. Plötzlich möchten auch immer mehr Leser_innen wissen, auf welcher Grundlage denn die Redaktionen so pauschal mal so einfach dies, mal jenes konstatieren. Klar, dass Letztere dadurch verbittert werden. Nicht klar, dass sie für ihren Rundumschlag in Kauf nehmen, den Nährboden für Unterdrückung zu schaffen und aufrechtzuerhalten. Pauschal gegen Afrikaner_innen zu hetzen und Schwarze Menschen zu dämonisieren, ist wohl das Letzte, was eine Gesellschaft gebrauchen kann, in der noch jedes Jahr aufgrund von Rassismus Menschen getötet werden.

Weil sich aber viele so fühlen wie die aussterbenden gestrigen Journalisten, nämlich voller Angst, ihnen könnte etwas weggenommen werden, bekommen sie aus der Gesellschaft reichlich Beifall für derartige Artikel.

Diese tendenziösen Praktiken beschränken sich aber keinesfalls auf den Spiegel, sondern werden überall strapaziert, wo es einer weißen Redaktion gerade einfällt, sich und ihre gesellschaftliche Gruppe mal wieder als »überlegen« aufzublasen:

Klar, Weiße sind »clever und smart«, Schwarze stehen für »Naturgewalten« (= nicht so intelligent, aber bedrohlich und ungestüm). Geschenkt. [lvi]

Seit in Deutschland nicht mehr überall unwidersprochen laut behauptet werden kann, dass weiße Menschen grundsätzlich intellektuell überlegen seien, wird darauf ausgewichen, die Körperlichkeit von Schwarzen Menschen hervorzuheben.

Das bringt die gleiche Botschaft und das gleiche Ergebnis. Wie in diesem besonders illustren Beispiel hier aus der *BZ* Berlin[xlviii]:

Home > Sport

››› Drucken

31. Jul 2007 10:44:43

SPORTLER des TAGES

NATHAN ROBINSON

Frage an den Eishockey-Experten der B.Z.: „Wenn es so eindringlich heißt, der kanadische Kracher, der jetzt gekommen ist, der Robinson, sei der erste dunkelhäutige Spieler im Wellblechpalast – muss man sich da Sorgen machen?" Beruhigende Antwort: „Nein, wer ein Eisbärentrikot trägt, ist für die Fans einer von den Guten."

Mehr zum Thema
Eisbären-Trainer Jackson: Ich will direkt am Welli wohnen!
Eisbären „Es gibt keinen zweiten Walser"
EISBÄREN: Einbürgerungs-Posse beendet Mueller endlich Deutscher!
Eisbär Jackson Der stille Don dreht auf

Wunderbar, so muss Sport sein. Es passt ohnehin so gar nicht die dunkle Hautfarbe zu dem Licht, das Marvin Gaye und Josephine Baker bedeuten, oder Miles Davis, überhaupt die Väter des Jazz.

Oder Muhammad Ali. Nelson Mandela. Bob Marley. Pelé. Und Tiger Woods, der erfolgreichste Sportler unserer Zeit. Und, natürlich, die zauberhafte Beyoncé, als Sängerin gut, als Schauspielerin mäßig – aber was für ein Leuchten, wenn sie lacht.

Zusammengefasst: Aus der afroamerikanischen Welt kommen für die deutsche Gesellschaft absolut notwendige lockerheitsfördernde Impulse, insbesondere die Themen Musik und Bewegung betreffend – und ein weiterer Gesandter, Abteilung Topsport, ist soeben erschienen in Berlin.

Nathan Robinson

An diesem Artikel ist so viel falsch, dass ich mich gar nicht entscheiden kann, wo ich überhaupt anfangen soll. Also, ich zähle auf:

1) Die BZ geht davon aus, dass Schwarze normalerweise ja nicht zu den Guten gehören und es normal sei, sich bei der Ankunft von Schwarzen Menschen Sorgen zu machen. Das Ganze findet die BZ »wunderbar«.

2) Die BZ verbreitet selbstbewusst die Meinung, dass »dunkle Hautfarbe« gar nicht »zum Licht« passt, welches sie als Metapher für künstlerische Leistungen strapaziert. Es ist also

165

grundsätzlich so, dass »dunkle Hautfarbe« eher zur Finsternis »passt«, oder was?

3) Warum feiern sie die genannten Prominenten aus Kunst, Politik und Sport so völlig zusammenhanglos ab? Anscheinend ist es für diese Redakteure schon etwas Bemerkenswertes, wenn Schwarze über humanoide Fähigkeiten verfügen.

4) Sich fürchten sich davor, den Begriff »Schwarze Menschen« zu benutzen (weil Schwarz zu sein ja etwas Negatives ist, s.o.). Dass »Schwarz« die politische Selbstbezeichnung ist, braucht die Redaktion nicht zu interessieren, denn sie sind ja Weiße.

5) Stattdessen werden »dunkelhäutig« und »afroamerikanisch« als Synonyme gebraucht – für einen Kanadier! Auch noch ein Brasilianer, ein Jamaikaner und ein Südafrikaner werden in einem Atemzug als Beispiele für die »afroamerikanische Welt« genannt. Anscheinend sind bei der BZ nicht nur bedenkliche geografische Ausfälle zu verzeichnen. Hier können wir außerdem ein gänzlich neues Phänomen entdecken: die Verwendung des Wortes »Afroamerikaner« als neues Synonym für »Neger«. Dass von einem kanadischen Eishockeyspieler eine Assoziation zu Beyoncé hergestellt wird, spricht außerdem Bände über die Wahrnehmung der Redakteure bezüglich Schwarzer Menschen. Analog dazu müsste ich von Oliver Kahn auf Miley Cyrus überleiten, weil sie beide so lustig hellhäutig sind.

6) Versucht da jemand gerade, uns die Nützlichkeit von Schwarzen (oder »Afroamerikanern«) nahezubringen? Was für eine Weltsicht ist das denn?

7) Zu guter Letzt werden »Afroamerikaner« als gesellschaftsfremde Objekte betrachtet, als Impulsgeber, freilich auf die Themen beschränkt, von denen die Brüder nun mal was verstehen, nämlich Musik, Bewegung und Sport. Weil das ja anscheinend vor allem mit dem Schwarzsein zusammenhängt, oder wie kämen sie sonst vom Kanadier auf die Amerikaner und vom Sport zur Politik?

Dass es Schwarze Deutsche gibt, und dass diese keine »Bereicherung«, sondern ein integraler Bestandteil unseres Landes sind, mögen sie sich bei der BZ wahrscheinlich gar nicht erst vorstellen. Da hat jemand in den letzten dreihundert Jahren nichts dazugelernt.

Ein krasses Beispiel dafür, dass rassistische Denkweisen schwer zu überwinden sind, stellt die selektive Einbeziehung des Tagesablaufs des Ermyas M., der in Potsdam Opfer von Rassisten wurde, in die Medienberichterstattung dar. Er sei, hieß es beispielsweise in BILD, »sehr aggressiv gewesen« und habe schon im Bus »angeblich« »laut gebrüllt«, als der Busfahrer das Wechselgeld nur in Münzen herausgeben konnte. Fahrgäste bezeugten dies stets mit der Angabe, es habe sich um »einen Dunkelhäutigen«, »Farbigen« oder »Afrikaner« gehandelt, was sinnfreierweise bisweilen auch abgedruckt wurde, obwohl ja bereits klar war, und ausschließlich interessant, um welche Person es sich handelte, nicht um welchen Teint. Später wurde noch hinzugefügt, dass er betrunken gewesen sei und die Täter beschimpft (in einigen Artikeln heißt es zusätzlich, »körperlich bedroht«, »getreten«) haben soll. BILD schreibt: »Inzwischen gibt es auch Hinweise, daß Ermyas M. die Auseinandersetzung selbst begonnen haben könnte. Die Süddeutsche Zeitung hatte berichtet, daß Thomas M. [Anmerkung: einer der Angeklagten] möglicherweise doch keine Verbindungen zur rechtsextremen Szene habe.« Heute ist sich die Medienlandschaft einig, dass das Ganze kein rassistischer Überfall gewesen sei.

Also -erneut- von vorne: Jemand kabbelt sich verbal mit dem Busfahrer, weil dieser nur kleines Wechselgeld hat, also schlecht auf seine Arbeit vorbereitet ist. Es entsteht ein Disput, der Fahrgast steigt aus. Abends betrinkt er sich – und begegnet auf dem Weg nach Hause ein paar örtlichen weißen Glatzen. Dass diese nicht »Hallo, guten Abend und Grüße an die Familie!« rufen, ist sehr wahrscheinlich – warum sollte unser

Jemand also etwas Freundliches sagen oder gar nichts, wenn er sich nicht danach fühlt? Seit wann ist es eine schlechte Idee, Neonazi-Abschaum das zu nennen, was er ist? Nun, nehmen wir mal an, unser betrunkener Jemand wankte sogar zu den Weißen herüber und versuchte, sie in den Hintern zu treten. Ja, richtig, er ist allein, und die sind zu zweit oder zu dritt. Da ist der Mann ja eine monströse Bedrohung. Vielleicht hat er sogar einen Regenschirm dabei! So können die armen Jungs ihm natürlich auf keinen Fall einfach aus dem Weg gehen wie den anderen siebenundzwanzig Betrunkenen bisher diese Woche. Sie haben quasi keine andere Wahl, als in der Gruppe auf ihn einzuschlagen. Dass er danach ins Koma fiel, war bestimmt seine eigene Schuld.

Zusammengefasst: Der Mann stritt sich mit einem Busfahrer herum, ging eine Runde dem deutschen Volkssport Biertrinken nach, hatte keine Lust, ein paar dahergelaufenen rassistischen Typen Nazi-Parolen durchgehen zu lassen, und verteidigte sich als Einzelner körperlich gegen eine Gruppe. Dass diese Tatsachen für eine Art der Berichterstattung verwendet wurden, die das Gewaltverbrechen an ihm *relativierte,* sogar entschuldigte, ist so zynisch wie klassisch und findet keine Entsprechung bei einer weißen Person.

In der Berichterstattung über das Verbrechen wird allerorts abgestritten, dass der Überfall aus rassistischen Beweggründen geschehen sei. *Welt Online:* »Ob die Tat einen fremdenfeindlichen Hintergrund hatte oder doch nur eine Prügelei zwischen Betrunkenen war, konnte bislang nicht geklärt werden.« *FAZ.net* titelte gar: »Rassismus vergeblich gesucht.«

Ja, genau: Wenn zwei, drei weiße Glatzen einen Schwarzen ins Koma befördern, geschieht dies üblicherweise aus Erbschaftsstreitigkeiten.

Und hier entsteht ein weiterer Effekt, der zeigt, wie stark unsere Medien in den simpelsten und menschlichsten Angelegenheiten zwischen der Wahrnehmung weißer und

Schwarzer Menschen als *Person* unterscheiden: Fast alle Zeitungen und Zeitschriften druckten den Wortlaut der rassistischen Beleidigungen ab, viele sogar als Überschrift. Das fand ich sehr interessant (und schockierend). Ich habe noch nie die Artikel-Headline »Vergewaltiger nennt Opfer ›F...e«« ausgeschrieben gesehen. So etwas wäre ja auch eindeutig eine zu krasse Verletzung der Würde des Opfers. Die Würde des Angegriffenen Ermyas M. erschien den Medien also als nicht so schützenswert. Genussvoll wurden die Demütigungen gegen ihn ständig wiederholt. So wurden die deutschen Zeitungen zu Erfüllungsgehilfen rassistischer Gewalttäter, denn es hätte durchaus genügt zu schreiben, dass der Mann *schwere rassistische Beleidigungen* erdulden musste.

Wenn wir uns einig sind, dass Rassismus schlimm ist, und davon auch wirklich überzeugt sind, dann müssen wir auf jede erneute öffentliche Demütigung verzichten. In seriöser Berichterstattung wird jeden Tag gezeigt, dass dies durchaus möglich ist. Es wird bezogen auf Schwarze Menschen bislang einfach kaum angewendet.

Vor allem, da der Abdruck der Beleidigungen im Wortlaut noch nicht einmal eine Erkenntnis bewirkt hat: Obwohl die rassistischen Beschimpfungen genau bekannt sind, wurde Rassismus als Motiv verleugnet, weil die Angeklagten nicht politisch organisiert gewesen seien, oder weil der von ihnen Attackierte nicht besonders nett zu ihnen war. Die deutsche Medienlandschaft scheint der Ansicht zu sein, dass es nicht zumutbar ist, sich mit Schwarzen Menschen zu streiten, ohne sie rassistisch zu beleidigen oder halbtot zu prügeln. Ermyas M. wurde in der Zwischenzeit sogar von Björn L., der inzwischen freigesprochen worden ist, wegen Verleumdung angezeigt: »Björn L. habe jetzt ›die Nase voll davon‹, in der Öffentlichkeit vom Ermyas M. weiterhin als Rassist dargestellt zu werden«, so *Welt Online*. In den öffentlichen Foren der genannten Zeitungen tummelten sich danach zum Teil äußerst fragwürdige Kommentare zu den Vorfällen: »Ich als Deutscher fühle mich in diesem Land ständig benachteiligt.« Oder: »Rassistisch‹ ist der Prozess selber und die Art des Umgangs mit den Beschuldigten.«

Im Rahmen dieser Berichterstattung fällt auf, dass Tatsachen, die Weiße nicht gern hören, immer in Anführungszeichen geschrieben und dadurch relativiert werden: »Rassismus«. So verfahren viele Publikationen auch gern mit den Begriffen (und Gegebenheiten) »Versklavung«, »Diskriminierung«,»Afrodeutsche« – alles in Gänsefüßchen. Achten Sie mal drauf.

Rassismus in diversen Medien tarnt sich oft ganz gut. Betrachten wir folgenden Flyer mal genauer:

»Wir suchen Afrikaner[_innen]!« Weiblich und männlich jeden Alters, kein schauspielerisches Können erforderlich.«[lviii]

Haben Sie schon mal ein Casting »Sind Sie europäisch?« gesehen?

Was außer einer amorphen Menge Klischees soll denn in dem Film dargestellt werden, wenn noch nicht mal erwähnt wird, wer warum wofür gesucht wird?

Rassismus im deutschen Fernsehen

Es gibt nur wenige deutsche Film- und Fernsehproduktionen, in denen Schwarze Menschen ganz gewöhnliche Rollen spielen. Dies sollte eigentlich die Normalität sein. Ist es aber nicht. Die überwältigende Mehrheit deutscher TV- und Spielfilmproduktionen verhält sich überaus vorsintflutlich: Schwarze Rollen werden im deutschen Film zumeist instrumentalisiert und funktionalisiert. Das heißt, anders als alle weißen Rollen im Film sind sie nicht »einfach da«, sondern in der Regel Projektionsfläche für die Vorurteile, die sich mit ihrem »anderen« Aussehen verbinden. »Asylant«, »Dealer«, »Tänzer«, »Prostituierte«, »Zuarbeitender«, »exotische Fremde«, »brasilianische Frohnatur« sind einige der gängigen Rollen, die Schwarze Schauspieler_innen zugewiesen bekommen. Von einigen habe ich schon gehört, dass, wenn sie an einem Casting teilnahmen, etwa für die Rolle der Ärztin, Unverständnis aufkam und sie gefragt wurden, »wieso« die Rolle denn »Schwarz« sein solle.

Dies verdeutlicht, das Schwarze Menschen auch von der Film- und Fernsehindustrie zunächst gar nicht als Personen wahrgenommen werden, und widerspricht dem Grundsatz, dass alle Menschen gleich sind. Als Argument heißt es dann oft: »Das verstehen die Zuschauer nicht, warum die Ärztin Schwarz sein soll.« Der Satz müsste in Wirklichkeit heißen: »Ich verstehe Schwarze nicht als normale Menschen, und sie haben keine Daseinsberechtigung außerhalb des Basketballfelds.«

In Film, Funk und Fernsehen werden folgende Assoziationen und Klischees zum »Schwarzen Mann« und zur »Schwarzen Frau« immer wieder reproduziert:

Schwarzer Mann: aggressiv, sexuell überaktiv, Musik oder Sport, illegale Einwanderer, Drogen, ungebildet, körperlich stark, polygam, schlechter Vater, Dieb, Asylbewerber, sucht seinen afrikanischen Vater.

Schwarze Frau: lustig, dienstbar, mysteriös, kein Eigeninteresse, passiv, sexy, »Big Mama«, Opfer von Genitalverstümmelung, singt und tanzt, ungebildet, großer Po, arm aber glücklich, wird als stark dargestellt wenn sie duldsam war, Sexarbeiterin, HIV, bunte Kleider, aus ihrem Land geflüchtet, hilfsbedürftig.

Die Funktionalisierung Schwarzer Rollen als »hauptberuflich Schwarz« ist auch in dieser klassischen paternalistischen Wendung enthalten: Weiße Filmschaffende denken, dass sie einen Beitrag zur Bekämpfung von Rassismus leisten, wenn sie »zeigen«, dass Schwarze »gute Menschen« sind. Dabei bedienen sie sich allerdings genau der gleichen rassistischen Klischees: Die guten Schwarzen Menschen müssen »gerettet«, belehrt oder versteckt werden und werden auch dabei nicht als eigenverantwortlich handelnde Persönlichkeiten dargestellt. Nun ist das Schwarze Objekt im Film eben nicht mehr ein Gewalttäter, sondern es stellt sich heraus, dass er zu Unrecht bezichtigt wurde. Die Schwarze Frau wird des Diebstahls verdächtigt, aber sie wird von einer Gruppe netter Weißer rehabilitiert. Schwarze im deutschen Film fliehen, flehen, betteln, verzweifeln und sind dankbar. (So haben Sie's gern.) Die Folgen sind aber nicht harmlos: Insbesondere Kinder erkennen nicht, dass solche Bilderwelten gänzlich *konstruiert* sind (das geht ja sogar an den meisten Erwachsenen vorbei), und sie verinnerlichen diese. Kölner Schauspielerinnen und Schauspieler müssen einen Akzent vortäuschen, um die »Asylbewerberin« oder den „Brasilianer" zu spielen. Und wissen dabei sehr wohl, dass es nicht ihre überzeugende

Darstellung ist, die die Rolle für die weißen Zuschauer glaubhaft macht, sondern allein die Tatsache, dass sie Schwarz sind.

Weiße Filmschaffende sollten nicht denken, dass sie die Welt besser machen können, wenn sie sich alter Klischees und kolonialer Zuschreibungen bedienen, egal, zu welchen Zwecken. Rassismus bleibt Rassismus. Und hängen bleibt immer die gleiche Botschaft: »weiß = überlegen, handlungsfähig, wichtig, gut«. Die alten Muster werden also nicht bekämpft, sondern nur verklausuliert neu aufgelegt. Die Bereitschaft, Schwarze Personen ohne Hilfsbedürftigkeits-, Subjekt- oder Fragwürdigkeitsbezug darzustellen, ist leider immer noch nicht vorhanden. Dazu sind gar nicht erst so »exotische« Produktionen nötig wie die Sat1-Geschmacklosigkeit *Wie die Wilden*, das unterirdische *Wild Girls - Auf High Heels durch Afrika* von RTL oder ProSiebens *Reality Queens auf Safari* .

Wirksame rassifizierungsgespeiste Klischees gibt es auch in der ARD-Soap *Sturm der Liebe*: Die erste Schwarze Person in der Serie wird mit einem Stakkato von Wildheit und Verdächtigungen eingeführt. In der ersten Szene flüchtet sie aus dem Auto eines Mannes, der sie mitgenommen hat, woraufhin dieser erklärt: »Das Luder wollte mich beklauen, Mann.«

Kurz darauf tritt sie, immer wieder verzweifelt um sich blickend und in einen Umhang gehüllt, aus einem Gebüsch hervor und erschrickt und verwundert Hotelangestellte. Die stellen sich dann die Frage: »Gibt's in der Nähe eigentlich 'n Asylantenheim oder so was?«, unterhalten sich über »diese Frau, 'ne Farbige«, »so 'ne ganz Hübsche« und kommen zu dem Schluss: »Irgendwas stimmt mit der nicht, oder?« Die verwilderte Schwarze Frau ist natürlich auch noch extrem hungrig (sie stiehlt Obst), durcheinander (sie versteckt sich im Pferdestall) und mittellos (sie fragt im Dorfcafé nach einem Job, wobei sie angibt, »kochen und putzen« zu können). Jeder ihrer Auftritte endet durch unvermittelte Flucht. Nachdem eine Figur fälschlicherweise behauptet, dass sie ihm die Brieftasche gestohlen habe (»Die hat mich beklaut«, »Hier war doch gestern diese schwarze Schönheit, die sich hier rumgetrieben hat«, »Ich werd' der Sache nachgehen ... die räumt uns nachher den ganzen Laden leer, die klaut doch wie 'n Rabe«), war die edle Aufdeckung der Serienautoren, dass sie ja doch nicht die Diebin gewesen ist, bereits überlagert von so vielen unmöglichen kolonialrassistischen Bildern und Klischees, dass ihre spät verkündete »Unschuld« kaum noch eine Rolle spielte.

Die Figur wird in den nächsten Folgen als Samia »aus Afrika« in die Serie integriert, gibt fortan andauernd »Volksweisheiten« und »Sprichwörter« »aus Afrika« zum Besten, muss natürlich um ihre »Ausweisung nach Afrika« bangen und ist die einzige Figur des Castes, die ohne Grund minutenlang singt.

Fragen Sie sich auch gerade, warum Schwarze Schauspieler_innen sich überhaupt derart instrumentalisieren lassen? Eine Kollegin hat es mal so ausgedrückt: »Ich bin ja nicht in erster Linie Schwarz. In erster Linie bin ich Schauspielerin!«

Der Widerwille weißer Filmschaffender, Schwarze Menschen für gewöhnliche Rollen zu besetzten, führt zur weitgehenden Abwesenheit Schwarzer Menschen (und zur wunschgemäßen Verzerrung der demografischen Realität der BRD) im deutschen Kino und TV. Sicher sind diese Filmleute besonders froh, dass es gar nicht die Anwesenheit Schwarzer Menschen braucht, um einen Film mit boshaftem Rassismus auszustatten. Die *Tatort-Folge* »Ruhe sanft« (März 2007) schafft das beispielsweise:

Nadeshda: »Wie heißen noch mal die Leute, die immer schwarz rumlaufen?« — Boerne: »Neger. Also, ich wollte sagen ... [sucht nach Worten] Mitbürger afro... amerikanischer ... Also, Thiel, wie nennt man die denn jetzt eigentlich korrekterweise?« – Thiel: »Nadeshda, fragen Sie doch mal bei den Grünen nach. Na, die kümmern sich doch um solche Dinge, Dosenpfand und [so] ...«

Achten Sie einmal selbst beim Fernsehen darauf, wie Schwarze Menschen dargestellt werden.

Rassismus im Theater

Film und Theater in Deutschland bedienen sich noch heute der rassistischen Praxis des »blackface«. So wird es bezeichnet, wenn Weiße sich mit Schuhcreme oder Make-up als »Schwarze« anmalen. Auch Deutschland hat eine geschichtliche Tradition sogenannter »Minstrel-Shows«. Das Verhalten, das dabei an den Tag gelegt wurde, war durchweg erniedrigend: Natürlich sorgten die »selbst gebauten Schwarzen« durch aufgesetzte Triebhaftigkeit, Dummheit, Infantilität, seltsames Tanzen und übertriebenes Pseudo-Musizieren für Erheiterung des weißen Publikums. Es ist deshalb verständlich, dass Schwarze Menschen die Fortführung derartiger Demütigungen nicht tolerieren. Das ist allerdings den weißen Deutschen egal. Noch heute dürfen etwa weiße Schauspieler »blackface« benutzen, wie beispielsweise in der Inszenierung des »Othello« im Jahr 2006 am Hamburger Schauspielhaus. Der als »Mohr« verkleidete Hauptdarsteller agierte extrem sexuell triebhaft (das ursprüngliche Stück sieht übrigens keine andauernden Fickbewegungen vor), rannte im Rahmen der Inszenierung in der Pause nackt auf die Straße und tanzte und klatschte mit dem begeisterten weißen Publikum am Schluss noch zu Musik von James Brown.

Die Vermischung rassistischer Demütigungspraktiken mit der Demonstration der Ansicht, dass Weiße »Schwarzsein« aus ihrer Phantasie heraus erschaffen dürfen, wurde von diesem Theater wohl als besonders passend empfunden. Die Hamburger »Othello«-Inszenierung wurde mehrfach prämiert.

Auch das Hamburger Schmidt-Theater kam anscheinend gar nicht erst auf die Idee, sich nach Schwarzen Schauspielern umzusehen, sondern malte lieber einen weißen Schauspieler mit brauner Farbe an, um »Jim Knopf« darzustellen. Unverschämt und gedankenlos. Wollten sie auf die vielen Schwarzen Hamburger Kinder als potenzielles Publikum verzichten? Wollten sie die Kinder demütigen? Sollten die Kinder denken, dass ihr Schwarzsein *nachgeäfft* werden darf?

Rassismus in Show und Zirkus

Eine der frechsten Reproduktionen kolonialer Klischees sind pseudo-afrikanische Zirkusshows, wie zum Beispiel die Show »Mama Africa«, die zeitweise auch unter dem Namen »Mother Africa« tourt. »Mama Africa«, ein Begriff, der traditionell positiv für ein neues Selbstbewusstsein (und damit nicht zuletzt für die Loslösung von europäischen Monopolen) steht, wird dabei vereinnahmt, um eine Show zu bezeichnen, die genau so auch schon vor hundert Jahren stattgefunden haben könnte. Das Spektakel will uns angeblich »den schwarzen Kontinent näherbringen«. Daran darf aber stark gezweifelt werden angesichts des Broschürentextes und der recht entgleisten Poster-Untertitel. Plakat und Showbeschreibung bedienen sich aller Stereotypen, durch die weiße Menschen heute noch Schwarze Menschen mit Vorurteilen belegen, bedrohen und diskriminieren, insbesondere Frauen: »WILD«, »EXOTISCH«, »EROTISCH«, »ANDERS«.

Warum hat die Lady auf diesem Bild Schlangen im Haar?[lix]

Um das Maß voll zu machen, zeigen die Plakate ausgerechnet das Bild einer nett und ruhig dreinblickenden Dame mit Kopfbedeckung, die ungefähr so »wild« aussieht wie Mutter Beimer. Anscheinend sollen wir mit ihr »wild«, »anders« und dergleichen assoziieren, nur weil sie Schwarz ist. Eine solche Vereinnahmung ist zynisch, und sie ist ein Rückschritt in einer Gesellschaft, die sich angeblich gerade darum bemüht, Diskriminierungen zu verstehen und zu reduzieren. Ganz offensichtlich geht es hier um ein imaginiertes »Afrika« und einzig um die Befriedigung verzerrter Erwartungen der europäischen Gäste, was eine »afrikanische« Show sei.

Im Text der Broschüre wird auf erschreckende Weise deutlich, wie absolut das Aufstülpen der eigenen Vorstellungen von »Exotik« die tatsächliche kulturelle Vielfalt eines ganzen Kontinents (die selbstverständlich von einer solchen Vorführung weit entfernt ist) in der weißen Sichtweise dominiert: Die Ankündigung entspricht zum Teil im Wortlaut den Werbetexten für Völkerschauen des vorigen und vorvorigen Jahrhunderts: Damals wurden – identisch wie im Pressetext zu »Mama Africa« – in blumigsten, romantisch-paternalisierenden Ausdrücken »Kapellen« vom »schwarzen Kontinent« in »Trainingslager« gebracht, um anschließend in Deutschland mit künstlich choreografierten »Tanzspektakeln« die Neugier der Weißen auf das zu befriedigen, was sie als »afrikanisch« verstehen wollten. Selbstverständlich waren auch »wunderhübsche Frauen« als zentraler Punkt involviert. (Die Stelle, an der im Pressetext tatsächlich auch noch »überdimensionale Knochen ... durch die Luft wirbeln«, ist allerdings von ganz neuer cartoonesker Qualität, was Choreografie und auch Rassismus betrifft.)

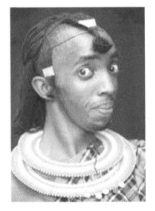

Pressefoto der Show »Mother Africa«. Wenn ein Massai sich weigert, mit Ihnen zu schlafen, dann muss er lustig kucken, damit Sie wenigstens über ihn lachen dürfen.[lx]

Ein wirklicher *kultureller Austausch* konnte und kann durch derartige Aufführungen freilich zu keiner Zeit stattfinden und ist auch nicht gewollt. Davon zeugen schon allein die stark unterschiedlichen Machtverhältnisse (Boss, der über Verbleib und Auskommen entscheidet, versus mäßig bezahlte angestellte Tänzer_innen ohne Lobby im Land). Außerdem werden diese Unternehmungen nicht etwa aus Freundlichkeit betrieben, sondern sind von vorneherein auf den Profit ausgelegt, der sich damit erzielen lässt, weißen Europäer_innen das vorzuspielen, was sie erwarten.

Damals wie heute waren die Argumente zur Verteidigung des künstlichen Karnevals die, dass ja eine »bezahlte Beschäftigung« der Tänzer_innen vorliege – ganz, als sei dies mit einem Projekt, das nicht auf diskriminierenden kolonialen Klischees basiert, nicht möglich, oder als bestünde gar die Möglichkeit, Afrikaner_innen überhaupt nicht zu bezahlen. Auch wird stets eine angebliche kulturelle/informative Leistung betont. Kunst, die nicht selbstbestimmt ist, kann jedoch – wenn überhaupt – nur einen bestimmten Personenkreis unterhalten. Ganz sicher kann sie keinen Kulturaustausch oder Wissen vermitteln. Der »Austausch« endet(e) in der Regel am Zirkuszaun.

Gerne wurden und werden ausgerechnet derartige Spektakel als »humanitäre« Angelegenheit vermarktet, indem beispielsweise ein Teil des Erlöses gespendet wird, Waisenkinder in sogenannte »Trainingslager« aufgenommen werden (Zirkustrainingslager wohlgemerkt, nicht Geologie-, Linguistik- oder Architektur-Trainingslager) und behauptet wird, dass den Darstellenden der Shows oder gar ihrer Heimatregion dadurch eine »Lebensgrundlage« oder »Selbstbewusstsein« vermittelt würden. Dies ist eine besonders verklärende Form von Rassismus, da sie gar nicht erst die Möglichkeit in Betracht zieht, Menschen anders als von oben herab oder als potenzielle Tänzer_innen für Europäische Geschmäcker wahrzunehmen. Sie impliziert zudem, dass aus der Arbeit für den weißen Mann mehr Selbstbewusstsein resultieren kann als aus autonomer Kulturproduktion. Dies wirkt besonders perfide hinsichtlich der Anwerbung von Kindern aus Kriegs- oder Krisengebieten, denen sich oftmals tatsächlich keine anderen Möglichkeiten zu bieten scheinen, so dass sie als zukünftige Zirkusdarsteller_innen und »erotische« Berufsexot_innen angeworben werden können: Parallelen zu Menschenhandel drängen sich auf.

Dass diese Kinder mit den gleichen Mitteln auch Ärzt_innen, Lehrer_innen oder Unternehmer_innen werden könnten, ignorieren die weißen Showproduzenten, da die Assoziation »Teil einer Show für Weiße« mit »gute Lebenssituation für Afrikaner_in« (bzw »Erfüllung der natürlichen Ordnung«) heute noch zu funktionieren scheint.

Hier ist der erschütternde Originalwerbetext:

> »›Mother Africa – Circus der Sinne‹ nennt sich ein neues Tournee-Projekt, dass von der Power Concerts Tourneen Gmbh zusammen mit Winston Ruddle und der ›African Acrobats Association‹ entwickelt wurde.
>
> Seit drei Jahren trainieren hier Artisten aus verschiedenen Ländern Afrikas in einem Trainingscamp in Tansania zusammen und gerade jetzt wird diese außergewöhnliche Show zusammengebaut, d.h. eine renommierte Choreographin wird hinzu gezogen, außerdem eine sechsköpfige LiveBand engagiert und in die Show integriert.
>
> Zusammen mit weiteren sechs bezaubernden Tänzerinnen kreieren sie ›Mother Africa‹, den neuen, den aufregenden, den exotischen, den erotischen, den schlichtweg etwas anderen Circus der Sinne!
>
> Artisten, Musiker und Tänzer laden zu einer Party, zu einem ausgelassenen Fest der Sinne, das Augen, Ohr, aber auch das Herz berühren wird.
>
> Sie kommen aus Äthiopien, aus Tansania, aus Südafrika, dem Kongo, Kenia, Simbabwe und der Elfenbeinküste. Eines ist Ihnen gemeinsam. Sie lieben zu feiern: die Liebe, sich und das Publikum.
>
> Mit typischen Highlife-Rhythmen eröffnet die Band das bunte Programm. Songs von Miriam Makeba, Osibisa, Shakira, Brenda Fasi, Hugh Masekela, Billy Joel

oder Angelique Kijo stehen hier neben traditionellem, afrikanischem Liedgut auf der Setlist.

Die Kapelle zieht durch den Saal, begrüßt die Zuschauer um sich im Dschungelbild der Bühne zu positionieren. Hier agieren unter einem riesigen, fluoreszierenden Moskitonetz die Tänzerinnen und Artisten. Hier werden Menschenpyramiden gebaut, wirbeln überdimensionale Knochen durch die Luft, windet sich der ›Snakeman‹ mit unglaublicher Geschicklichkeit durch einen Tennisschläger, schlägt ein afrikanischer Clown seine Kapriolen auf dem lockeren Seil, fliegen zwei wunderhübsche Frauen durch die ›Manege‹ oder überrascht ein weiterer ›Snake Man‹ mit richtigen, wahrhaftigen Würgeschlangen die verdutzten Besucher. Aufwendige Dia-Projektionen machen das Bühnenbild zudem wandlungsfähig und bereichern die Show durch Impressionen aus Afrika.

›Mother Africa – Circus der Sinne‹ will nicht NUR Circus sein, wenn auch die artistischen Leistungen und Darbietungen im Fokus stehen. »Mama Africa« will vor allem großartige und unvergessliche Unterhaltung bieten und dem Zuschauer das Lebensgefühl und die Kultur des schwarzen Kontinents, der Wiege der Menschheit ein kleines Stück näher bringen. Darum haben auch die Musiker ihre solo Parts und die Tänzer zeigen eine Auswahl der ach so unterschiedlichen, afrikanischen Volkstänze mit ihren farbenfrohen, exotischen Kostümen.

›Mother Africa – Circus der Sinne‹, das ist die Show für jung und alt, für Wissbegierige und Altkluge, für Forscher und Neugierige, für Menschen, die noch Lust am Leben, am Erleben haben und sich verführen [sic!] lassen wollen.«[lxii]

Die absurde Unterschrift »WILD«, »EXOTISCH«, »EROTISCH«, »ANDERS« wurde von neueren Plakaten entfernt. Der gesamte Subtext ist jedoch geblieben.

Auch die Firma Sansara-Entertainment aus Bamberg bedient sich für ihre Show »Afrikas Magie des Dschungels« kolonialer Klischees und deutet »Tradition« auf arrogante Weise mit den Worten: »AFRIKAS Magie des Dschungels ist eine traditionelle Circusschau« (Pressetext). Auf Postern wird dann der Schwarze Mensch gleich mit dem wilden Tier verschmolzen:

Halb Mensch, halb Tier... Exotisch sind hier vor allem die Vorstellungswelten der Grafik- und Veranstaltunsgredaktion.[lxii]

Der Verein »Blauschwung – für freie Bildungskultur« schreibt in einer Pressemitteilung zu dieser Show: »Es ist an der Zeit, sowohl Deutschlands mehrere Jahrhunderte andauernde Verstrickung in die koloniale Geschichte als historische Tatsache anzuerkennen und sich damit auseinanderzusetzen, als auch mit der geschichtslosen und folkloristischen Darstellung und Behandlung von Menschen afrikanischer Herkunft in diesem Land zu brechen.«[lxiii]

Rassismus in anderen Medien

Es mag Sie vielleicht überraschen, wo sich Rassismus sonst noch überall versteckt. Oft findet er sich besonders dort, wo wir ihn eigentlich am wenigsten erwarten würden:

- in Werbungen für Spendenprojekte
- in Unterhaltungsmedien für Kinder
- in unserer neuen Gleichstellungsbehörde

Werbung für Spendenprojekte

Schauen Sie sich diese Werbung mal an[lxiv]:

Was daran falsch ist? Das habe ich selbst erst begriffen, nachdem ich endlich mal ein paar Jahre in einer Gegend verbracht hatte, in der nicht allein der weiße Blick solche Anzeigen macht. Ich verrate es Ihnen: Nur bei einem Schwarzen Kind lässt sich auf die Idee kommen, dass es hilfsbedürftig sei, obwohl es fröhlich aussieht.

Allein die Tatsache, dass ein Kind Schwarz ist, ist für Deutsche bereits ein Synonym dafür, dass es Hilfe braucht. Die Kinder auf den Plakatwänden werden gar nicht als das gesehen, was darauf eigentlich dargestellt ist: nämlich ein sympathisches Kind, das mehr oder weniger ernst dreinblickt und vielleicht ein schönes Leben hat (ja, so etwas gibt es auch in Afrika!). In Deutschland werden Schwarze Kinder *unabhängig* von ihrer dargestellten Stimmung ganz automatisch als Alarmsignal für Armut empfunden. Versuchen Sie mal, ein weißes Kind, das süß in eine Kamera kuckt und vielleicht noch einen Klecks auf der Wange hat, allein durch eine Abbildung als Auslöser für die sofortige Assoziation so vieler armseliger Dinge und Lebenssituationen zu instrumentalisieren wie diese durchaus glücklich aussehenden Kids hier[lxvi] . ... Es funktioniert nicht.

Ein weißes Kind wird, bis eine besondere Information erfolgt, immer zunächst »irgendein Kind« sein. Dies wäre eine menschliche Reaktion auf die Abbildungen *aller* Kinder.

Die unsäglichste Plakatkampagne hat sich allerdings UNICEF zusammen mit der Werbeagentur Jung von Matt 2007 geleistet: {lxvi}

Was bleibt unterm Strich bei diesen Bildern und Aussagen der UNICEF-Werbung hängen?

Zuerst: »Dreck/schlechtes Make-up = Schwarz im Gesicht = afrikanisch = ungebildet«

Danach: »Weiße Kinder = gebildet« – »Afrika = homogener Ort/Landstrich«

Und unterschwellig: »Weiße können Schwarze verstehen und sich mit ihnen solidarisieren, indem sie sich mit Schlamm oder Schuhcreme anmalen«; »Weiße dürfen den rassistischen historischen Kontext ignorieren, der entsteht, wenn Weiße sich mit Schuhcreme anmalen, um Schwarzsein zu imitieren«; »Weiß-überhebliches Benehmen und faktisch falsche Aussagen zu Afrika und Afrikanern sind in Ordnung, weil sogar UNICEF das macht, und UNICEF gehört ja eindeutig zu den Guten«.

Dass solche überheblichen und verzerrenden Klischeeabfolgen erst die Grundlage für Rassismen sind, denen viele Schwarze Menschen jeden Tag ausgesetzt sind, dessen ist UNICEF Deutschland sich offensichtlich nicht bewusst. Das Ganze wird dort sogar für recht lustig gehalten, wie man der Foto-Auswahl der lachenden, Grimassen schneidenden Kinder entnehmen kann. Darauf, dass es sich um Dreck und nicht um Make-up handelt, deutet übrigens die Tatsache hin, dass die Schmiere sich auch auf den Shirts der Kinder findet.

Ein ganzer Kontinent wird hier mal eben auf schlammige, ungebildete Kinder reduziert, mit denen alle beliebigen Deutschen Mitleid haben dürfen. Es hilft Menschen aber nicht, wenn eine Plakataktion sie herabsetzt und ihren ganzen Kontinent über einen Kamm schert und beleidigt. Diese Kampagne kann vielleicht Geld sammeln, richtet gleichzeitig aber auch großen Schaden an, indem sie menschenverachtendes Verhalten legitimiert und Rassismen reproduziert.

In Europa gibt es Millionen von Kindern, die unterhalb der Armutsgrenze leben und unter mangelhafter Bildung leiden.

Jugend ohne Bildung

■ Etwa 14 Millionen Kinder in **Osteuropa** und in der Gemeinschaft unabhängiger Staaten gehen nach einer Studie des UN-Kinderhilfswerks nicht zur Schule. Die Ausgaben für die Ausbildung seien ungenügend.

■ Diese **Lücken im Bildungssystem** vergrößerten die Armut und verringerten die wirtschaftliche Fähigkeit der Länder.

■ In vielen Ländern ist die **Jugendarbeitslosigkeit** hoch. In Serbien, Armenien und Mazedonien beträgt sie über 50 Prozent, in der Slowakei, Kroatien und Polen über 30 Prozent.

■ UNICEF appellierte an die betroffenen Regierungen, ihre **Bildungsausgaben zu erhöhen**, von durchschnittlich drei Prozent des Bruttoinlandsprodukts auf sechs Prozent.

{lxvii}

Eine Kampagne zum Thema »Die weißen Europäerkinder haben keine Schule« habe ich bisher noch nicht gesehen. Auch dass jemand die fehlende Bildung der Kinder mit einer Parodie ihrer Gesichtsfarbe in Verbindung bringt, blieb uns bisher glücklicherweise erspart.

Besonders interessant: UNICEF und ihre Werbeagentur haben nicht aus Unwissenheit gehandelt, sondern wider besseres Wissen. Schwarze Organisationen, die zuvor vorsichtig konsultiert worden waren, hatten stark davon abgeraten, eine derartige Kampagne durchzuführen. Damals war noch angedacht, weiße *Erwachsene* braun anzumalen. Anscheinend gingen UNICEF und die Werbeagentur davon aus, dass eine Verhöhnung durch Kinder weniger schlimm sei (nein, das muss man nicht verstehen).

UNICEF Deutschland hat auf zahlreiche Proteste hin zwar die Kampagne von ihrer Homepage genommen, aus einem Antwortschreiben von Pressesprecher Rudi Tarneden ging jedoch klar hervor, dass es keinerlei Einsehen gab, *weshalb* diese Anzeigen entwürdigend sind. Ganz im Gegenteil betonte UNICEF erwartungsgemäß, wie viel Gutes doch erreicht worden sei, und vor allem, dass die Kampagne bisher angeblich nicht im Mindesten als beleidigend empfunden worden sei. Am 18. Juli 2007 erklärte Rudi Tarneden, Pressesprecher von UNICEF Deutschland:

> »Before publishing the ad, we had carefully discussed possible misinterpretations and the agency had also tested public reaction in a survey in Germany, without receiving negative comments. Neither did we receive any negative reaction from the German public after publication.«[lxviii]

> (»Bevor wir die Anzeige veröffentlichten, haben wir vorsichtig mögliche Fehlinterpretationen diskutiert, und die Agentur hat öffentliche Reaktionen in Befragungen in Deutschland getestet, ohne negative Kommentare zu erhalten. Wir haben auch keine negativen Reaktionen der deutschen Öffentlichkeit nach der Veröffentlichung erhalten.«)

Na, da sag ich mal:

1) Armes Deutschland.

2) Die Schwarzen deutschen Organisationen, die im Vorfeld sehr wohl abgeraten hatten, zählen also für ihn nicht zur »deutschen Öffentlichkeit«.

3) Da im selben Brief außerdem an einer anderen Stelle auch noch von »Missverständnissen« die Rede ist, müssen wir leider davon ausgehen, dass der grundsätzliche Kritikpunkt gar nicht verstanden wurde und

4) auch keine Bereitschaft besteht, sich damit zu beschäftigen.

Ich glaube, dass dies das grundsätzliche deutsche Rassismusproblem ist: Wir wachsen so durch und durch rassistisch auf, dass wir noch nicht einmal wissen, was wirklich los ist.

All die netten UNICEF-Leute hier, die ja hauptberuflich Gutes tun wollen, verstehen *tatsächlich* nicht, warum ihre Kampagne bevormundend, beleidigend und falsch ist. Und selbst wenn sie es erfahren, veröffentlichen sie diese trotzdem. Warum?

Weil sie den ganzen Tag auf Bilder schauen, die Schwarze Menschen als Gegenstände, hilfsbedürftig, unsouverän darstellen, und weil in ihrer Welt nur weiße Menschen Entscheidungsgewalt und eine Meinung haben.

Ein Teilnehmer eines US-amerikanischen Internet-Forums bringt noch einen interessanten Aspekt auf den Tisch: Er schreibt, das eigentlich Ungeheuerliche an dieser Werbekampagne sei, dass UNICEF und Deutschland es anscheinend nötig hätten, weiße Kinder anzumalen, damit die deutsche Öffentlichkeit überhaupt die Verbundenheit (der helfenden Kinder mit den spendenempfangenden Kindern) assoziierten, dass also die Empathie erst durch einen Trick erzeugt werden müsse, damit bei den weißen Deutschen menschliche Schutzinstinkte greifen. Ganz wie in dem Roman, in dem am Ende des Gerichtsprozesses die weiße Jury nach Kenntnis der Details eines grausamen Kindsmords aufgefordert wird, sich nun aber vorzustellen, das Opfer sei weiß gewesen, weil den Geschworenen andernfalls die Schrecklichkeit des Verbrechens gar nicht bewusst wurde.

Statt die Chance zu nutzen, an Sozialkompetenz dazuzulernen, hat sich UNICEF Deutschland darauf herausgeredet, dass all die Proteste »Fehlinterpretationen« und »Missverständnisse« gewesen seien. Das ist wieder der gute alte Augsburger-Zoodirektorin-Abwehrreflex, der auf der tiefen Überzeugung beruht, dass nur eine weiße Person einen Rassismusvorwurf richtig beurteilen kann. Diese Form von Dominanz hat bei einer Organisation wie UNICEF eigentlich am allerwenigsten verloren. Dafür dass sich ausgerechnet die Deutschen mal wieder absolut rückschrittlich benehmen – vor allem in ihrer wenig sozial kompetenten Kommunikation –, ein großes Danke, Werbeagentur Jung von Matt (Firmenslogan: »Wir kommunizieren auf Augenhöhe«)!

Ein letztes Indiz dafür, wie ahnungslos und ignorant deutsche Hilfsorganisationen dem Thema Rassismus gegenüber sind: Bei dem Dreh eines Clips für den Verein »cinema for peace« mit Bob Geldof und Katja Riemann anlässlich der Berlinale 2007 wurden Schwarze Kinder aus Berlin gecastet, um Not leidende, »verhungernde« Kinder darzustellen. Dass die gecasteten Kids weder hungrig noch Not leidend, sondern ausschließlich aus Deutschland waren, spielt nur dann keine Rolle, wenn die Formel *Schwarz = grundsätzlich glaubwürdig arm* greift. Die Kinder wurden im am Set so genannten »township look« verkleidet, und bekamen erklärt, dass sie jetzt ganz ernst und traurig kucken und nicht lachen sollten, was nach einigem Üben sogar klappte. Natürlich machten die Kids sich aus der Verkleidungs- und Filmaktion einen Riesenspaß und fragten Dinge wie: »Hahaha, *was* sind wir? Wo?« – »Keine Ahnung, wo das liegt« und: »... Arm? Echt?«

Im Film wird gleichzeitig stellvertretend für jedes aus Not sterbende Kind eine Kerze ausgepustet. Am Ende gibt es dann eine große Szene der Güte, bei der die armen hungernden Schwarzen Kinder endlich an einem *echten Tisch* mit Katja Riemann sitzen dürfen (das hat vermutlich mehr Traumata ausgelöst als der Rest des Drehtags) und stolz und hungrig dreinschauend mit ihrem Besteck auf der Tischdecke herumtrommeln, frei nach dem Motto: »Wir haben Hungerhungerhunger, haben Hungerhungerhunger, haben Hungerhungerhunger, haben Durst!«

Stellen Sie sich jetzt mal vor, es würde einen Doku-Spendenaufruf für ausgebeutete osteuropäische Feldarbeiterinnen geben, aber die Frauen darin wären in Wirklichkeit Wuppertaler Buchhalterinnen. Das würde die Öffentlichkeit als Affront empfinden. Alle würden den Clip als absurd betrachten und sich verarscht fühlen. Handelt es sich aber um Schwarze Menschen, ist die soziale Urteilsfähigkeit der weißen Öffentlichkeit seltsamerweise plötzlich verschwunden. Weil irgendeine biestige Stimme mit viereckigem Oberlippenbärtchen aus uncoolen Untiefen hartnäckig flüstert: »Schwarze sind alle gleich«, »Schwarze musst du nicht als Individuen betrachten und behandeln«, »Schwarze kannst du ruhig in einen Topf werfen« und: »Das brauchst du nicht zu hinterfragen, denn das weiß doch jedes Kind.«

Muss ich erst erwähnen, dass die Bezugspersonen, die ihre Kinder zu diesem Dreh brachten, ausschließlich Weiße waren, und dass keine von ihnen ihr Kind vom Set nahm, als sie erkannte, welcher Art der Dreh war, und wie das Kind wie selbstverständlich als »hungerndes, weil Schwarzes Kind« instrumentalisiert wurde?

Unterhaltungsmedien für Kinder

Unser Weltbild »Weißer Mensch = gut, zivilisiert, Bestimmer« und »Schwarzer Mensch = arm, unterlegen, wild und Objekt, das Weiße anfassen und definieren und belehren dürfen« wird auch Kindern andauernd bestätigt: durch Bücher, in denen Schwarze Menschen immer nur exotisch sind oder Not leiden, so dass weiße Menschen von klein auf lernen, sie zu bevormunden und bemitleiden. Schwarze Menschen sind in Kinderbüchern außerdem so gut wie nie *selbstverständlicher* Teil einer Gruppe, schon gar nicht der Protagonistengruppe, geschweige denn einer europäischen. Sie werden dort vielmehr instrumentalisiert, das heißt, es wird dazu erklärt, als was und warum sie überhaupt *auch* hier sind, oder sie werden benutzt, um eine vermeintlich besonders lehrreiche Geschichte zu erzählen (die zumeist von einem Haufen Probleme handelt).

Kein Wunder, dass Schwarze Menschen in Deutschland heute noch ausgegrenzt und ständig mit der Frage belästigt werden, woher sie kämen und warum sie hier seien. Weil Kinder durch ihre allererste »unschuldige« Literatur heute noch lernen, dass Schwarze Menschen nicht gleichberechtigt anwesend seien, erwarten sie zwanzig Jahre später natürlich von jeder Schwarzen Person eine exotische Story. Ob sie dabei indiskret sind oder nicht, ist ihnen egal, denn das Bevormunden, Bestimmen und Ausfragen haben sie ja schon im Kindergarten als Grundwissen erlernt. Sie erinnern sich? Stichwort Festplatte? Dann denken Sie mal an *Tim und Struppi*:

Tim im Kongo[lxix]

Im Klappentext zu Tim im Kongo heißt es:

»Kinder lieben den Witz und die unverwechselbaren Charaktere der Serie, Eltern und Pädagogen loben die sorgfältige Recherche, die den einzelnen Bänden zugrunde liegt, und Comic-Fans schätzen vor allem die außergewöhnliche Zeichenkunst Hergés, der mit ›Tim und Struppi‹ zum wichtigsten und einflußreichsten Comic-Schöpfer Europas wurde.«

Das kann sich ja wohl höchstens auf weiße Kinder, Eltern und »Pädagogen« beziehen. Kein Wort darüber, dass es ekelhaften Kolonialrassismus verniedlicht und – besonders verwerflich – Kindern die vermeintliche weiße Überlegenheit näherbringt. In ungebrochener kolonialer Kontinuität steht ergo die Inhaltsbeschreibung auf der Verlagshomepage aus dem Jahr 2007: *»Auf einer Fotosafari erleben [Tim und Struppi] und ihr freundlicher Boy Coco zahlreiche aufregende Abenteuer.«* Kein Wort der Relativierung. Dieser Comic ist heute in vielen Ländern auf dem Index, darunter Großbritannien, USA und Südafrika. In Deutschland jedoch nicht.

Ist Ihnen mal Folgendes aufgefallen: In Comics, Karikaturen und Cartoons wird immer versucht, einzelne körperliche Merkmale von Personen zu (über)zeichnen, und wenn es nur dicke Augenbrauen sind, eine große Nase, schütteres Haar oder zwei Falten auf der Stirn, die die Figuren voneinander unterscheiden. Aber sobald weiße Leute Schwarze Leute malen, ist dies anscheinend nicht mehr nötig. Die meisten Comic-Darstellungen Schwarzer Menschen hierzulande sind so platt und überzogen, dass sie sie gar nicht erst als Personen zeigen, sondern als austauschbare Fratzen mit Wulstlippen, Glubschaugen und am besten noch Knochen im Haar. Nun, das sind keine individuellen Merkmale. Es sind die Vorstellungen der Zeichner_innen von scheinbar identischen, rassifizierten Schwarzen Objekten. Kurz: das N-Wort als Bild. Dass Schwarze Menschen natürlich genauso unterschiedlich aussehen wie weiße Menschen, diesen simplen Gedanken müssen sich weiße Deutsche ihr Leben lang nicht machen.

Sogar ein bekiffter Igel wird differenzierter dargestellt als die beiden anderen Protagonisten! Das war 1957. An den Darstellungsweisen geändert hat sich aber leider nichts.[lxxi]

Ein kurzer Knochen-Exkurs

Die Assoziation Schwarz = Wilde = Knochen im Haar ist ein Überbleibsel des Kolonialrassismus, der sich noch heute in ganz alltäglichen Situationen äußert: Als bei der Fußball-WM 2006 die Mannschaft aus Togo in Deutschland spielte, begrüßten ein paar besonders witzige deutsche Arschnasen im Stadion (und im weltweiten TV!) das togolesische Team, indem sie sich schwarz anmalten, Baströckchen trugen und »Afro«-Perücken mit Knochen im Haar trugen.

Auch in einer deutschen Karikatur von Mike Tyson trägt der Boxer einen Knochen im Haar. Und als ich meine erste

Fernsehsendung beim Hessischen Rundfunk moderierte und dafür als Zeichentrickfigur animiert werden sollte, hatte der ursprüngliche Entwurf der Freelance-Grafik optisch mit mir nichts gemein. Aber einen Knochen im Haar.

Die »Knochen im Haar«-Darstellungstradition ist deswegen so interessant, weil sie deutlich macht, wie das weißdeutsche Bild von Schwarzen Menschen in Wirklichkeit ist. Bei Profisportler_innen und einer bayerischen Redakteurin auf »Knochen im Haar« zu kommen, das schafft nur, wer alle Schwarzen Menschen grundsätzlich als Wilde aus dem Busch einstuft.

Zurück zum Thema

Noch vor wenigen Jahren habe ich in einem deutschen Kaufhaus neben all den anderen Plüschtieren einen *Plüsch-Bimbo* entdeckt, der (selbstverständlich im Baströckchen) mit Kulleraugen und dickem Bauch, halb Mensch, halb Plüschtier, zum Bemuttern einlud. Später fand ich ihn im Internet wieder: {lxxi}

Wenn Kindern solche Darstellungen begegnen, hat das natürlich Folgen: Sie begreifen sich selbst entweder als Person (= weiß) oder als Unperson und Objekt (= Schwarz).

Es ist also weder harmlos noch egal, wie Bücher, Lehrmittel und Spielsachen aussehen. Und, wir erinnern uns, wieder Stichwort Festplatte: Der weiße Vater von Pippi Langstrumpf ... Was machte der noch mal?

> »Meine Mama ist ein Engel und mein Papa ist ein Negerkönig. Es gibt wahrhaftig nicht viele Kinder, die so feine Eltern haben!«, pflegte Pippi sehr stolz zu sagen. »Und wenn mein Papa sich nur ein Schiff bauen kann, dann kommt er und holt mich, und dann werde ich Negerprinzessin. Hei hopp, was wird das für ein Leben!«

und

> »... will ich Euch sagen, dass es in Kenia keinen einzigen Menschen gibt, der die Wahrheit sagt. Sie lügen den ganzen Tag. Sie fangen früh um sieben an und hören nicht eher auf, als bis die Sonne untergegangen ist. Wenn es also passieren sollte, dass ich mal lüge, so müsst ihr versuchen, mir zu verzeihen und daran zu denken, dass es nur daran liegt, weil ich etwas zu lange in Kenia war.«[lxxiii]

Tun Sie das jetzt nicht als olle Kamelle ab. In Ausgabe 11 des österreichischen »Feuilletonmagazins« Schreibkraft ist 2004 nämlich das Manuskript eines Vortrags zu lesen, der kurz zuvor an der Universität Graz gehalten wurde. Darin heißt es unter anderem:

> »Warum mögen Kinder Pippi Langstrumpf? Warum mag das Kind in uns Pippi Langstrumpf immer noch? – Man könnte, an der Oberfläche bleibend, sagen: Weil sie so stark ist und in Wahrheit doch jeder von uns stärker sein möchte als der Rest der Welt. Oder: Weil

sie ein Pferd und einen Affen hat und wir uns alle noch gut an die Gesichter unserer Eltern erinnern können, als wir versuchten, bei ihnen eine Katze oder einen Goldhamster durchzusetzen. Oder man könnte sagen: Weil ihr Papa Schiffskapitän und Negerkönig ist, und welches Kind besitzt schon einen Schiffskapitän und Negerkönig als Vater. Oder: Weil Pippi ungeniert ›Negerkönig‹ sagen kann und ›Plutimikation‹ und ›Spunk‹ und ›Kumminalsteuern, ohne dass ihr jemand mit political oder sonstiger correctness kommt.«[lxxiiii]

Das ist das, was bei rassistischer Sozialisierung herauskommt: Erwachsene, die es eine Zumutung finden, das sie auf white supremacy verzichten sollen, die »Negerkönig« für einen spannenden, coolen Ausdruck halten und darüber auch noch Vorträge an Universitäten halten.

Ich rolle jetzt natürlich nicht alle rassistischen Fälle aus Kinderbüchern auf, aber langsam sollte es dämmern: Wenn schon die Erwachsenen, die bei anerkannten internationalen Organisationen arbeiten, »gut gemeint« Rassismus verbreiten und sich nicht hinterfragen lassen wollen, dann wird es bei Kinderbuchautor_innen und -verlagen nicht viel anders sein.

Ganz schlimm sind oft ausgerechnet die eigentlich progressiv intendierten Kinderbücher. Angetrieben von mehreren Wellen ehrgeizigen Sozpäd-Karmas, schreiben Leute, die gerade einen Barbara-Wood-Roman zur Seite gelegt haben, schnell noch ein ambitioniertes Buch, um den weißen Kindern mehr Freundlichkeit gegenüber Schwarzen Kindern beizubringen. Da liegt schon der erste Fehler: Sie schreiben ein Buch für Kinder und sprechen als Zielgruppe dabei nur Weiße an. (Das darf nur ich!)

So zum Beispiel das christliche Kinderbuch *Der kleine schwarze König* von Bernhard Langenstein und Irmgard Paule nebst Kurzbeschreibung des Pattloch-Verlags:

»Der kleine schwarze König folgt mit zwei anderen Königen einem hell leuchtenden Stern, der ihnen den

Weg in ein anderes Land weist. Während der langen Reise bekommt er immer wieder zu spüren, dass er wegen seiner Hautfarbe anders ist. Als die Könige schließlich staunend in Betlehem an der Krippe stehen, versteckt der kleine König zunächst sein Gesicht hinter den Händen, aus Angst, das Baby zu erschrecken. Doch dem Jesuskind sind Äußerlichkeiten nicht wichtig – es sieht nur das Herz des kleinen Königs leuchten. Und als beide sich gegenseitig anstrahlen, geht im Stall und in den Herzen der Menschen ein helles Licht auf.«[lxxiv]

Nachdem auch diese von Weißen erfundene tragische Gestalt versucht, sich die Schwärze mit Wasser vom Gesicht zu schrubben, erfährt sie schließlich Gnade: Durch das Strahlen des Jesuskinds in seinen Händen werden die Handinnenflächen des kleinen Schwarzen Königs hell. Würg. Eine online-Kundenrezension folgert:

>»Das ist Heuchelei und eine Darstellung eines tief verwurzelten Rassismus, in dem Schwarze als zu bedauernde und Weiße als gönnerhafte, ehrenvolle Menschen dargestellt werden. Das sind koloniale Denkmuster, die nicht mehr in die heutige Zeit passen, die in gar keine Zeit passen.«[lxxv]

Zweiter Fehler: Schwarze Kinder tauchen noch oft genug lediglich als Problem auf. Sie sollen abgeschoben werden oder kennen sich nicht aus und brauchen Anleitung und Hilfe (weil sie ja so fremd sind), oder sie bleiben am besten gleich in Afrika und freuen sich über die ausgemusterten T-Shirts, die ihnen dorthin geschickt wurden. Oder sie haben keinen Papa und sind deswegen hauptberuflich traurig.

Als Selbstverständlichkeit und ganz normale Bewohner_innen – so wie es der Realität in Deutschland entspräche – sind Schwarze Kids auch in angeblich

»antirassistischen« deutschen Kinderbüchern kaum repräsentiert.

Dritter Fehler: In diesen Büchern sind die weißen Kids stets diejenigen, die handeln und die Situation einschätzen und verbessern. Sie erklären, helfen, organisieren und basteln an dem Schwarzen Kind und seinem Unglück herum, bis es satt/endlich wieder zu Hause/dadurch froh und glücklich ist. Unterschwellig bleibt bei Schwarzen lesenden Kids dadurch natürlich der Eindruck hängen, dass sie nicht für voll(wertig) genommen werden, was exakt der Wahrheit entspricht.

Ob diese schleichenden Formen von Rassismus mehr Schaden anrichten als offener Rassismus, ist schwer zu ermessen. Wir erleben in Deutschland jedenfalls ständig beides.

Mein liebstes Beispiel für gefährlichen, weil versteckt an Kinder weitergereichten Rassismus ist vielleicht nicht gerade brandneu, aber dennoch gültig, weil die CDs immer noch erhältlich sind und ständig unverändert neu aufgelegt werden. Ich mag dieses Beispiel sehr gerne, weil es so subtil und primitiv gleichermaßen ist: *Die Drei Fragezeichen!* Haben Sie's geahnt: *Die Drei Fragezeichen* sind alles Weiße! Woher ich das wissen will, wo sie ja in den Hörspielen nicht zu sehen sind und ihr Weißsein auch nie thematisiert wird? Die Antworten geben diese Zitate aus *Drei Fragezeichen*-Folgen, die heute noch vertrieben werden:

DIE DREI ??? - DIE SCHWARZE KATZE

– Das ist doch ... Was zum Teufel treibt ihr hier? Ich verklage euch wegen Hausfriedensbruch und Sachbeschädigung.

– Es tut uns sehr leid, Sir. Ein tätowierter Mann mit ganz dunkler Haut hat uns eingeschlossen.[lxxvi]

DIE DREI ??? - DER LACHENDE SCHATTEN

[über eine Goldfigur:]

- ... und schaut euch die Schlitzaugen [sic!] und den Federschmuck auf dem Kopf an! Ich vermute, das ist das Werk eines indianischen Künstlers und schon sehr alt.

   – Also, für mich sah das nach einer Verbrecherbande aus.

[später]

- [Erzähler:] Die Jungen stiegen aus und gingen auf das Haus zu. Plötzlich trat ihnen ein dunkelhäutiger Mann in den Weg.

   – Vorsicht! Der Mann hat ein Messer!

   – Hey, was soll das, was wollen Sie von uns?

   – Lassen Sie Justus los!

   – Halt ihn! Halt ihn!

   – Just, ist dir was passiert?

   – Er hat das Amulett! Er hat mir das Amulett gestohlen![lxxviii]

DIE DREI ??? - DIE GEISTERSTADT

[es klingelt an der Tür]

- Nanu. Ob das Morten ist?

   – Na, schau doch mal aus dem Fenster.

   – Ein roter Chevrolet.

   – Seht mal. Jetzt wird die Haustür geöffnet. Kommt mal her, vielleicht können wir etwas hören.

   – [Haushälterin:] Was wollen Sie denn hier? Sie Miststück haben in diesem Haus nichts verloren!

   – [Frauenstimme:] Das werden wir noch sehen. Wer Argumente durch Lautstärke ersetzt, hat mir gar nichts zu sagen.

– [Hausherr:] Sie verlassen jetzt unverzüglich dieses Haus. Und solange ich hier bin, werden Sie es auch nicht wieder betreten, haben Sie verstanden?

– Ah! Wumm. Die Tür ist wieder zu.

– [lacht] Ja.

– Kommt schnell zum Fenster, dann können wir noch sehen, wer das war!

– Seht doch!

– Eine Schwarze!

– Hm. Ich glaube, sie weint. Jetzt steigt sie wieder in ihr Auto.

– Merkt euch das Kennzeichen ...[lxxviii]

Es gibt unzählige weitere solcher Beispiele aus der Serie – und das ist doch mal richtig schade. Da hätte sich, weil es sich ja um ein *Hörspiel* handelt, endlich mal die Gelegenheit geboten, *allen* Buben zu ermöglichen, sich mit den Helden zu identifizieren, grenzt aber diejenigen, die nicht weiß sind, aus. Offenbar zählen für die Produzierenden und Mitwirkenden der *Drei Fragezeichen* Kinder, die nicht weiß sind, einfach gar nicht. Welches Weltbild wird sich vermitteln für ein Kind, das sieben ist und solche Texte wie oben zum Einschlafen hört?

Ähnliches bewirkt der Titel *Harry Potter und der Halbblutprinz.* »Halbblut« ist ein unmöglicher Ausdruck und hätte eigentlich mit den letzten Winnetou-Verfilmungen das Zeitliche segnen sollen. Er setzt voraus, dass es so etwas wie »Reinrassigkeit« gibt. Als »Halbblut« rassifizierte Personen tauchen in Abenteuerbüchern häufig als Vehikel für die rassistische Ansicht auf, dass sie vermeintlich anders seien, aber eben nicht ganz anders. Und das macht sie zu zugänglichen Verbindungsgliedern in die Welt der Düsternis, im weiteren Kontext auch immer undurchschaubar, schwer kontrollierbar, aufregend, mysteriös und potenziell gefährlich. Diese weiße Erzähltradition erhebt zum einen Weißsein erneut zur gesellschaftlichen Norm und negiert Nicht-Weiße als potenzielle Leser_innen. Zum anderen vermittelt sie Kindern nebenbei, dass weiße Menschen »Ganzblut« seien, also »ganz« und »vollständig« und »echt«. Da bekomme ich gleich eine Rassenreinheits-Zipfelmütze.

Der genannte Harry-Potter-Titel bezieht sein »Halbblut« zwar nicht auf die »Blutreinheit« (argh!) nach »ethnischen« Gesichtspunkten, sondern darauf, dass ein Elternteil des Prinzen nicht zaubern kann. Die Tradition, in der das Wort steht und auch heutzutage noch benutzt wird, wird dadurch aber nicht weggezaubert. Der rassistische Tenor des zugrunde liegenden Konzeptes, dass nur weiße Menschen pur, viele Nichtweiße Menschen aber irgendetwas mit »halb« seien, wird verdeckt und verharmlost indem mit dem Ausdruck unreflektiert »gespielt« wird. Zumindest ist der Titel extrem missverständlich und kann viel kaputtmachen. Angesichts unserer gesellschaftlichen Situation finde ich es bestenfalls ignorant, beim erfolgreichsten Kinderbuch der Welt aber ganz schön unverschämt, ein Konzept von »Reinrassigkeit« und deren Abstufungen zu perpetuieren, indem es Kindern als Selbstverständlichkeit auf einem Buchtitel präsentiert wird. Im Inhalt dann aufs »Zaubern« auszuweichen, macht das Ganze nicht harmloser, nur eben weniger greifbar.

Schade, denn bei *Harry Potter* geht es eigentlich um die großen und wichtigen Kinder- und Jugendthemen wie Zugehörigkeit und Identifikation. Die vielen Millionen Kinder, die das Buch gelesen haben und schon mal als »halb« beschimpft oder verhöhnt worden sind, bekommen dadurch aber eine neue Ausgrenzungserfahrung oder zumindest diffuses Unwohlsein serviert. Danke, Zipfelmützen-Muggels.

Exkurs: Apropos Halbblut

Meiner Vermutung nach hat Uschi Glas das »Halbblut Apanatschi«-Casting vielleicht nicht nur wegen ihres schauspielerischen Talents gewonnen. Sie selbst hat sich das anscheinend auch schon gefragt: In ihrer Biografie *Mit einem Lächeln. Mein Leben*[lxxix] schreibt sie auf Seite 11, dass sie als Kind wegen ihrer »dunklen Hautfarbe« als »Negerlein« verspottet worden sei. Ihre Mutter habe ihr »vorrechnen« müssen, dass sie gar nicht das Produkt eines »anrüchigen Verhältnisses« [sic!] ihrer weißen Mutter mit einem amerikanischen Besatzungssoldaten sein konnte, weil sie im März 1944 geboren ist. Über ihre Großeltern väterlicherseits aus Franken schreibt sie allerdings: »Die Eltern meines Vaters waren früh gestorben, ich habe sie nie kennengelernt. Von der Großmutter habe ich wohl meine ›Farben‹, denn sie hatte bis ins hohe Alter pechschwarze Haare und eine wunderbare Haut, die auch gelblich-bräunlich war wie meine.«

Das Bild ihres Vaters ist ebenfalls im Buch zu sehen. Wie wir schon erfahren haben, gab es damals in Deutschland (ja, auch in Franken) Schwarze Menschen. Darüber wurde vielleicht nicht überall gesprochen, nach dem Motto »Wenn wir es nicht erwähnen, kommen wir vielleicht mit der Geschichte vom gesunden Bergluft-Teint durch ...« Es gibt ja noch heute Familien, die ihre Schwarzen Kinder verleugnen, verstoßen oder ihr Schwarzsein nicht beim Namen nennen mögen. Ich finde, es braucht nicht besonders viel Phantasie, zu vermuten, dass Uschi Glas eine Schwarze Deutsche quasi undercover sein könnte. Uschi of Color?

Der Vater von uns' Uschi.[lxxx]

204

Ob Uschi Glas nun Schwarz ist oder nur ... eine besonders dunkle Weiße, sei dahingestellt. Dass Schwarzsein jedoch erst durch ein Outing zutage treten kann – also von der Öffentlichkeit erst dann bemerkt wird, wenn es nach vielen Jahren erstmals ausgesprochen wird –, ist vielleicht ein seltsames, aber kein neues Phänomen und eine Art von gesellschaftlichem Personenschutz durch Ausweiten weißer Privilegien auf ausgewählte Nichtweiße, die kulturell zugehörig sind. In solchen Fällen gibt es bisweilen den unausgesprochenen Deal, dass das Ganze von beiden Seiten nicht thematisiert wird. Das Umfeld verzichtet auf direkte Diskriminierungen wie beispielsweise die Frage nach der Herkunft oder die Unterstellung des Nicht-Dazugehörens. Das kann für alle Beteiligten eine vorübergehend tolerierbare »Lösung« sein, wie ich in Bayern am eigenen Leib ausgiebigst erfahren durfte. Kommt irgendwann doch einmal die Sprache auf die ethnisch interpretierten körperlichen Merkmale der »Undercover«-Person (etwa, weil es einer fremden Person auffällt oder jemand betrunken ist und sich nicht an die »Nachrichtensperre« hält), so wird das Schwarz- oder Of-Color-Sein gerne durch Sätze wie »kleiner Einschlag« oder »a bisserl braun« aufgefangen. Das wäre alles viel gemütlicher, wenn es nicht die Lebensrealität der Schwarzen Person ignorieren würde, die – spätestens, sobald sie sich in ein beliebiges *unbekanntes* Umfeld begibt – natürlich doch noch Ausgrenzungserfahrungen machen und sehr wohl auf ihr Aussehen reduziert werden wird. Der Deal ist letztlich Erpressung und dient vor allem der weißen Absicherung, die Existenz von Rassismus nicht zur Kenntnis nehmen zu müssen, mit der Austauschleistung, dafür auf die sonst übliche permanente übergriffige Fremdmarkierung zu verzichten. Auch erweckt das gnädige Verschweigen des Offensichtlichen den Eindruck, dass das nicht weiße Aussehen als Makel betrachtet wird.

205

Dass es möglich ist, PoC als solche zu (an)erkennen, ohne ihnen reflexhaft rassistische oder kulturalistische Distanzlosigkeiten angedeihen zu lassen, ist vielen weißen Menschen und Gemeinschaften unbekannt.

Aus diesen Gründen ist der Deal des Nichtthematisierens suspekt. Und er ist regelmäßig sowieso sofort vorbei, wenn die Schwarze Person ihrer »farbenblinden« Peergroup gegenüber von Diskriminierungserfahrungen berichtet. Dann brechen alle Dämme, die bislang das Verhalten der gönnerhaft *darüber hinwegsehenden* Gemeinschaft vom Verhalten des gewöhnlichen rassistischen Mainstream unterschieden haben.

Kinder, die in diesem unfreiwilligen *Deal des Nichtthematisierens* aufwachsen, nehmen die verquere Undercover-Identität wahrscheinlich zunächst als selbstverständlich an. Für Prominente kann sich das »Undercover-Schwarzsein« ebenfalls als vorteilhaft erweisen, weil sie dadurch weniger unmittelbare Nachteile zu befürchten haben. Dass beispielsweise Felix Magath nicht weiß ist, ist in Deutschland tatsächlich kein Thema, und das kann so lange so bleiben, bis er zum ersten Mal irgendwo hingerät, wo er alleine ist, auf feindselige Leute trifft und nicht erkannt wird – also voraussichtlich für immer.

Unsere fast funkelnagelneue Gleichstellungsbehörde

Interessensverbände der ethnischen Minderheit, die Schwarze Menschen in Deutschland bilden, waren in die Vorbereitungen des AGG nicht eingebunden und zu diesen Zwecken nicht angehört worden. Der Dialog bestand daraus, dass wir – sofern uns Entwürfe und Protokolle über Umwege erreichten – diese revisionierten und die Ergebnisse und Erläuterungen auf unseren eigenen Plattformen veröffentlichten: auf Veranstaltungen, in Dossiers und im Internet. Eine direkte Kommunikation mit der Bundespolitik gab es nicht. Der Dialog, sofern er denn als solcher bezeichnet werden kann, glich der

Situation, Zettel unter einer geschlossenen Tür durchzuschieben. Auf den »Zetteln« befand sich Wissen, das wir verkürzt und vereinfacht zu vermitteln versuchten, während ungewiss blieb, ob die Menschen auf der anderen Seite der Tür dieses Wissen zur Kenntnis nehmen, durchdenken oder direkt in den Papierkorb werfen würden. Recht bald stellte sich heraus, dass wohl letzteres der Fall war. Viele Gespräche in den Communities drehten sich darum, wie traurig und ironisch es sei, dass ein Antidiskriminierungsgesetz ohne Einbindung Schwarzer Forschung und Organisationen ausgearbeitet werden sollte.

Institutionelle rassistische Diskriminierung war und ist noch immer eine schwerwiegende Bedrohung und Menschenrechtsverletzung – und ein globales Problem, das unmittelbar mit deutschen Politiken verknüpft ist. Auf der Berliner Konferenz 1884 teilten die Kolonialmächte Afrika unter sich auf, freilich in Abwesenheit afrikanischer Menschen. Für Deutschlands Genozide an den Herero und Nama übernimmt die Bundesrepublik bis heute keine Verantwortung.

Mehr als hieran zu erinnern und Mitsprache zu fordern beim überfälligen Schritt zu einem AGG, das die erstmalige Chance bot, Rechtssicherheit im Kampf gegen alltäglichen Rassismus zu erlangen, blieb uns nicht. So publizierten wir weiter, oftmals mehr der Hoffnung sowie politischer Verantwortlichkeit geschuldet denn aus optimistischem Tatendrang.

Dass das AGG schließlich in seiner fragwürdigen Form und Formulierung zustande kam, dass es in der Praxis oft fehlerhaft interpretiert und mangelhaft umgesetzt wird, ist sicherlich auf Deutschlands grundlegendes institutionskulturelles Dilemma zurückzuführen: Bis zum Inkrafttreten des AGG hatte Deutschland Diskriminierung nicht als entwürdigend im Sinne des Artikel 3 des Grundgesetzes betrachtet (sonst hätte die BRD nicht erst von der EU dazu ermahnt werden müssen, Rechtsansprüche gegen Diskriminierung einzuführen), und zudem weder die Motivation noch das institutionelle Know-How, um rassistische Diskriminierung abzubauen. Die in den Folgejahren der Einführung des AGG bis zum heutigen Zeitpunkt regelmäßig ergangenen Abmahnungen verschiedener UN-Berichterstattender kamen zum Ergebnis: Deutschland hatte und hat enormen Nachholbedarf im Verständnis dessen, was Rassismus überhaupt ist. Bis diese Wissenslücken nicht behoben seien, könne Deutschland Diskriminierung nicht in genügender Form entgegenwirken.[3] Als politisch Aktive erlaube ich mir hinzuzufügen, dass das Kernproblem darin besteht, dass Deutschland sich diese Wissenslücken nicht eingesteht.

Als Zaungäste bei den Verhandlungen über die Schutzwürdigkeit unserer menschenrechtlichen Unversehrtheit betrachteten wir Aktive der Schwarzen Bewegungen ohne jede Genugtuung, wie unsere Vorhersagen eine nach der anderen eintraten. Bis heute wird rassistische Diskriminierung im Gesetzestext und in den Gerichten reduziert und verdreht auf die vom Blutreinheitsgedanken getragenen biologistisch und kulturalistisch ausgelegten synonymen Konzepte »Rasse« und »ethnische Herkunft«. Bis heute wird nicht differenziert zwischen »Rasse«/»ethnischer Herkunft« und Kultur, zwischen Fremdenfeindlichkeit, »Ausländerfeindlichkeit« und Rassismus. Bis heute werden die Verschränkungen und Multiplizierungen mehrfacher Diskriminierungen nicht berücksichtigt, Alter, Gender, sexuelle Identität und Orientierung, zugeschriebene Behinderung und kulturelle Identität als getrennt voneinander betrachtet – als würden Menschen jeweils nur durch eine dieser Markierungen diskriminiert. Bis heute liest sich der Gesetzestext, als seien Anlass und Auslöser für Diskriminierung jeweils bei den Geschädigten zu suchen; Kausalitäten zwischen Diskriminierung und Hass bzw. der Motivationen der Täter kommen darin schlichtweg nicht vor. Bis heute behandelt die institutionelle Praxis unter den aufgeführten

Diskriminierungsformen die rassistische Diskriminierung als vernachlässigbare Größe. Bis heute erleben wir eine beunruhigende Reduzierung vieler öffentlicher und öffentlich-rechtlicher Gleichbehandlungsbestrebungen auf »Männer und Frauen«.

Es bestätigte sich: Im System, das Diskriminierung nur durch Druck von außen zu sanktionieren bereit ist, wird diese nicht abgebaut werden können, wenn der Abbau auf kolonial gewachsenen Traditionen und Empfindungen der Legislative und Judikative beruht. Leider liegt es nach wie vor im Gusto der einzelnen Personalbüros, Vorgesetzten, Rechtsprechenden und »Gleichstellungsbeauftragten«, ob und wie weit sie Gleichstellung überhaupt auf rassistische Diskriminierung beziehen.

Ist das AGG demnach gescheitert? Nein, denn es wurde noch gar nicht richtig formuliert und implementiert. Es ist ein fehlerhafter und recht anachronistischer Prototyp, der vieler aufwändiger Reparaturen bedarf. Das macht ihn nicht zu einem brauchbaren Instrument, aber zu einer Chance, dass eines Tages eines daraus werden könnte.

Wenn der Staat oder eine gemeinnützige Organisation ein Programm gegen Diskriminierung startet, sieht das leider in vielen Fällen so aus: Irgendjemand wird mit einem Haufen junger Nazis auf Angeltour geschickt und erzählt ihnen, dass sie aber auch echt aussteigen könnten. Oder ein Typ, der mal ein Nazi war, erzählt, wie er es geschafft hat, echt auszusteigen. Solche Aktivitäten sind sicher diskutierbar, und es ist beachtenswert, dass es tatsächlich Leute gibt, die sich so etwas antun wollen. Aber, Entschuldigung: Das sind alles keine Programme gegen Diskriminierung.

Der strukturelle Fehler: Viele »Antidiskriminierungsprogramme« beschäftigen sich mehr mit

Tätern als mit der Gesamtgesellschaft oder mit den Leidtragenden.

Der ideologische Fehler: Skinheads sind ganz sicher nicht unser größtes Nazi-Problem. Dass zahlreiche Deutsche auf die Frage »Gibt es zu viel Migrant_innen in Deutschland?« (= »Ist das Boot voll?«) mit »Ja« antworten, das ist unser Nazi-Problem.

Der Effizienz-Fehler: Wenn ein Nazi aussteigt, gibt es hinterher einen Nazi weniger. Aber wenn ein Schulseminar über die Hintergründe und Strukturen von Rassismus und Faschismus unterrichtet und vermittelt, wie diese erkannt und für die Zukunft vermieden werden können, besteht zumindest die Chance auf Reflexion und Umdenken.

Der rassistische Fehler: Schwarze Menschen werden sogar im Integrationsdiskurs ausgegrenzt. Es geht dabei nämlich immer um »Migranten« und »kulturelle Unterschiede«. Schwarze in Deutschland sozialisierte Menschen werden darin – wenn überhaupt – behandelt, als seien sie migriert, haben aber oft eine ganz andere Geschichte oder Realität. Ihre »Probleme« heißen nicht »sprachliche oder kulturelle Orientierung«, sondern »Marginalisierung, Mobbing und Ausgrenzung durch die herrschende Dominanzkultur«.

Und da die Mehrheitsdeutschen so unendlich ungern hören, dass Schwarze Menschen ein Teil unserer Gesellschaft sind, kann diese Tatsache sogar in Gleichstellungs- oder Antidiskriminierungsprogrammen verleugnet werden.

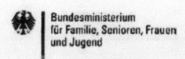

Bundesministerium
für Familie, Senioren, Frauen
und Jugend

Bundesprogramm
„Jugend für Vielfalt, Toleranz und Demokratie –
gegen Rechtsextremismus, Fremdenfeindlichkeit und
Antisemitismus"

Leitlinien zum Programmbereich
„Modellprojekte: Jugend, Bildung und Prävention"

Können Sie diesem Briefkopf entnehmen, dass Deutschland Bock auf die Bekämpfung von Rassismus hat? Ich nicht.

Warum sollten die Schwarze und die asiatischstämmige Frau auf dem Bild unten so gekünstelt unbeschwert performen? Hat diese Behörde Angst vor PoC? Und müssen Menschen hellhäutig sein, um Schutz vor Diskriminierung zu genießen?

Startseite ▸ Gleichstellung

D: 12.09.2006

Die Antidiskriminierungsstelle des Bundes

So stellte sich die Antidiskriminierungsbehörde im Juli 2007 ihre Kundschaft vor. Schon im Dezember 2007 wurden diese Leute auf der Homepage durch drei junge blonde Weiße ersetzt.

211

Die Auflistung der Bereiche der Antidiskriminierungsbehörde auf deren Homepage zeigt mir ebenfalls, dass Deutschland kein Rassismusproblem erkannt hat, geschweige denn, dass es dieses energisch anpacken möchte.
[lxxxi]

Da hilft nur eins:

Schocktherapie!

    Zehn kleine Weiße, die spielten in der Scheun'
Doch die war mit Asbest gebaut, da waren's nur noch neun

    Neun kleine Weiße, die schlichen durch die Nacht
Statt Kreuze brannten Kutten und da waren's nur noch acht

Acht kleine Weiße, die waren ganz durchtrieben
Doch sie ham den Krieg verlor'n, da waren's nur noch sieben

Sieben kleine Weiße, die waren ganz perplex:
Das Sonnenbad war viel zu lang, da waren's nur noch sechs

Sechs kleine Weiße, die gingen in die Sümpf'
Das Trockenlegen klappte nicht, da waren's nur noch fünf

Fünf kleine Weiße, die kochten sich ein Tier
Doch leider hatt' es Rinderwahn, da waren's nur noch vier

Vier kleine Weiße, die schlugen mich zu Brei
Doch der Schutzmann war ein Bruder, da waren's nur noch
drei

Drei kleine Weiße, wie immer Streiterei
Der eine hatt' den Lottoschein, da waren's nur noch zwei

Zwei kleine Weiße, die riefen »Alles meins!«
Durch Klimawandel kam die Flut, da war es nur noch eins

Ein kleines Weißes, das fürchtete den Putsch
Es drückte auf den roten Knopf, da waren alle futsch.

Seien Sie nicht empfindlich, es ist doch - Sie kennen das ja! -
alles nur Spaß und selbstverständlich nicht so gemeint ...
Und außerdem hundertmal harmloser als das Original.

KAPITEL FÜNF

ICH SEHE, WAS ICH WEISS: RASSISMUS IN ZWISCHENMENSCHLICHEN BEZIEHUNGEN

Meine Brille – Deine Brille: Rassistische Wahrnehmungen und Rollenzuweisungen

Wir glauben, wir wüssten Bescheid, weil wir ja schließlich ständig zu *sehen* bekommen, dass unsere Vorstellungen einer bestimmten Wirklichkeit entsprechen. Dass es sich dabei um eine sehr selektive Auswahl handelt, vergessen wir. Was »wüssten« wir, wenn uns ausschließlich diese Bilder hier gezeigt würden?

Walchensee[lxxxii]

Nairobi[lxxxiii]

Wer Familie hat, weiß, dass es möglich ist, im selben Haushalt zu leben und sich doch in parallelen Realitäten aufzuhalten. Manchmal sogar in einem Paralleluniversum. In welchem, hängt nur davon ab, durch welche Prägung wir die Welt sehen und erfahren. Kinder beispielsweise haben noch keine Vorstellung davon, dass sie wegen ihrer Schuhgröße, Nase, Farbe oder Großväter angeblich »verschieden« sein sollen. Es wird ihnen später *beigebracht*.

Dass wir alle die Welt nicht ›objektiv‹ wahrnehmen sondern durch eine Brille sehen, an der gesellschaftliche Rollen mitgewerkelt haben, ist bekannt. In vielen Fällen reflektieren wir dies aber nicht.

- Ein Mann fragt: »Warum bist du denn nicht gleich an den Strand gegangen?«, und kommt gar nicht auf die Idee, dass die Frau nicht einfach überall sorglos zu jeder Zeit an den Strand gehen kann, ohne möglicherweise unschön angequatscht zu werden, und daher vielleicht erst einmal die Lage sondieren muss.

- Ein Weißer sagt: »Komm doch mit nach Wurzen, da ist es echt gemütlich«, und denkt nicht daran, dass die Wahrscheinlichkeit rassistischer Äußerungen und unzähliger Gaffer auf der Straße dort viel höher und ein Trip aufs Land daher nicht automatisch »gemütlich« ist für die Schwarze Freundin.

Wir leben in parallelen Realitäten. Darüber denken die meisten nicht nach, wenn sie weiß, und noch weniger, wenn sie ein weißer Mann sind.

Der Vorteil an den Einordnungsschubladen, mit denen wir aufwachsen: Sie machen die Welt für die Einzelperson, wenn schon nicht leichter, dann auf jeden Fall übersichtlicher.

Der Nachteil: Wir betrachten Dinge als selbstverständlich, die mit der Realität nicht übereinstimmen.

So verhält es sich auch mit zugeschriebenen Rollen und Einordnungsschubladen für Menschen.

Hier sind einige, die für Schwarze Menschen gelten: Musiker, Unterhalter, sexy Exotin, Austauschstudent, DJ, lustiger Taxifahrer, afrikanische Mutti von mindestens drei Kindern, Dealer, Asylant, Gospel-Mama, dankbarer Ausländer, Sportler, der sich aber kaum im Griff hat ...

Hier die Rollen, die für Schwarze Menschen in Deutschland eher nicht als passend empfunden werden: schwäbische Hausfrau, Richter, Staatsanwältin, Konzernchefin, Nachrichtensprecher, Vermieter, Mathematiker, Bundeskanzlerin, Intendantin, Chefredakteur, Chirurgin, Bauleiter, Anlageberaterin, Deutschlehrer, Zahnärztin, Dressurreitlehrer.

Und, klingelt es bei Ihnen zum Thema »weißer Blick«? Wenn nicht, dann habe ich noch ein ganz »typisches« Beispiel zum besseren Verständnis für Sie:

Bei einer Anti-Nazi-Pressekonferenz 2006 war ich als Journalistin im Publikum (also nicht in exponierter Funktion).

Ich trug ein T-Shirt mit der Aufschrift »Schöner leben ohne Nazis«. Im Laufe der Pressekonferenz fing ein Fotograf, der sich mir nicht vorgestellt hatte, plötzlich an, sich vor mich hinzuknien und meine Brust abzulichten. Auf meine Frage, was das werden solle, antwortete er: »Was soll ich zu dem Thema ›gegen Nazis‹ hier denn sonst fotografieren?«

Aus seiner Sicht ergab diese Argumentation durchaus Sinn. Dass er mich für ein besonders schickes Motiv hielt, wusste ich auch schon vor seiner Erklärung. Dass er sich wie eine überhebliche Null benahm, war ihm aber gar nicht klar.

Er betrachtete mich nämlich ganz selbstverständlich als *Objekt*.

Haben Sie schon mal davon gehört, dass sich Journalist_innen auf Pressekonferenzen gegenseitig fotografieren? Ich nicht.

Dass Schwarze Menschen kein *Gegenstand* von interessanten Bildern, sondern souveräne Personen und Kolleg_innen sind, die daher gefragt werden müssen, ob sie überhaupt fotografiert werden wollen, diese Idee kam ihm gar nicht. Im Gegenteil: Er reagierte empört auf meine Forderung nach Erklärung und auf die Zurückweisung seines vereinnahmenden Blickes und Betragens. Sicher hielt er sich ebenfalls für einen der »Guten«, denn er war ja extra auf die Anti-Nazi-Pressekonferenz gekommen.

Ein Tag unter Weißen

Ich wache auf und will die Nachrichten nicht verpassen. Die Headline der Berichterstattung über den Überfall auf Ermyas M. lautet: »Schlägerei oder Rassismus?« Das ist absurd. Meine Laune sinkt bereits auf »minus zwei«.

Frühstück. Dabei lese ich den *Spiegel* und bemerke, dass dort allen Ernstes auf einer Weltkarte »Schwarzafrika« aufgeführt wird.

Jetzt möchte ich an etwas Schönes denken und endlich meinen Urlaub buchen. Mit ein paar Freundinnen habe ich abgemacht, dass wir uns dieses Jahr noch mal in die Sonne legen. Also ergreife ich die Initiative und erkundige mich, wo es denn im Spätherbst noch schön warm sei. Die weiße Frau im Reisebüro schlägt mir Kuba vor. Ich nehme einen Prospekt mit und frage erst mal eine Freundin, was sie davon hält. »Kuba???«, ruft sie in den Hörer, »da wurde ich als Schwarze Frau in Begleitung von weißen Männern grundsätzlich für eine Prostituierte gehalten! Das war schrecklich!« Ich wusste das nicht. Die Frau im Reisebüro aber anscheinend auch nicht. Wieso ist in der Ausbildung zur Reisefachkraft nur »Urlaub für Weiße« enthalten? Die wissen anscheinend gar nicht, dass nicht jeder Mensch die gleichen Spielräume bekommt.

Jetzt muss ich langsam los, denn ich habe heute ein Fotoshooting, auf das ich mich schon freue. Es ist gar nicht weit weg von meiner Wohnung. An der Bushaltestelle in der Nähe der Messe machen zwei Touristen ungefragt Fotos von mir.

Ich drehe mich um und warte mit dem Hintern zu Hamburg auf den Bus.

Wie immer will der Busfahrer von mir als einziger zusteigenden Person einen Fahrschein sehen. Und natürlich habe ich einen. Schon allein, um dumme Sprüche über »Schwarzfahren« zu vermeiden – den Begriff verwenden weiße Fahrgäste ohnehin gerne, während sie mich anglotzen und dabei kichern. Und weil ich weiß, dass ich mich immer vorbildlich gesetzestreu aufführen muss, wenn ich keine pauschalen Rückschlüsse auf alle anderen Schwarzen auf der Welt hervorrufen will. Danebenbenehmen will ich mich lieber an einem Tag, der lustiger angefangen hat. Ich wünsche mir zwar, dass ich mal kurz genauso dreist, verzogen, egoistisch, ungebildet und intolerant sein dürfte wie ein paar Mehrheitsmitbürger, ohne dass ich deswegen gleich meine Persönlichkeitsrechte verliere. Aber darauf muss ich wohl noch ein paar Inkarnationen lang warten.

Der Tisch der Visagistin befindet sich in einem Friseursalon. Dort werde ich geschminkt, wohlgemerkt nicht frisiert, denn zum Shooting trage ich meine ganz gewöhnlichen natürlichen Haare, einen Afro. Als ich aus dem Salon herauskomme, geht ein Kerl an mir vorbei, Typ Öko-Look, und sagt laut hörbar zu der Friseurin: »Da habt ihr euch ja richtig ins Zeug gelegt. Wo kriegt man denn so 'ne Frisur her? Dauerwelle aus der Steckdose, oder was?«

Ich fahre ihn an, was ihm denn einfalle, in aller Öffentlichkeit so einen unterirdischen Spruch abzulassen, ob er aus No-go-Hausen komme, dass er offensichtlich nur mit Weißen rumhänge und sich mal fragen solle, wieso, und dass bei seinen drei Haaren sowieso nichts mehr zu machen sei ... Der Mann erschrickt, will sich aber nichts sagen lassen (wahrscheinlich schon aus Prinzip nicht) und entgegnet: »Ich hab mit der Dame gesprochen, nicht mit dir.« Das wird ja immer schöner. Interessant auch, dass ich für den Mann anscheinend einen Kontrast zu »Dame« bilde, weshalb er wohl auch glaubt, mich duzen zu dürfen. Ich entgegne: »*Über* mich sprichst du in meiner Gegenwart aber *nicht* so, merk dir das!«

Bevor ich ihm sein Resthaar tatsächlich krümmen kann, bugsiert mich die Teamchefin in ihr Auto. Dort erklärt sie mir, dass sie meine Reaktion gut verstehen könne, weil ihre afrodeutsche Tochter auch andauernd dumme Sprüche über ihre Haare zu hören bekomme und auch keine Lust mehr habe, sich dauernd verteidigen oder diesen Scheiß ertragen zu müssen, und dass es doch zum Kotzen sei, dass die Leute anscheinend immer noch nicht begreifen wollen, dass solche Sprüche rassistisch sind und einfach nicht gehen.

Ich unterstelle dem Unsympathen, dass er sich wahrscheinlich sogar für »links« oder »gut« hält und sich gerade total wundert, dass er für einen solchen Spruch nicht wie ein toller Kerl behandelt wurde.

Das Shooting macht Spaß, und meine Laune steigt wieder. Bis die Visagistin mir plötzlich ein Gespräch aufdrücken will.

Das Übliche: »Wo kommst du her?« – »Nein, wo kommst du wirklich her?« – »Und wo kommen deine Eltern her?« – »Und wo sind deine Wurzeln, weil du bist ja ... äh ...« Ich habe keine Lust, vor einem Mädel, das ich nicht kenne, meine Familienhistorie inklusive nicht-arischer DNA-Analyse auszubreiten, und sage ihr knapp, dass diese Fragerei nervt und frech ist und ich ihr bestimmt keine Exotenstory auf Anfrage liefere. Wenigstens reagiert sie uneingeschnappt. Wir reden darüber, und ich erkläre es ihr ein bisschen. Das langweilt mich zwar, aber es rückt die Teamstimmung wieder gerade, wofür anscheinend ich zuständig bin. Never mind my Energiehaushalt.

Der Rest des Shootings geht klar, und ich fühle mich jetzt sogar so gestärkt, dass ich mir zu Hause noch eine Runde Bürokratie zutraue: Der Steuerprüfer will wissen, weshalb meine Reisekosten im letzten Jahr so sprunghaft angestiegen seien. Die Antwort ist ganz einfach: Ich fahre mit der Bahn jetzt Erster Klasse. Im Jahr zuvor fuhr ich Zweiter Klasse. Irgendwann hatte ich einfach die Schnauze voll von Arschlöchern mit Thor-Steinar-Klamotten und Nazi-Band-CDs auf dem Tisch, die besoffen »White Pride« grölen, von Familien, die mich mit offenem Mund anstarren und anfangen zu tuscheln, wenn ich über den Flur gehe, von Wochenendausflugsticket-Wichsern, die mich ansehen und dann sofort N...Witze reißen, vom Grafologiestudium des Schaffners, weil er es kaum glauben kann, dass ich eine Kreditkarte besitze, und nicht zu vergessen von den allein reisenden Fuzzis, die sich ungefragt neben mich setzen (obwohl rundherum noch genügend andere Plätze frei sind) und mir unaufgefordert erzählen, dass sie immer nach Brasilien fahren, weil die Frauen dort ja viel freizügiger seien, und ob ich nicht Lust hätte, mal mit ihnen auszugehen...

Ich möchte wie ein Mensch behandelt werden. Darum fahre ich Erster Klasse. Dort sitzen viel mehr Schwarze Menschen, die Schaffner sind zuvorkommend und höflich, niemand schaut wie im Tierpark, der Mist, den ich mir von Mitreisenden anhören muss, beschränkt sich auf ihre Firmenpolitik, und offene Faschistenrudel habe ich dort auch noch keine getroffen. Der Spaß kostet mich im Jahr zweitausend Euro Aufschlag. Und was machen die Zigtausende, die sich das nicht leisten können und deswegen immer damit rechnen müssen, begafft und genervt zu werden? Ich bekomme wieder schlechte Laune.

Mein Internetanschluss spinnt rum. Ich bete, dass der Router nicht schon wieder kaputt ist, denn ich habe keine Lust, ins Internetcafé zu gehen. Das ist zum einen unpraktisch, und zum anderen ist mir dort beim letzten Routerausfall Folgendes passiert: Ich saß da bei Kaffee und Gebäck. Eigentlich ganz gemütlich. Doch dann kamen zwei weiße Frauen mit einem kleinen Kind herein, quatschten laut, *sahen mich an,* und plötzlich sagte die eine: »Mein Sohn is' auch grad aus Italien zurückgekommen, der is' schwarz wie 'n Neger!!« Das zweijährige Kind stand daneben. Ich: »Bedienung! Zwei Quarktaschen bitte!« Das Kind tat mir direkt leid.

Ich vertage also meine Internetaktivitäten und beschließe, dass ich mir jetzt langsam meinen Feierabend verdient habe. Seit Tagen freue ich mich schon auf meine neue »Alien«-DVD-Box mit allen Fortsetzungen und einer großen Making-of-Doku. Natürlich schaue ich mir als Erstes das Making-of an, denn die Filme kenne ich ja schon. Mittendrin bleibt aber zur Abwechslung mal mir der Mund offen stehen: Zwei Leute von der Filmcrew erzählen, dass sie für die Horrorfigur des »Alien« (»Fremden«) eine ganz genaue Vorstellung hatten. Es sollte besonders lange Arme und Beine haben und sich geschmeidig, aber gleichzeitig schön grauenerregend bewegen können (es fällt die Bezeichnung »raubtierhaft«). Und dann geben die beiden weißen Männer gutgelaunt zum Besten (und denken sich offensichtlich gar nichts dabei), dass sie »genau den Richtigen dafür« zufällig abends in der Kneipe stehen sahen und ihn ansprachen, dass er ein perfektes »Alien« abgeben würde, und ob er denn da nicht Lust dazu hätte.^{lxxxiv}[lxxxiv] Unschwer zu erraten, wie der Mann aussah: groß und Schwarz. Die haben Nerven! Dass die mit einem großen Schwarzen spontan »Alien« assoziieren, frei nach dem Motto: »Wozu brauchen wir ein Casting, wenn wir in der Kneipe einen Schwarzen finden?«, ist die eine Sache. Dass der ganze verdammte Film, bisher einer meiner Lieblingsfilme, damit aber in einem ganz anderen Licht erscheint, erwischt mich eiskalt. Denn jetzt denke ich natürlich an die vielen (auch sexuellen) Konnotationen des Alien im Originalfilm und daran, was sich wohl noch alles bei genauer Betrachtung aus einer ganz anderen Assoziationsecke bedient als »Weltraummonster« ... »Alien«, die anmutige, wilde Schwarze raubtierhafte Bedrohung, die keinen sozialen Gesetzen gehorcht ... Es ist fremd, übernimmt die Herrschaft über die Welt, wenn wir es nicht ausrotten, es ist dunkel, hinterhältig, körperlich überlegen, rücksichtslos, pflanzt sich nach gewaltsamer Penetration in unschuldigen Menschen fort, lauert, vernichtet, rottet sich zusammen ... So hatte ich das bisher noch nie betrachtet. Ich mag gar nicht dran denken. Die DVD weiterschauen will ich aber auch nicht. Was tue ich also? – Genau. Rufe Kumpels an und gehe mit ihnen auf die Kneipenmeile.

Das hätte ich an so einem Tag mal lieber sein lassen ...

Auf der Straße vor der ersten Kneipe trifft einer der Jungs, mit denen ich unterwegs bin, einen Bekannten, der wiederum mit seinen Freunden da ist. Ich stelle mich vor. Ein bisschen Smalltalk-Blabla. Da sein Kumpel-Anhang sich daran nicht beteiligt und ihnen offensichtlich langweilig ist, beginnen sie aus heiterem Himmel, alte Leute zu imitieren und mit brüchiger Stimme einen »satirischen« Vortrag gegen »Negermusik« zu halten. Offensichtlich denken sie, dass sie cool seien, weil sie sich ja über solche alten Leute »lustig« machen.

Die letzten Fragmente respektvollen Sozialverhaltens haben sie aber anscheinend gerade verloren. Ich mag nicht so tun, als wüsste ich nicht genau, wodurch diese spontane Schnapsidee bei ihnen *ausgelöst* wurde (außer mir sind nur Weiße zu sehen), und gehe wortlos weg. In meinem Viertel gibt es auch noch eine schöne Eckkneipe, da kann ich mich immer gut entspannen, und es sind nie doofe Gäste da. Außer vielleicht ab und zu ein paar ... Touristen.

Einer von ihnen kommt von der Toilette zurück und hat offensichtlich ein Anliegen. Jedenfalls haut er mir dauernd seinen Barhocker von hinten in die Hacken. Schubsereien, die ich aushalte, weil ich mich heute schon genug habe provozieren lassen und mir denke, dass es dem Spinner irgendwann von alleine langweilig werden wird. Außerdem habe ich heute wirklich schon mehr als genug Energie auf Saftnasen verschwendet. Ich möchte mich jetzt mal Flaschen widmen, aus denen ich etwas trinken kann, warte also unbeeindruckt weiter an der Bar auf mein Bier.

Es kickt weiter gegen mein Bein, und ich drehe mich nicht um. Jetzt wird es allerdings einem Freund zu bunt. Er wendet sich an den aggressiven Typen und fragt ihn ruhig, ob er ein Problem habe oder ob er nicht Lust hätte, sich zur Abwechslung mal anständig gegenüber einer Frau zu verhalten. Dafür erntet er eine Schimpfkanonade, die dermaßen unter der Gürtellinie ist, dass noch nicht mal ich sie wiedergeben will. Nur so viel: Der Vorschlag, den Geschlechtsakt mit eigenen Vorfahren zu vollziehen, hat schon ganz andere auf die Palme gebracht.

Diese Actionkomponente hätte mir vermutlich mehr Spaß gemacht, wenn ich mich am Ende so eines Tages nicht hätte fragen müssen, ob der aggressive Schubsertyp sich gegenüber einer weißen Blondine genauso aufgeführt hätte – und warum er überhaupt zu *mir* so ätzend war. Ich stand ja nur schweigend am Tresen und wartete auf mein Bier.

Es nervt mich enorm, dass ich mich so was überhaupt fragen muss. Ich kann mich aber nicht matt genug stellen, um psychosoziale Territorialaggressionen als inexistent zu betrachten, und trinke mein Feierabendbier zu Hause. Den Fernseher schalte ich heute lieber nicht mehr ein.

Am nächsten Tag fragt eine Fernsehredaktion bei mir an, ob sie mich »einen Tag lang begleiten« könnten, um Rassismus einmal miterleben und mit der Kamera einfangen zu können. Was soll ich darauf antworten? Ich bezweifle, dass der Tag mit Kamerateam im Schlepptau genauso verlaufen wäre, und lösche die Mail. Rassismus hautnah erleben lässt sich außerdem ganz leicht: Einfach nicht tot stellen.

Das leidige Thema Haare

Ja, ganz recht. Wenn es um alltäglichen Rassismus geht, spielen tatsächlich auch die Haare eine wichtige Rolle, denn sie sind nicht nur ein Quell der Inspiration, Kommunikation und Freude für Schwarze Menschen, sondern leider auch der Gradmesser dafür, inwieweit wir in den Augen der weißen Gesellschaft einer »ethnotypischen« Rolle entsprechen.

Je natürlicher (lies: »wild«, »ungebändigt«) die Haare der Schwarzen Person sind, als desto weniger »zivilisiert« wird sie angesehen und entsprechend behandelt. Vor diesem Hintergrund ergeben sich für Schwarze Menschen reelle Diskriminierungen: Ein Mitarbeiter des Berliner Nobelhotels »Adlon« beschwerte sich über die Frisur einer Schwarzen Mitarbeiterin, die im Servicebereich aushelfen sollte und einen Bob aus kleinen Zöpfchen trug. Man teilte ihr mit, dass sie zum vereinbarten dritten Arbeitstag im »Adlon« nicht mehr erscheinen solle. Begründet wurde dies später in einem Schreiben an die Anwältin der Frau damit, dass der Betrieb bestrebt sei, »auf ein einheitliches Erscheinungsbild« des Personals zu achten. Das Anwaltsbüro der Kempinski-Aktiengesellschaft ging sogar so weit, tatsächlich zu schreiben: »Zu den Vorgaben ... gehört auch, daß die im Betrieb eingesetzten Arbeitnehmer von Haarschnitt und Frisur durchschnittlichen mitteleuropäischen Gegebenheiten zu genügen hatten und daß insbesondere keine hiervon abweichende Haartracht gestattet ist.«

Hui. So deutlich wurden weiße Überlegenheitsphantasien schon lange nicht mehr sorglos zugegeben. Daumen runter für das offensichtlich gar nicht ehrwürdige »Adlon«

Die Haare Schwarzer Menschen stellen für Weiße ein gefundenes Fressen für Grenzüberschreitungen dar. Wahrscheinlich haben sie damit endlich etwas gefunden, das sie als greifbar »anders« erleben können und das *gebändigt* werden kann. Da wird in die Haare gegriffen und einfach mal angefasst (stellen Sie sich so eine Verletzung der Privatsphäre mal bei Dagmar Berghoff oder Heidi Klum vor. Fassen Fremde denen auch einfach in die Haare? Nein? Warum? Aus Respektsgründen, oder?), da werden wilde Vermutungen darüber angestellt, dass sie seltener gewaschen würden (die einzigen Leute, die ihre Haare nicht waschen, sind Weiße, die sie verfilzen lassen wollen und nicht wissen, wie das geht), und abwertende Sprüche von Pudeln und Steckdosen gemacht, die selbstverständlich alle »nicht rassistisch gemeint« sind.

Es vergleicht aber kein Mensch öffentlich die Haare von Weißen mit Pferden oder fragt, unter welche Dampfwalze sie denn geraten seien. Aus Höflichkeit, und nicht etwa, weil diese Vergleiche sich nicht aufdrängen würden ...

Dass die Haare auch bei Weißen immer eine kulturelle Aussage sind, wissen wir spätestens seit Hannelore Kohl und David Beckham.

Weiße Deutsche setzen sich zu Karneval oder als Zeichen des *Witzischseins* auch schon mal eine Afroperücke auf. Interessant. Schwarze Menschen brauchen aber gar keine *abgefahrene* Frisur, um rassistische Reaktionen zu bekommen, dafür genügen schon allein das Zeigen und Nicht-Verstecken der *gewöhnlichen, natürlichen* Haare.

So gut wie jede afrodeutsche Frau kann von vollkommen unterschiedlichen Reaktionen der weißen Gesellschaft auf sie berichten, je nachdem, ob sie ihre Haare geglättet oder natürlich trägt: Plötzlich gehen Türen vor der Nase zu, wir werden beim Einkauf noch unverhohlener misstrauisch beäugt und bei Vorstellungsgesprächen abgelehnt. Ich kenne sogar eine Schwarze Frau, die auf eine Ablehnung hin eine zweite, identische Bewerbung an den selben Arbeitgeber abgeschickt hat – nur hatte sie ein neues Foto (mit glatten Haaren und erfundenem indischem Nachnamen) beigefügt – und daraufhin zum Vorstellungsgespräch eingeladen wurde. Erwischt. Die hatten sie nicht mal wiedererkannt.

Im Sommer 2007 hatte ich mit der Merchandisingfirma des FC St. Pauli vereinbart, dass ich in einem Katalog vorkommen würde, in dem verschiedene St.-Pauli-Fans die neue Kollektion tragen. Ich fand es gut, dass keine professionellen Models gebucht wurden, sondern dass die Betonung auf »echte Fans« gelegt wurde. Nachdem der Termin vereinbart war, schickte mir der Fotograf eine Mail, in der er mir erklärte, dass er mich mit glatten Haaren am besten fände. Ich fragte zurück, ob er denn allen Fans in dem Katalog Vorschriften über ihre Haare machen würde oder nur mir, und schrieb: »no chance, ich hab seit 2 Jahren gottseidank 1 Fro [gemeint war damit »Afro«]«, woraufhin er den Termin in einer kurzen Mail absagte mit den Worten: »ok, dann müssen wir das shooting leider mit dir absagen, weil deine neue frisur leider nicht zu den restlichen fotos passt.« Neue Frisur? Hatte ich ja gar nicht. Ich wandte mich also an das Merchandise-Unternehmen, weil ich wissen wollte, was dahintersteckte, und erhielt die knappe und unverschämte Antwort: »wenn Fotograf und Grafik sagen, dass sie dich sehr gerne genommen haben, die Haare aber so einfach falsch gestylt sind, und nur das war das Kriterium, für den Look, den wir entwickeln, dann ist das so.«

Äh, meine natürlichen Haare können also »falsch« gestylt sein? Nur die Haare waren ein Kriterium für einen »Look«?

Und obwohl diese Leute recht genau wussten, wie ich seit Jahren aussehe, haben sie sich's noch mal anders überlegt, als ich mir die Haare nicht glätten lassen wollte? In einem Fan-Katalog?

Diese billige Ausrede muss mir noch jemand erklären. Als der Katalog dann herauskam, wurde mit diesen Worten für ihn geworben: »Menschen aus St. Pauli, von der Straße oder aus dem Stadion, von Steh-, Sitz- oder Rasenplätzen *wurden so abgelichtet wie sie wirklich sind.*«

Für dieses Verhalten entschuldigt haben sie sich bei mir bis heute nicht. Der Fall ist inzwischen von einer amerikanischen Universität in einem Kurs über »Fortführung von Herrschaftsstrukturen« gelandet.

Um die zwischenmenschliche Interaktion weißer Menschen zum Thema »Afro-Haare« in all ihrer schillernden Frechheit und Komplexität zu verdeutlichen, greife ich jetzt mal auf ein altbewährtes Mittel zurück: Jahrelang hatte ich zusammen mit einem lieben weißen Kollegen (der sehr talentiert war und dessen makelloser Teint mich an einen duftenden, frisch gebackenen Hefezopf erinnerte) eine Radiocomedyserie auf *WDR* Einslive, die darin bestand, dass unsere Unterhaltung in der Kantine zu hören war, und zusätzlich auch unsere Gedanken. Diese Form halte ich für eine hervorragende Gelegenheit zu verdeutlichen, was Schwarze wirklich denken, wenn Sie sie auf ihre Haare ansprechen. Der Dialog ist übrigens echt! Die *Gedanken* stehen in Klammern.

> Dezember 2006. Ich bin bei einer neuen Ärztin, Typ damenhaft-streng/hanseatisch, weiß, um die sechzig.
>
> Ich: Guten Tag!
>
> (*»Kann die nicht grüßen? Warum macht sie den Mund nicht zu? Wie ging noch mal die stabile Seitenlage?«*)
>
> Ärztin (nach einigem Zögern): »Äh ... Guten Tag!«

(»Hilfe, vielleicht hat diese Person ganz andere Organe als normale Menschen, und ich oute mich jetzt als unwissend. Hoffentlich kann man auf dieser Haut genauso gut Ultraschall anwenden ... Ich stehe am besten erst mal wie eine Salzsäule im Zimmer herum, bis die Frau von sich aus mit mir redet.«)

Ich: »Was machen wir denn jetzt? Soll ich mich nicht mal hinlegen, zu dem Ultraschall da?«

(»Dafür, dass sie aussieht wie Mitte sechzig, ist sie aber ganz schön unbedarft. Vielleicht ist das eine Hochstaplerin, die sich in die Praxis eingeschlichen hat und gar nicht weiß, wie das ganze Zeug funktioniert?«)

Ärztin: »Äh, ja. Hier auf die Liege bitte. Obenrum frei machen.«

(»Dass ich so was noch erleben darf! Wenn ich das der Leni noch hätte erzählen können!«)

Die Ärztin untersucht mich nicht gleich, sondern starrt mich erst mal nur an. Nach Augenblicken, die sich wie Stunden anfühlen (denn mir ist kühl und langweilig), versucht sie, in meine Haare (normaler Afro, keinerlei Skulpturbildung zu erkennen) zu fassen. Ich zucke zurück, und sie rückt endlich raus mit der Sprache.

Ärztin: »Sind Ihre Haare echt?«

(Diese Frau ist nicht weiß, hat also einen geringeren sozialen Status und ist bestimmt keine Autorin oder promovierte Juristin, also darf ich ihr gleich mal eine indiskrete Frage stellen, die ich im Leben keiner anderen Patientin zu stellen gewagt hätte, denn ich bin neugierig. Sie ist nicht weiß, und ich muss meine Neugier dringend ungefiltert an ihr auslassen und mich auf gar keinen Fall zusammenreißen, um einen normalen professionellen Dialog zu führen.«)

Ich: »Ja!«

(»Was will die denn? Hat die arme Frau keine Kinderstube? So eine unverschämte indiskrete Frage stelle ich Leuten ja noch nicht mal besoffen um vier Uhr morgens in der Disco auf der Reeperbahn. Gott sei Dank sind meine Haare echt. Sonst müsste ich ihr eine runterhauen.«)

Ärztin: »Wirklich echt? Sie machen das nicht ... irgendwie ... dass Sie die aufdrehen oder so?«

(»Ich habe sie zwar was gefragt und sie hat geantwortet, aber da sie nicht weiß ist, gibt es keinen Grund, die Antwort auch zu glauben, geschweige denn einfach so hinzunehmen. Warum ist die überhaupt so einsilbig und schaut provokativ gelangweilt? Will sie etwa frech werden mitten in der Ultraschalluntersuchung? Wie lang würde es wohl dauern, bis die Polizei hier wäre? Ich frage lieber noch mal nach.«)

Ich: »Das sind ganz normale Haare. Schwarze haben solche Haare.«

(»Die hängt anscheinend ihr Leben lang nur mit irgendwelchen Ariern rum und schaltet seit vierzig Jahren das Fernsehprogramm um, sobald sie Mel B, Afrob, Shaft oder eine beliebige Produktion mit Schwarzen sieht. Als Nächstes will sie wahrscheinlich wissen, wo ich herkomme, und fällt vom Stuhl, wenn ich nicht ›Okawango-Becken‹ sage.«)

Ärztin: »Ich hab nicht gesagt, dass Sie schwarz sind!!!«

(»Jetzt will sie mir so'n Rassismusdings anhängen, als hätt' ich sie auf dieselbe Stufe mit den ... ganz Dunklen gestellt, aber den Schuh zieh ich mir nicht an, da kann ich schon noch unterscheiden. Außerdem war ich bei der Lichterkette.«)

Ich: »Hä? Ist Ihnen tatsächlich noch nicht aufgefallen, dass ich Schwarz bin?«

(»O Gott, das ist so eine, die denkt, die Hellbraunen seien was Besseres als die Dunkelbraunen, und ›Schwarz‹ sei was Schlechtes, und deswegen muss sie alle ›farbig‹ nennen. Wie wär's damit: Wir nennen alle so, wie sie sind, nämlich normal, außer natürlich die Weißen. Die nennen wir ab sofort ›unsere melaninproduktiv benachteiligten Mitbürger‹ ...«)

Ärztin: »Na ja, also Sie sind ja gar nicht richtig ... mehr so ... Cappuccino ...«

Muss ich noch erwähnen, dass sie das letzte Wort hatte?

Verarbeitet habe ich dieses und ähnliche Erlebnisse in dem Lied »Keine Kommentare (über meine Haare)« bzw -in der englischen Song-Version- »be calm«[lxxxvi].

Nur eine Familienangelegenheit? Weiße Eltern und Schwarze Kinder

Auch wenn es ein bisschen hart ist: Ich möchte dieses wichtige Thema mit einigen Gedanken zum Stichwort Exotismus einleiten, denn Beziehungen, die weiße Eltern zu Schwarzen Kindern haben, befinden sich nicht im luftleeren Raum. Gott sei Dank sind nicht alle Mütter wie Corinne Hofmann, die als »weiße Massai« hoffentlich irgendwann dem Vergessen anheimfällt. Aber die Tatsache, dass ihre Bücher zu Bestsellern wurden, gibt einem doch zu denken. Betrachten wir sie einfach mal als möglichen Weiße-Frau-und-Elternteil-Prototyp und überlegen uns, was das für zwischenmenschliche Beziehungen im Allgemeinen und familiäre Beziehungen im Speziellen bedeutet.

Einige Gedanken zum Stichwort Exotismus

Die »weiße Massai« ist eine Frau, die ihren Trommelworkshop übertreiben, mit Sack und Pack in ein fremdes Land ziehen und in einer Kultur leben wollte, von der sie keine Ahnung hatte. In ihrem Erfahrungsbericht sowie diversen Talkshows heult sie hauptberuflich herum, dass es »in Afrika« so und so sei. Mal abgesehen davon, dass die Erfahrungen ihrer armselig naiv geschlossenen Ehe ungefähr so aussagekräftig für einen ganzen Kontinent sind wie eine Magenverstimmung in Bayern für die zivilisatorische Betrachtung Europas, könnten wir alle viel herzlicher über die lustige Geschichte lachen, wenn dabei nicht jedes einzelne kolonialrassistische Klischee bis zur Neige ausgekostet würde. Das Buch verkauft sich, weil es sämtliche Vorurteile bedient. Edle Wilde. Vielweiberei. Staub und Dürre und nix zu duschen (das habe ich zwar zuletzt in Europa erlebt und nicht in Afrika, aber es passt halt grad so schön) und vieles mehr.

Überdies beworben mit Spitzenrealsatire nach dem Motto »Ich und die Globalisierung«:

> »Dies ist der Bericht über meine im kenianischen **Busch** [Hervorhebung d. Verf.] verbrachten vier Jahre. Ich folgte damals zwanghaft der großen Liebe meines Lebens und erfuhr Himmel und Hölle. Es wurde mein größter Überlebenskampf! Es war ein ununterbrochenes Abenteuer, das mich an meine körperlichen und seelischen Grenzen brachte.«[lxxxvii]

In der Werbung für Band zwei dürfen wir folgende schöne Gedanken teilen:

> »Nach meinem *archaischen* [Hervorhebung d. Verf.] Leben bei den Massai erwarten mich auch beim Neubeginn in der ›Welt der Weißen‹ ungeahnte Strapazen. ... Die Faszination dieses Kontinents ist geblieben. Im März 2003 betrete ich erneut afrikanischen Boden und erlebe dabei Gefühle und Abenteuer bis zur totalen Erschöpfung.«[lxxxviii]

Dieser Pseudo-Afrikabullshit ist dann nicht mehr lustig, wenn wir bedenken, dass die Autorin auf ihrer Homepage und ihren Buchcovern mit ihrer Tochter posiert. Das Mädchen darf als

Trophäe des »afrikanischen Lebens« der Mutter herhalten und wird bis zum Gehtnichtmehr instrumentalisiert.

Außerdem finden sich in Internet-Blogeinträgen und Buchkritiken erschreckende Indizien dafür, dass das ganze Geschreibsel zahlreiche weiße Romantiker_innen geradezu ermutigt, die hanebüchensten Undifferenziertheiten auszubreiten und sich ungeniert in den vorsintflutlichsten Rassebetrachtungen zu ergehen:

> »Da ich selbst mit einem Afrikaner (er kommt aus Kamerun) zusammen bin, kann ich Frau Hofmann sehr gut verstehen, dass sie so beeindruckt von Lketingas Äußerem ist. Menschen mit einer anderen Kultur oder Herkunft haben wirklich oftmals eine Faszination an sich, die schwer zu beschreiben ist.«[lxxxviii]

Auf welche Art der Wille zum Helfen von einem unerträglichen Überlegenheitsgefühl überlagert ist, macht uns dieser Kommentar deutlich:

> »Mich faszinierte besonders, dass sie als Weiße auf so einfache Art leben konnte. Man möchte so schnell wie möglich wissen, ob sie noch genügend zu essen hat, ob ihr Shop funktioniert und ob ihr Mann durch die Eifersucht noch durchdreht. Ich dachte immer wieder, dass sie in der Schweiz doch alles viel einfacher haben kann und warum sie nicht einfach wieder in die Schweiz zieht? Aber sie liebt diesen Lketinga zu sehr, um von ihm getrennt zu sein – was sie glaubhaft beschreibt. Seitdem ich dieses Buch gelesen habe, denke ich schon anders über weggeworfene Lebensmittel und frisch duftende Wäsche ... Bei mir hat's was bewirkt und am liebsten würde ich ein Sack Reis und Wasser nach Kenia schicken!!!«[lxxxix]

Und schließlich dieser Eintrag aus einem Internetforum, der den Vogel abschießt:

» :o) Mein Ex-Freund ist auch aus Gambia, er spricht Wolof, wie wahrscheinlich dein Freund auch. Sind interessante Menschen, aber auch meistens sehr temperamentvoll. Er wurde öfter mit ›Rumpelstielzchen‹ verglichen. Aber ich wünsche dir viel Glück mit ihm. Mein jetziger Freund ist aus Nigeria, er ist ruhiger und mehr nach meinem Geschmack. Und er ist wahnsinnig lieb und verständnisvoll. Aber jeder hat einen anderen Geschmack.«[xc]

So schreiben Frauen aus der Mitte *unserer* Gesellschaft, die Schwarze Männer offensichtlich für Haustiere, Sexspielzeug oder Plüschtiere halten. Worin die Anziehungskraft solcher Verbindungen besteht, muss ich mich nicht wirklich fragen. Was wir uns aber alle fragen sollte, ist, ob weiße Personen ohne selbstkritische Reflexion ehrliche und gleichberechtigte Beziehungen zu Schwarzen Personen eingehen können. Wie auch immer die Antwort ausfallen mag – all diese Frauen sind potenzielle (oder tatsächliche) Eltern.

Mögliche Problemfelder in Weiße-Eltern-Schwarzes-Kind-Beziehungen

Ein Schwarzes Kind zu haben bedeutet nicht per se, rassismusfrei zu sein. Weiße Eltern in Deutschland sind mit den gleichen Prägungen aufgewachsen wie alle anderen Menschen auch. Wenn sie Schwarze in ihrem Freundeskreis, in ihrer Familie oder als Partner haben, sind sie möglicherweise schon sensibilisierter für die Widrigkeiten und Strukturen eines rassistischen Alltags. Da sie selbst aber der Mehrheitsgesellschaft angehören, werden diese Erfahrungen nur gestreift und – was der entscheidende Unterschied ist – betreffen sie nie *unmittelbar*.

Wenn eine weiße Frau etwa als »Geliebte eines Schwarzen« unverschämt behandelt wird, ist das etwas ganz anderes, als sich als Schwarzer Mensch im öffentlichen Raum zu bewegen. Wie offen die Sinne für Rassismen auch sein mögen, so bleibt weißen Eltern doch immer eine Wahl: nämlich diejenige, sich den Rassismus der Umwelt nicht »anzuziehen«. Wie immer sie sich entscheiden – schon allein diese Auswahlmöglichkeit macht sie privilegiert und bedeutet, dass sie in einer anderen Situation sind als ihre Schwarzen Familienangehörigen.

Darüber könnte jeder Mensch sehr froh sein (wer will schon gerne, dass seine *ganze* Familie schlecht behandelt wird?). Leider Gottes verhalten sich sehr viele weiße Eltern aber genau wie das Gros der Gesellschaft: unsolidarisch.

Wenn ich im Folgenden von *alleinerziehenden* weißen Elternteilen mit Schwarzen Kindern spreche, dann deshalb, weil diese Konstellation häufig ist und es Schwarzen Kindern erschwert[xcii], ein positives Selbstbild zu entwickeln.

Als weiße Bezugsperson stellt die alleinerziehende Person zugleich auch die gesellschaftliche Norm dar. Die Deutungshoheit des Elternteils und die *weiße An-Sicht* verschwimmen. Zum Beispiel lernen wir alle ja zunächst von unseren Eltern, was angeblich »normal« ist und was nicht. Falls aber die alleinerziehende Person (also die Personalunion von wichtigster Bezugsperson und »Gesetz«) sich als »normal« und das Kind als »anders« betrachtet, hat das Kind eigentlich gar keine Möglichkeit mehr, sich selbst als normal wahrzunehmen – eine, gelinde gesagt, schwierige Konstellation.

Die Erziehungswissenschaftlerin Prof. Maureen Maisha Eggers hat im Jahr 2005 ihre Doktorarbeit zum Thema *Rassifizierung und kindliches Machtempfinden* veröffentlicht[xciii], und eine neue Schwarze akademische Generation behandelt gerade genau dieses und verwandte Themen. Und das bestimmt nicht, weil ihnen allen langweilig ist. Damit will ich sagen: Wie Schwarze Kinder in Deutschland aufwachsen, muss ernst genommen werden.

Es gibt durchaus einige Fallen, in die weiße Eltern Schwarzer Kinder regelmäßig tappen. Denken Sie nicht: »Bei mir ist das alles ganz anders.« Fragen Sie sich stattdessen: »Habe ich darüber schon mal nachgedacht und gesprochen?«

Ich habe schon so viele Geschichten von Afrodeutschen über den Rassismus ihrer weißen Elternteile zugetragen bekommen, dass ich ehrlich gesagt keine mehr hören kann. In den Communities ist das Betragen der weißen Eltern bereits ein bitterer Running Gag. Humor hilft da zwar kurzfristig, aber an der traurigen Basis will ich dennoch rütteln.

Ich bin der Überzeugung, dass die meisten weißen Eltern sich nicht genügend darauf vorbereiten, was es heißt, in Deutschland Schwarz zu sein. Viele äußern tatsächlich Ideen wie: »Wenn ich mein Kind nur genug liebe, wird schon alles gut.« Die meisten wissen aber Gott sei Dank, dass das Ganze kein Spaziergang werden wird.

Wo die seelischen Grausamkeiten von Rassismus im Einzelnen sitzen und wie weitreichend sie sind, ist vielen überhaupt nicht klar. Einige ignorieren schlicht, dass ihr Kind Schwarz ist, und denken, dass sie damit eine rassismusfreie Zone schaffen. Ich verspreche Ihnen: Das funktioniert nicht.

Andere nennen ihre Kinder »scherzhaft« »Brownie«, »Schoko«, »Schokobaby«, »mein Mohrenköpfle«, sogar »mein Äffchen« (!!). Und ahnen nicht, dass sie damit den einen großen Fehler machen, den unsere Gesellschaft ebenfalls macht: nämlich das Aussehen als *Eigenschaft* zu begreifen und als das hauptsächliche Merkmal der Schwarzen Person anzusehen, den Menschen über das Schwarzsein zu definieren. Weiße Kinder heißen »Baby«, »Süße«, »Prinzessin« und »mein Sonnenschein«, nie »Piggy« oder »Quarktäschle«, und dürfen dadurch zu Recht sich *selbst* angesprochen fühlen. Spätestens ab der ersten Klasse sind genau die »scherzhaften« Schoko-Ausdrücke, mit denen diese unsolidarischen Eltern ihr Kind bedenken, auch diejenigen, die die Außenwelt dazu benutzt, um es einzustufen und ihm den Platz als »Exot« und »anders« aufzudrücken.

Kinder sind sensibel für Hierarchien, Rollen, Machtbotschaften, Wertigkeiten und Standesunterschiede. Die gesellschaftlichen Gesetze, die wir uns nicht getrauen auszusprechen, werden von Kindern gnadenlos erkannt und – was viel schlimmer ist – verinnerlicht, eingeübt und lautstark verkündet. Das wissen alle, die sich an ihre eigene Kindheit erinnern können oder Kindern beim Spielen zuhören. Und Kinder interessieren sich sehr dafür, welchen *Status* sie selbst innerhalb der Gesellschaft innehaben (werden). Deswegen spielen sie »Vater, Mutter, Kind«, »Prinzessin«, »Kanzlerin« und »Fußballstar«. Kaum eine erwachsene Person kann von sich behaupten, dass ungerechte Behandlung und die Zuweisung von falschen Rollen sie kalt lassen. Viele Eltern verharmlosen den Alltagsrassismus und die potenzielle Isolation Schwarzer Menschen in Deutschland, vielleicht, weil sie sich der Realität selbst nicht gewachsen fühlen. Das ist aber kontraproduktiv. Wenn das weiße Elternteil der Überzeugung ist, das Kind habe es später bestimmt mal besonders leicht, weil es »gutaussehend« und »interessant« sei – wie soll es dann die diffusen Gefühle von Unwohlsein und die Ablehnung des zugewiesenen Exotenstatus zu Hause besprechen? Erfahrungen, die ein Kind damit macht, dass es immer wieder voller Vorurteile behandelt und mit distanzlosen Fragen belästigt wird, sind ernst zu nehmen. Sie können schwere seelische Wunden und Traumata hinterlassen, die denen von Übergriffen gleichen.

Einige weiße Leute – siehe die weiße »Massai« und ihre zahlreichen Schwestern – romantisieren »Afrika« (oder das, was sie dafür halten) und Schwarze Menschen generell. Dies sind manchmal genau die Gründe, aus denen sie eine Liebesbeziehung mit einer Schwarzen Person eingegangen sind. Unmögliche Sprüche von »Die haben so weiche Haut« über »Wie die sich bewegen!« bis hin zu »Du, ich hab mit 'nem echten N... geschlafen« sind keine Seltenheit (die habe ich übrigens alle mit eigenen Ohren gehört, und leider noch unzählige mehr) und deuten darauf hin, dass ein Schwarzes Kind bei so einer Person sicher nicht unvorbelastet aufwachsen kann.

Hinzu kommt, dass unsere Gesellschaft mit ihren rassistischen Comics, stereotypen Filmrollen und gemeinen Unterstellungen bei einem Kind zusätzliche rassistisch-verquere Bilderwelten schafft. Diesen muss im geschützten Raum zu Hause aktiv gegengesteuert werden, Eltern müssen sie auffangen und korrigieren. Aber wer tut das? Die Elternperson, die sich mit all dem gar nicht auskennt, die darüber Witze macht, dass die Haare angeblich »schwierig« und »unkämmbar« seien, die ihr Kind »Schokohasi« nennt und vorschlägt, dass es später mal »am besten Tänzerin« werden solle, macht es sicher nicht.

Ein weiterer schlimmer »Klassiker«, den ich selbst lieber gar nicht bemerkt haben würde, ist, wenn das weiße Elternteil in dem Schwarzen Kind den (abwesenden) Ex-Partner bzw. die abwesende Ex-Partnerin sieht. Vielleicht wurde er sitzen gelassen, vielleicht ist die Ehe geschieden, vielleicht trennten sie sich und das Schwarze Elternteil bekam kein Folgevisum, vielleicht wurde der Schwarze Mann nur zur exotischen Nachwuchsspende benutzt ... Wie auch immer, die Abwesenheit eines Schwarzen Elternteils kann sich im Schwarzen Kind stärker manifestieren als die Abwesenheit eines weißen Elternteils im weißen Kind: Sobald Alleinerziehende_r und Kind auf die Straße gehen, gibt es unübersehbare *Blicke*. Neugierige Fremde fragen unverhohlen nach, »was« denn der Vater sei, überall heißt es »Ganz der Vater« oder übergriffig-klassifizierend »Ist anscheinend sehr nach der Mutter gekommen«. Die Beziehung zu einer Schwarzen Person, die am Kind jederzeit sichtbar ist, ruft bei vielen Weißen immer noch eine Menge rassistischer und sexistischer Bilder hervor, die sich zudem noch häufig direkt auf die Sexualität der Eltern beziehen.

Viele weiße Eltern können mit ihrem Schwarzen Kind kaum als *selbstverständliche Einheit* auftreten und leben, denn sie werden nicht als solche behandelt. Nur resultiert dies leider nicht bei allen darin, dass sie das Kind und ihre Beziehung zueinander in besonderer Weise schützen würden. Die Phantomverbindung mit dem oder der Schwarzen Ex hört nicht vor der Haustür auf: Auch zu Hause erinnert das Kind das verbliebene Elternteil weiter und immer mal wieder an den oder die Ex, möglicherweise mehr, als weiße Kinder dies tun. Wer selbst nicht mit Schwarzen Menschen aufgewachsen ist, wird aufgrund der üblichen deutschen Sozialisierung das Schwarzsein des Kindes womöglich ebenfalls mit den üblichen Assoziationen belegen. Vor allem Schwarze *Söhne* weißer Mütter haben mir gegenüber schon häufiger den Verdacht geäußert, dass jene ihre negativen Gefühle wegen der Abwesenheit des Vaters oder der gescheiterten Beziehung auf sie projiziert hätten. Weiße Mütter erzählten mir, dass sie bisweilen »das Fremde« im Kind zu entdecken suchen, das »Schwarze«, die Anteile des Vaters ergründen wollen, weil sie sich fragen, ob das Kind vielleicht auch mal »so« werden wird.

Ich finde, das sind erschreckende Geständnisse. Denn solche Fragen erwachsen nicht auf die Persönlichkeit des Kindes bezogen. Unbewusster Groll oder Verdacht gegenüber dem eigenen Kind ist eine Schippe Gift, mit der jedem Menschen das Leben erschwert werden kann.

Einige dämonisieren den Vater auch ganz offen, jedoch nicht als den Hallodri, der er vielleicht ist, sondern sie trennen auch dabei gar nicht zwischen seinem Aussehen und seinem Betragen. So kommt es, dass tatsächlich Mütter in Anwesenheit ihrer Schwarzen Kinder über »Schwarze Männer« lästern, behaupten, dass diese »anders drauf« seien, und damit den wilden Phantasien ihres exotikgeilen Umfelds Nahrung geben. Das mag zunächst ihre eigene Frustration ein wenig lindern ... Das Kind aber kann dadurch nur mit Vorurteilen und Rassismus aufwachsen, und das auch noch von der eigenen Mutter.

Eine weiße Mutter hat mir sogar von Schwierigkeiten berichtet, sich mit ihrem Schwarzen Kind zu identifizieren. Nicht, dass sie es nicht lieben würde, aber »eher als eigenständige Person« (das finde ich toll), »nicht als einen *Teil*« ihrer »selbst« (das finde ich furchtbar). Sie gab »Schwierigkeiten« an, sich »selbst« in ihrer Tochter »zu erkennen«, wenn sie sie ansehe. Genauer werden konnte oder wollte sie nicht. Fakt ist, dass sie sich mit einem Schwarzen Mädchen einfach nicht identifizieren konnte, weil es ihrer Meinung nach »mehr aussieht wie Beyoncé« und damit von ihr anscheinend als ihr selbst *nicht ähnlich genug* wahrgenommen wurde– ungeachtet der tatsächlich reichlich vorhandenen Ähnlichkeiten.

Eine letzte Falle, die ich beschreiben möchte, ist die »Aufmerksamkeitsfalle«. Bisher war die Mutter die »Exotin« im Freundeskreis, denn sie hatte einen Schwarzen afrikanischen Freund, hing ständig in Schwarzen Discos herum und durfte sich als Expertin für »Afrika« aufspielen. Diese Sonderstellung genießt sie, sie macht sie interessant, alle hängen an ihren Lippen und bewundern ihr mutiges Leben ohne Konventionen und ihren Freigeist. Als Zuckerguss auf so einer schönen Situation fehlt nur noch ein totaal süßes Baby. Wird gemacht. Jetzt steht sie sogar noch viel mehr im Mittelpunkt, alle Welt verdreht verzückt die Augen, überschlägt sich, dass das ja wohl das süßeste Kind aller Zeiten ist, prognostiziert, dass es später mal bestimmt ein Star am Musikhimmel wird, und phantasiert zusammen, wie toll die Haare aussehen werden, wie viele Flirts später Schlange stehen werden, wie sehr aufgepasst werden muss, dass das tolle Kind später nicht eingebildet wird, weil es ja so *besonders* und so schön ist.

Das macht der Frau eine Weile Spaß. Bis das süße Kind irgendwann selbst durch die Gegend laufen kann und das ganze Bohei alleine erntet. Da ist die Mutter dann schlagartig nicht mehr so interessant. Sie versteht nicht, was da gerade passiert

– eben wurde sie noch gefeiert, und jetzt wird sie links liegen gelassen, und alles dreht sich nur noch um das so besondere Kind. Da kann eine schon mal sauer werden, auch wenn es sich eigentlich verbietet. Also werden versteckte und unterschwellige Mittel gefunden, die das Kind weniger wichtig, weniger spannend, weniger zum Mittelpunkt machen, es einschränken, klein machen, angreifen.

Konkurrenz um Aufmerksamkeit wirft zwischen Eltern und Kindern einen tragischen Schatten auf das Familienleben. Ist dazu noch das Elternteil weiß und das Kind Schwarz, kommt im Konkurrenzfall auch die Manifestierung der weißen Dominanz hinzu. Dass ein Kind das später trennen können und Bockigkeit, Unreife oder Kühle des Elternteils nicht auf sich selbst beziehen soll, ist illusorisch.

Ein paar Vorschläge für ein traumafreies Miteinander

Hier ist mein konstruktiver Appell an alle weißen Eltern: Denken Sie über all diese Dinge nach. Jetzt gleich!

Nennen Sie Ihre Kinder nicht bei rassifizierenden »Kosenamen«. Nehmen Sie alle Bedenken der Kinder zu jeder Zeit ernst: Wenn diese sich anders behandelt fühlen, selbst wenn es um etwas geht, das Sie nicht persönlich nachvollziehen können, denken Sie daran: Sie *können* das gar nicht alles selbst verspüren. Kinder denken sich Rassismus außerdem nicht aus. Sie haben eine feine Antenne für gesellschaftliche Dissonanzen und werden Ihnen auf die eine oder andere Art davon berichten, wenn sie ein verzerrtes Bild von sich selbst oder eine Rolle aufgedrückt bekommen.

Zweifeln Sie es nicht reflexhaft an, wenn Kinder versuchen, die schwere Aufgabe zu bewältigen, Ihnen schonend mitzuteilen (was eigentlich Ihre Aufgabe gewesen wäre), dass sie ungerecht behandelt werden und dafür kein Vokabular haben. Machen Sie sich klar, dass Alltagsrassismus häufig auftritt in Form von Verleumdung und subtiler Ausgrenzung. Seltener sind es die eindeutigen Situationen, in denen es heißt »du darfst nicht mitspielen, weil du braun bist«, viel öfter erleben die Kinder Ausgrenzung in einer wesentlich weniger greifbaren Form. Es wird zum Beispiel einfach keine Einladung ausgesprochen, das Spiel beendet oder die Spielsachen geschwind weggeräumt, sobald das Schwarze Kind dazu kommt. Diese vielen Einzelfälle addieren sich zu einem Gesamtbild, in dem ein Kind annehmen muss (zudem ihm dies bisweilen auch ganz direkt vermittelt wird), mit *ihm_ihr* stimme etwas nicht.

Alltagsrassismus bedeutet auch, unterschätzt zu werden, mehr leisten zu müssen für weniger Anerkennung, weniger Chancen und Handreichungen zu bekommen. Alltagsrassismus bedeutet, im Recht auf Bildung eingeschränkt zu werden (Siehe den Abschnitt »Institution Schule« in Kapitel drei), Terror zu erfahren, also die latente Gefahr willkürlicher Hassgewalt, und noch vieles mehr. Ein Kind kann das nicht einordnen. Sie müssen übernehmen.

Begehen Sie nicht den Fehler, sich die Umstände rationalisieren zu wollen, indem Sie versuchen, Gründe für rassistisches Verhalten zu finden. Sie können dadurch Ihrem Kind jede Vertrauensbasis entziehen. Der Radiomoderator und Kritiker Jay Smooth erklärt in seinem TedXTalk[xciii]: »Wir haben es [bei Rassismus, Anm.d.Verf.] mit einem sozialen Konstrukt zu tun, das dazu *entwickelt* wurde, unlogisch zu sein... spezifisch aus dem Wunsch heraus, das Unlogische, Unentschuldbare, rechtfertigen zu können. Wenn wir mit Rassismus ringen, dann ringen wir mit etwas, das jahrhundertelang dafür geschliffen wurde, unseren Menschenverstand hinters Licht zu führen. Er ist ein Tanzpartner, der dafür *erschaffen* wurde, uns ein Bein zu stellen.«

Wenn Sie erst warten wollen, bis Sie sich das Unlogische zweifelsfrei und logisch entschlüsselt haben, bevor Sie Ihrem Nachwuchs Glauben schenken, ist dieser schon lang aus dem Haus (und kommt auffällig selten freiwillig zu Besuch).

Tolerieren Sie Rassismus nie. Kein Kindergarten darf »Zehn kleine N....ein« oder »Wer hat Angst vorm schwarzen Mann« spielen. Wenn dies doch geschieht, berufen Sie eine Elternversammlung ein und erklären Sie, dass diese Ausdrücke und Spiele die Menschheit spalten und Angst, Hass und Vorurteile schüren, und dass es wehtut, wenn Ihr Kind und Sie so etwas mitbekommen.

Wenn dann immer noch auf diesen rassistischen Praktiken bestanden wird (weil das ja nur Spaß sei und so ein altes Spiel und Ihr Kind ja nicht »gemeint« sei), bestehen Sie auf Lieder ohne koloniale Gewalt. Fragen Sie, weshalb auf einem brutalen Lied bestanden wird, in dem alle auf grausame Art ums Leben kommen. Es gibt jede Menge Spiele, die sich nicht über Todesarten lustig machen oder beleidigend sind. Falls das alles nicht hilft, müssen Sie einen anderen Kindergarten suchen, denn Sie können Ihr Kind nicht sehenden Auges in einem Umfeld aufwachsen lassen, in dem Rassismus verharmlost wird.

Seien Sie alert. Erkennen Sie rassistische Sprüche und Behauptungen, die die Medien in Ihr Wohnzimmer blöken, und erklären Sie zu Hause, dass nicht alles stimmt, was im Fernsehen kommt. Versuchen Sie gemeinsam mit dem Kind, verzerrende Inhalte zu entschlüsseln. Überlegen Sie zusammen, ob Schwarze Menschen dieselbe Geschichte vielleicht anders erzählt hätten, und wenn ja, warum. Achten Sie auf rassistische, sexistische und andere ausgrenzende Klischees: Es ist *nicht* normal, Menschen in Interviews zu duzen oder ihre Namen nicht einzublenden; es ist *nicht* normal, die einzige Schwarze Person in einer Fernsehserie als potenziell kriminell darzustellen; es ist *nicht* normal, dass Schwarze

Frauen in weißen Musikvideos als sexualisierte Dekorationsobjekte dienen sollen.

Ich meine damit nicht, dass Sie mit Ihrem Kind den ganzen Tag über Rassismus sprechen sollen. Aber Sie müssen sensibilisiert sein und ihn abfedern, wenn er auftaucht, und das passiert leider oft. Womöglich öfter als Sie es mitbekommen. Für das Kind muss kein großes Drama daraus gemacht werden. Aber ein solidarischer Satz der Eltern kann eine Situation ins rechte Licht rücken.

Setzen Sie Klischeebildern etwas entgegen, das Schwarze Menschen respektvoll repräsentiert, sowohl Individualität als auch kulturelle Vielfalt anerkennt. Wenn Ihr Kind noch keine Schwarzen Bezugspersonen hat, sollten Sie schleunigst welche suchen (natürlich nicht *irgendwen*, sondern geeignete Bezugspersonen). Ein Schwarzes Kind kann nicht in einem ausschließlich weißen Umfeld aufwachsen, ohne überwiegend fremddefiniert zu werden. Es kann sich trotz aller Zuneigung und familiärer Wärme als einzige Schwarze Person vereinzelt vorkommen. Auf manche Fragen können Sie außerdem keine Antwort haben (»Was sagst'n du, wenn dich einer ›Negerin‹ nennt?« oder: »Kannst du mir Cornrows-Machen beibringen?«). Kümmern Sie sich darum, dass liebe Menschen da sind, die für solche Bedürfnisse zuständig sein können und wollen. Ihr Kind wird Sie nicht weniger lieben oder sich weniger mit Ihnen identifizieren, weil gelegentlich eine Schwarze Vertrauensperson dazukommt. Kinder identifizieren sich immer mit ihren Eltern, nur andersherum hakt es manchmal.

Sie brauchen Menschen, die vorleben, dass Schwarzsein mit Haut und Haaren *positiv* ist. Finden Sie Personen, mit denen Sie alle zusammen freche Antworten auf übergriffige Fragen aushecken können. Ich verspreche Ihnen, selbst wenn diese Leute nur ab und zu beim Kuchenbacken mitmachen und mit ins Kino gehen, wird Ihr Kind ein stabileres und besseres Selbstbild haben, als wenn es allein mit Weißen aufwächst, auch wenn diese noch so wohlwollend sind. Eine gelungene Identifikation lässt sich nicht beschließen, aber sie lässt sich fördern.

Finden Sie andere Eltern mit Schwarzen Kindern, treffen Sie sich, und sorgen Sie um Himmels willen dafür, dass Ihr Kind Spielkamerad_innen hat, die ebenfalls Schwarz sind. Im Idealfall in einem internationalen Umfeld, in dem auch viele Kinder und Eltern of Color sind. Ich bin fest davon überzeugt, dass die frühkindlichen Erfahrungen, die wir mit anderen Kindern machen, unser ganzes späteres soziales Leben maßgeblich beeinflussen. Wenn ich im Kindergarten mit asiatischen, Schwarzen, weißen, türkischen und allen möglichen Children of Color gespielt habe, weiß ich bereits, dass diese genau so individuell wie ich sind, lange bevor die Gesellschaft später versucht, mir das Gegenteil weiszumachen. Ich bin dann viel weniger anfällig für Vorurteile, weil Rassismus auf Entmenschlichung basiert, ich ja aber schon selbst gefühlt, gelebt und bewiesen bekommen habe, dass wir alle *gleichermaßen Persönlichkeiten* sind. Das ist etwas ganz anderes, als wenn ich das von Mutti ab und zu verkrampft, abstrakt und theoretisch vorgetragen bekomme.

Werden Sie Ihrem Kind gegenüber aktiv. Es bekommt von der Gesellschaft beigebracht, dass es Unmut, Rassismusverdacht und ungerechte Behandlung nicht äußern darf. Es wird von ihr_ihm verlangt, sich zu fügen und immer, immer eine Frohnatur zu sein, über jeden unverschämten Witz zu lachen, sich nicht so anzustellen, umgänglich zu sein und den Weißen kein schlechtes Gewissen zu machen. Sie müssen hier gegensteuern. Warten Sie nicht, bis Ihr Kind von sich aus herumdruckst, denn es kann nicht wissen, ob Sie ihr_ihm uneingeschränkt glauben, Trost spenden und helfen werden. Fragen Sie nach: »Willst du mehr Schwarze Freund_innen?«, »Hat der Lehrer was gesagt, was du nicht in Ordnung fandest?«

Stellen Sie aber keine ›Fragen‹, die nur zu Ihrer egoistischen Selbstberuhigung da sind, wie zum Beispiel: »Du bist doch froh, dass du als Schwarzes Kind auf die Welt gekommen bist und nicht als weißes, oder?« Was soll ein Kind auf so etwas antworten? Das Einzige, was dabei hängen bleibt, ist: »Herrje, meine Alte will von mir keine Klagen hören.«

Ist ein Elternteil abwesend und nicht aus Deutschland, wird Ihr Kind auch irgendwann mal auf die Suche nach seiner zweiten »Herkunftshälfte« gehen wollen. Unterstützen Sie dieses Vorhaben unaufgeregt und vermeiden Sie es, das Land zu romantisieren oder zu verteufeln. Beschaffen Sie Informationen, die möglichst unkolonial und selbstbestimmt sind. Noch besser: Suchen Sie Kontakt zu Leuten, die dort aufgewachsen sind und Ihrem Kind davon erzählen können. Konstruieren Sie keine Fantasieszenarien, sondern bereiten Sie Ihr Kind auf eine mögliche zukünftige Reise vor. Suchen Sie im Internet Kochrezepte, populäre Radiosender, Charts-Musik, Stars, beliebte Blogs, Architektur, Graffiti und andere Kunstwerke aus dem Land und recherchieren Sie gemeinsam. Gestalten Sie einen Motto-Tag. Oder bringen Sie die Kulturen im Alltag regelmäßig ein. Das hat mit Nachäffen nichts zu tun, sondern bedeutet, einen möglichen Wunsch ernst zu nehmen und ihn, sobald er auftaucht, mit positiven Kenntnissen und Erlebnissen aufzufüllen, bis er irgendwann Realität wird. Wenn Sie das Thema sowie die Wünsche und Impulse Ihres Kindes nicht ignorieren oder ausschließlich mit *Ihren* Emotionen belegen, können Sie nicht falsch liegen.

Es kann eine sehr viel schlechtere Idee sein, als weiße Person mit einem Schwarzen Kind tatsächlich in das Herkunftsland des anderen Elternteils zu fahren, als ab und zu zu Hause einen Motto-Abend einzulegen. Ich erkläre auch gerne, warum: Das Schwarze Kind hofft wahrscheinlich, im anderen Land weniger exotisiert und auffällig zu sein als in Deutschland. Es ist in jedem Fall auf einer sehr persönlichen Suche, will die Kultur aufsaugen, am liebsten eintauchen und vieles nachholen, was es bisher nicht kannte. Und zwar so intensiv und lebensnah wie möglich, nicht aus dem Touristenhotel heraus. Mit einer weißen Person in Urlaubsstimmung an der Backe ist das aber leider unmöglich, denn schon wieder ist das Kind dann in einer sehr auffälligen Position und Konstellation. Noch dazu hat es das Gefühl, die Eltern nicht enttäuschen zu dürfen, oder dass es dem weißen Elternteil zu weh tut, in diesem Urlaub als semiwichtig betrachtet zu werden, oder als störend. Die Menschen begegnen einer weißen Person mit Kind einfach anders als einem jungen Menschen auf der Suche.

Reißen Sie sich also bitte zusammen, egal, wie gut Sie sich irgendwo »auskennen«. Finden Sie eine Tante vor Ort oder sparen Sie, bis das Kind achtzehn ist und mit einer Schwarzen Freundin alleine losziehen kann. Drücken Sie sich in diesem existenziellen Moment nicht mit rein, falls Sie das Gefühl haben, dass Ihr Kind den Urlaub auch gut alleine überleben würde und/oder auf eine solche Reise mit Ihnen möglicherweise gar keine große Lust hat. Oder fragen Sie Ihren Nachwuchs doch einfach. Sie werden dafür sicher sehr respektiert werden.

Überlegen Sie mal: Wollten Sie Ihre Eltern in der Disco dabeihaben? Nein. Da wollten Sie nämlich ausprobieren, wie es ist, *Sie selbst* zu sein. Das will Ihr Kind möglicherweise auch, aber im ganz großen Stil.

Wenn Sie das Thema »virtuelle ferne auch-Heimat« ignorieren, sucht Ihr Kind sich entweder selbst später eine zweite »Ersatzwurzel« und trauert um die Abwesenheit jedes echten Bezugs zur Kultur der prominenten anderen Hälfte seiner Elternschaft – oder es ist besonders sensibel und tut Ihnen zuliebe so, als sei ihm diese andere Hälfte »egal«. Das möchten Sie vielleicht gerne glauben. Nur ist Ihr Kind eben nicht weiß wie Sie und daher bereits unterwegs in Richtung Selbstverleugnung, wenn es das, was so *offensichtlich* auch ein Teil von ihr_ihm ist, verdrängt.

Suchen Sie sich Kinderbücher, zur Not aus dem Ausland, die frei von rassistischen Klischees sind, in denen die Schwarzen Menschen keine Baströckchen tragen, sondern zur Schule gehen und später mal Hubschraubermechanikerin oder Lehrer werden wollen. Wenn Sie Comics und Filme mit Schwarzen Superheld_innen bereitstellen, können die Kinder lernen, dass sie in Kunst und Literatur einen Platz haben und gemeint sind. Mit ausschließlich weißen Identifikationsmaterialien kann dies nicht gelingen.

Abonnieren Sie Schwarze Magazine, zum Beispiel *Essence* oder *Ebony* aus den USA (Abonnements sind oft um ein Vielfaches günstiger, als die Magazine am Bahnhof zu kaufen) und Schwarze europäische Magazine wie zum Beipsiel *PRIDE MAGAZINE* oder *AMINA*, damit bei Ihnen ein paar Zeitschriften herumliegen, die nicht Weiß mit »Glamour« und Schwarz mit »Beiwerk« gleichsetzen.

Ja, all das gibt es, und noch vieles mehr, es ist dafür lediglich notwendig, einmal konzentriert die Suchmaschine anzuwerfen. Falls Ihnen die Suche nach geeigneten Medien schwer fällt, müssen Sie da durch. Es handelt sich schließlich um das Wichtigste, was es gibt: Kinder! Finden Sie in Internetforen Gleichgesinnte, und teilen Sie Ihre Erfahrung mit anderen. Dass positive Repräsentationen für Schwarze Kinder in Deutschland in vielen Spieleläden und Buchläden fehlen, ist schade, und darf kein Grund dafür sein, dass Sie diesen Zustand als gegeben akzeptieren.

Das einzig Positive daran, dass die meisten Schwarzen Kinder- und Jugendmedien aus dem Ausland kommen, ist, dass sich dabei mit viel Freude und ganz nebenbei beachtliche Fremdsprachenkenntnisse erlangen lassen. Was glauben Sie, wie schnell ein Kind freiwillig regelmäßig Französisch- oder Englischwörterbücher konsultiert, wenn es den Text aus seinem Lieblingscomic besser verstehen will.

Besorgen Sie sich daher auch Musik in verschiedenen Sprachen von Schwarzen Interpret_innen, die sich in ihren Liedern nicht selbst beleidigen mussten, um einen Plattenvertrag zu bekommen, finden Sie die Songtexte im

Internet und übersetzen Sie sie gemeinsam. Wenn es konservative westliche Kultur sein soll: Holen Sie CDs von Jessye Norman und das Konzert mit Bobby McFerrin als Dirigent der Wiener Philharmoniker heran. Bilden Sie sich selbst: Lesen Sie – und nicht nur die mit dem Nobelpreis ausgezeichneten Wole Soyinka, Toni Morrison oder Derek Walcott, sondern neue Schwarze Autor_innen vom Kontinent und aus den Diasporas. Es gibt außerdem inzwischen auch viele Schwarze deutsche Originalwerke.

Jede Form von Schwarzer Kultur ist wichtig. Also auch die Schwarze deutsche Kultur. Suchen Sie sie. Öffnen Sie die Tür für Ihr Kind. Suchen Sie Bücher, Zeitschriften und Filme von Schwarzen Autor_innen, Journalist_innen oder Regisseur_innen, und bieten Sie sie an. Diskutieren Sie darüber, wenn Bedarf besteht.

Greifen Sie auch abseits des Internet auf Schwarze Netzwerke zurück, die bereits seit Langem existieren. Es gibt in vielen Städten Gruppen für und von Kindern und Jugendlichen of Color sowie afrodeutsche Spielgruppen für Kleine. Nehmen Sie diese Chancen wahr, und wenn Sie gerade keine Möglichkeit sehen, dann schaffen Sie sie selbst. Es ist Ihr Kind. Und die Zukunft.

Bewegen Sie sich, aber betrachten Sie das Schwarzsein Ihres Kindes nicht als eine Ferienaktivität. Wenden Sie sich an Schwarze Menschen, die Sie kennen. Ich prognostiziere, dass die meisten froh darüber sein werden, dass Sie endlich mal eine weiße Person sind, die das Thema ernst nimmt und sich an die wendet, die etwas davon verstehen.

Wer hat nicht Spaß daran, sein liebstes Kinderbuch weiterzuempfehlen, ein ghanaisches Märchen zu erzählen und ganz generell einem Kind dabei zu helfen, selbstbewusst aufzuwachsen? Sie gestehen niemals »Schuld« oder »Naivität« o.ä. ein, wenn Sie auf andere zugehen und um Rat oder Gesellschaft für Ihr Kind bitten. Sie packen damit vielmehr etwas an, vor dem die Mächtigen in diesem Land lieber die

Augen verschließen. Sie haben erkannt, dass vom Wegsehen, Verdrängen und Gängeln noch nichts besser geworden ist. Und Sie handeln. Auf so ein mutiges Elternteil kann jedes Kind stolz sein.

Übrigens: Als Vater dürfen Sie sich gerne ebenso angesprochen fühlen. Sie leben dann zwar wahrscheinlich ohne die dauernde Phantombegleitung der Legende vom (abwesenden) »untreuen vielweibernden Schwarzen Mann«, aber es gibt genügend ungute Assoziationen der weißen Gesellschaft, die mit der Abwesenheit einer Schwarzen Mutter einhergehen. Zur signalhaften Unterstellung Schwarzer Verantwortungslosigkeit und zur ungefragten Einmischung kann Ihr gemeinsamer Auftritt mit dem Kind daher leider auch missbraucht werden. Ihr Kind braucht eine Umgebung, die dies relativieren kann und muss sich auf Sie verlassen können - beendete Elternbeziehung hin oder her.

Und noch etwas: Wer sagt eigentlich, dass das alles nur bezüglich Schwarzer Kinder eine gute Idee ist? Sie dürfen gern auch Ihre weißen Kinder so erziehen, dass dem gesellschaftlichen Rassismus zu Hause etwas entgegengesetzt wird. Bringen Sie zum Beispiel Ihren Kids nicht bei, dass sie PoC markieren und rassifizieren dürfen: »Indianer« und »Eskimo« sind keine Bezeichnungen für *Menschen.* Kinder spielen auch noch heute »Indianer und Cowboy«. Finden Sie den Fehler jenseits der rassistischen Benennung? »Indianer« (gibt's sowieso nicht) ist kein Beruf und Cowboy keine Ethnokultur. Das Spiel muss also heißen »Ingenieur und Cowboy« oder »Amerikaner und Weißer« (bei Letzterem wird die Rollenverteilung wenigstens mal ehrlich ausgesprochen).

Weiter im Playmobil-Alltag: Die »Indianer«-Figur spielt mit der »Feuerwehrmann«-Figur. Schade. So lernt Ihr Kind bereits spielend: »Nicht weiß = Hauptmerkmal = Beruf egal«. Also: Die Figur mit der Fransenjacke wäre logischerweise (wenn Sie sie nicht elegant verschwinden lassen können, oder so lange, bis die »Heidi«-Figur sich dazugesellt, damit nicht immer nur die Nicht-Weißen im Ethno-Fummel dargestellt werden) nicht »Indianer«, sondern »der Typ mit der Trachtenjacke« bzw »Rockgitarrist_in« (wegen der Fransenjacke). Und das Spiel hieße viel treffender und diskriminierungsärmer »Feuerwehr und Filmregie«.

Sprechen Sie doch mal mit Ihrem Kind darüber, warum nur eine der Figuren Folklore trägt. Erwecken Sie ruhig Aufmerksamkeit für unsymmetrische Darstellungen. Und wer sagt überhaupt, dass nicht beide Figuren Feuerwehrleute sind?

KAPITEL SECHS

Und täglich grüsst das Murmeltier: Rassistische Dauerschleifen und wie man ihnen begegnen kann

Offene und getarnte rassistische Strategien

Neuere rassistische Strömungen, die in Deutschland festzustellen sind, beziehen sich häufig auf die *Ergebnisse* rassismuskritischer Arbeit. Rassismus schrumpft nicht etwa, sondern er wächst an seinen Aufgaben.

Der Tenor dabei ist: »Das wurde alles schon besprochen, deshalb können wir uns direkt wieder aufführen wie vor hundertfünfzig Jahren. Alles ist erlaubt, weil wir so aufgeklärt sind.«

Vor diesem Hintergrund werden rassistische Witze, Aussagen und Meinungen erneut salonfähig und bekommen mitunter sogar den Deutschen Fernsehpreis.

Aber es geht auch subtiler. Um die Reise zur Gleichstellung zu sabotieren, können Sie auf ein paar Strategien ausweichen, die Sie für Ungeübte gar nicht direkt als rassistisch erkennbar machen.

Vorwurf des »Rassismus gegen Weiße«

Gerade vor dem Hintergrund rassistischer Übergriffe, wie beispielsweise den vorgenannten in Mügeln und Potsdam, bei denen selbst dann Rassismus nicht als Tatmotiv erkannt wurde,

wenn Weiße die Menschen, die sie attackierten, als »N....«
beschimpften und völkische Parolen riefen, ist es
bemerkenswert, dass im Gegenzug Schwarzen Menschen häufig
»Rassismus« als Tatmotiv unterstellt wird, wenn sie sich
wehren oder einfach offensiv verhalten.

Die reflexhaften »Gegenvorwürfe«, die im Gefolge
rassistischer Straftaten entstehen, sind besonders verschlagen.
Ein typisches Beispiel dafür ist Innenminister Schäuble, der
Rassismus relativiert und ausblendet, indem er die große
Themaverfehlung »Auch Blonde werden Opfer von Gewalt«
anführt und so den Diskurs vom Herrschaftsverhalten der
Dominanzkultur ablenkt. Natürlich können weiße Blonde
ebenfalls Opfer sein, aber: 1.) Darum ging es in der Diskussion
gar nicht, denn wir wollen jetzt mal etwas gegen *Rassismus* tun,
und das bereitet Schäuble anscheinend Bauchschmerzen. Und
2.) werden weiße Blonde nicht Opfer wegen ihres Teints.
Wegen ihres Benehmens vielleicht, wegen Eifersucht oder weil
sie etwas furchtbares getan haben, wie zum Beispiel Nazi-
Parolen zu rufen. Vielleicht sogar wegen ihrer Rolle und
Stellung in der Gesellschaft, aber ganz sicher nicht aufgrund
einer jahrhundertealten globalen Entmenschlichungstradition.

Manchmal heißt es sogar: »Auch *Deutsche* werden Opfer von
rassistischen Gewalttaten!« Stimmt. Ermyas M. zum Beispiel.

Vorwurf des mangelnden Integrationswillens

»Die schotten sich ja ab und bilden eine Parallelgesellschaft«,
heißt es gerne.

Aha. Weil es verschiedenste (und, nebenbei bemerkt, nicht
nur migrantische) Communities gibt, deren Angehörige sich
das Recht nehmen, auch weiterhin ihre eigene Sprache zu
sprechen, die nicht alle Deutschen verstehen? Oder weil sie
vielleicht einen Spezialitätenladen betreiben und sich um ihre
Großmutter kümmern? Mehr als drei arabisch-, afrikanisch-
oder asiatischstämmige Menschen auf einem Fleck werden

bereits als Gruppe wahrgenommen, die sich abschottet und eine »Parallelgesellschaft« gründet. Diese Menschen sind aufgrund ihres Verhaltens (besser: aufgrund ihrer Prioritäten) also »kein Teil der Gesellschaft«. Ein simpler Rückschluss auf diesen Vorwurf ist die Annahme, dass alle weißen Deutschen automatisch als »Teil der Gesellschaft« gelten, egal wie sie sich verhalten. Das ist interessant. Und diskriminierend.

Aus dem Vorwurf des »Abschottens« spricht vielmehr die Angst davor, das »Unbekannte« nicht verstehen, nicht beeinflussen, nicht *kontrollieren* zu können. Die narzisstische Kränkung, einmal selbst nicht der Mittelpunkt des Interesses zu sein, *nicht maßgeblich* zu sein, womöglich selbst zum vernachlässigbaren Betrachtungsgegenstand zu werden.

Bekanntermaßen fürchtet sich das koloniale Ego vor nichts so sehr wie vor der Autonomie der Menschen, die es dominieren will. Für PoC liegt in der Auflösung von Bezugnahmen auf die Dominanzkultur, in der Zuwendung zu *eigenen Interessen*, in der Loslösung von den Fragestellungen und Nebelkerzen der Anderen nicht nur viel Erlösungspotenzial, sondern oft genug sogar der Schlüssel zum Überleben.

Die Tatsache, dass es einige Gestrige als unerträglich empfinden, dass das, was sie selbst für sich jeden Tag ganz selbstverständlich beanspruchen, alle Menschen in diesem Land tun dürfen, ist zu der Kurbel am Leierkasten mutiert, der unzähliger Menschen Zeit, Nerven und Energie in lärmenden Scheindebatten bindet.

Konstruierte Parallelgesellschaften

Ständig ist inzwischen die Rede von »die Muslime« versus »die Deutschen«. Wir erinnern uns: In Deutschland herrscht Religionsfreiheit. Mit »Muslimen« sind trotzdem grundsätzlich keine Deutschen gemeint. Oder verlieren Deutsche mit dem Bekenntnis zum Islam automatisch ihr Deutschsein?

(Hausaufgabe: Wann wurden zuletzt Menschen in Deutschland aufgrund ihrer Religion rassifiziert, und was passierte dann mit ihnen?)

Es fällt außerdem auf, dass ein »mangelnder Integrationswille« selbst denjenigen pauschal unterstellt wird, die zu Opfern rassistischer Übergriffe geworden sind. Das ist besonders zynisch, denn es besagt, dass die Betroffenen ihre Situation womöglich selbst zu verantworten haben.

(Hausaufgabe: Was sagt der Satz: »Mügeln löst Diskussionen über Integration aus«?)

Inklusion ist keine Einbahnstraße. Waren die Menschen, die in Mügeln lebten, bevor sie im August 2007 von einem weißen Mob durch die Straßen gejagt wurden, schlecht »integriert«? Sind sie daher selbst mit schuld an ihrer Verfolgung, vielleicht, weil sie ihre Gaststätte zu erfolgreich betrieben haben? Warum wurden sie in der Presse immer nur als »Inder« bezeichnet, als seien sie auf der Durchreise, und nie als »Ortsansässige«, »Bürger_innen« oder »Mügelner Geschäftsleute«? Schon allein durch diese Art der einseitigen Benennung findet unmittelbare Ausgrenzung und Verleugnung statt: Es werden Worte gewählt, die bestimmte Menschen als möglichst weit von unserer Gesellschaft entfernt beschreiben, statt Begriffe, die sie als den Teil der Gesellschaft erkennbar werden lassen, der sie sind.

Schon allein durch diese Art der einseitigen Benennung findet unmittelbare Ausgrenzung und Verleugnung statt: Es werden Worte gewählt, die bestimmte Menschen als möglichst weit von unserer Gesellschaft *entfernt* beschreiben, statt Begriffe, die sie als den Teil der Gesellschaft erkennbar werden lassen, der sie sind.

Es sind doch aber die weißen Deutschen, die mehrheitlich einen Zaun um den tollen europäischen Kontinent befürworten. Die versuchen, bei jedem Diskurs die Oberhand zu behalten. Die fast nur mit anderen Weißen herumhängen und kaum türkische oder asiatische Freund_innen haben. Die Quoten verhängen für den »Ausländeranteil« in ihren Diskotheken, weil zu viele Nicht-Weiße offenbar weniger Spaß bedeuten. Die im Schäferhundverein aufeinander hocken oder in den neo-albinesken Prenzlauer Berg ziehen, um ihre Kinder weit weg vom bösen Kreuzberg unter 99,9 Prozent anderen weißen Kindern aufwachsen zu lassen. Die Jazzfestivals mit ausschließlich weißen Besetzungen organisieren. Die Rudel auf Mallorca bilden. Die es nicht erlauben, dass Schwarze die Zwanzig-Uhr-Nachrichten im Fernsehen sprechen. Diese Liste könnte ich ewig fortführen.

Also, wer grenzt sich in Deutschland ab? Wer hat »keinen Integrationswillen«?

Der Generalvorwurf »mangelnder Integration« an PoC ist zu nichts gut, außer dass er von den eigenen Abschottungspraktiken ablenkt.

Eine jährliche Studie der Universität Bielefeld zur gruppenbezogenen Menschenfeindlichkeit kommt 2006 zu dem Ergebnis, dass die deutsche Mehrheitsgesellschaft in starkem Maße mitverantwortlich ist am Scheitern der »Integration«:

> »Vorwürfe an die Adresse der Zuwanderer und Forderungen nach mehr Bereitschaft zur Integration stehen unter dem berechtigten Verdacht, nicht zur Lösung kollektiver Probleme beizutragen, dies womöglich auch gar nicht anzustreben. Die Vorwürfe und Forderungen scheinen eher der Legitimierung von Ressentiments zu dienen, durch die sie überhaupt erst hervorgerufen wurden. Wer Integration fördern will, muss auf populistische Hinweise von Konkurrenz und Mangel, auf eine Rhetorik der Bedrohung und Abschottung, auf die Verwendung von Stereotypen und Vorurteilen verzichten. Bedingungen für die Eingliederung sind dann besonders günstig, wenn alle Beteiligten – Zuwanderer wie einheimische Mehrheit –

dem Konzept der Integration folgen. Das zeigen viele Studien. Integration bedeutet Anstrengung auf allen Seiten, fordert die aktive Akzeptanz kulturell heterogener Identitäten und die Schaffung von Partizipationsmöglichkeiten. Sie ist gerade auch Aufgabe jener, die über Einfluss und Macht verfügen.«[xciv]

Und eine letzte Frage zu diesem Thema: Warum sollen nur bestimmte Menschen automatisch eine »Bringschuld« der Gesellschaft gegenüber haben, die für alle weißen Deutschen nicht existiert? Letztere dürfen sich so schlimm benehmen, so schlecht Deutsch sprechen, ihre Kinder so hinterwäldlerisch erziehen und sich so chauvinistisch, separatistisch und heterosexistisch aufführen, wie sie wollen, *ohne* dass ihnen grundlegende Bürgerrechte aberkannt werden, und ohne dass sie einen Generalverdacht für Menschen derselben Herkunft auslösen.

»Probleme durch Migration« / »Flüchtlingswelle« / »Flüchtlingsflut«

Auf das mediale Ausmaß des Rückschrittes, den diese Befrifflichkeiten und damit verbundenen abwertenden Klischeebilder einleiten, möchte ich nicht großräumig eingehen, da es so alltäglich im Fernsehen und in Tageszeitungen auf uns einprasselt, dass es keiner plastischen Beispiele mehr bedarf. Tatsächlich war die deutsche Berichterstattung in den 1990er Jahren schon einmal weiter. Reaktionäre Kräfte haben sich wohl durchgesetzt, und/oder ein allgemeines Desinteresse daran, in der journalistischen Ausbildung auch ethische Aspekte zu lehren und zu lernen.

Ich habe jedenfalls schon in den 1970er Jahren im Kindergarten anhand der Geschichte der schwangeren Maria im Winter gelernt, dass es das Richtige ist, Geflüchteten Menschen nicht die Türe vor der Nase zuzuknallen. Wie es die christlich-deutsche »Leitkultur« mit sich selber vereinbart, Familien auseinanderzureißen (Nachzug zu blockieren) und »Obergrenzen« für Hilfe für Menschen in Not zu fordern, bleibt ein Rätsel. Mein Angebot: Obergrenze können wir machen, sobald die westlichen Länder eine Untergrenze an globalem Anstand einhalten.

Einmal abgesehen davon, dass die Wortwahl unpassender nicht sein könnte und Verantwortliche deutscher Mehrheitsmedien Befriedigung dabei zu verspüren scheinen, mit den unmöglichen »Welle«- und »Flut«-Begriffen Menschen in Notlagen als bedrohliche Katastrophe für die deutsche Heidi und ihren Stadtbummel darzustellen... Da natürlich nicht alle Menschen, die umziehen, migrieren, flüchten, wie auch immer mensch es nennen will, über einen Kamm geschoren werden können, erzeugen derartige Panikvokabeln zudem künstlich den Eindruck, dass die so Bezeichneten erstens eine Gruppe seien (wahrscheinlich stammen sie alle aus demselben Dorf), und zweitens ihre Anwesenheit selbstredend Schwierigkeiten verursachen würde. Damit wird das eigentliche Problem verschleiert und auf die »anderen« abgewälzt.

Die *Gesellschaft* – und zu der zählen wir nun mal alle – *hat* Probleme, wenn sie ein paar Dinge nicht auf die Reihe kriegt. Wie zum Beispiel Gleichstellung. Kulturelle Studien auf Augenhöhe. Begegnungen, die nicht von Vorurteilen regiert werden.

Im Entwurf zum CDU-Grundsatzprogramm 2007 hieß es, dass als Bedingungen (!) für das Zusammenleben (bedeutet das eigentlich, dass die CDUler andernfalls das Land verlassen?) unter anderem verstanden werden: das »Beherrschen der deutschen Sprache«, die »Anerkennung der Grundlagen des Grundgesetzes« und der »respektvolle Umgang miteinander«. Das alles wird als »deutsche Leitkultur« ausgegeben, was ja für sich gesehen schon recht zweifelhaft ist, wenn man mal nach Mügeln fährt. Die Verfasser vergessen dabei leider auch, dass nach diesen Regeln zirka zwanzig Prozent der Deutschen umgehend ausgewiesen werden müssten – wegen des Satzes vom »Beherrschen der deutschen Sprache« möglicherweise besonders viele Süddeutsche (Exministerpräsident Stoiber ging mit leuchtendem Beispiel voran. Wahrscheinlich hat er den Job in Brüssel nur deswegen angenommen).

Wenn eine weiße deutsche Person Grundrechte nicht anerkennt (wie zum Beispiel das auf eine diskriminierungsfreie Öffentlichkeit), dann ist sie doch in Wirklichkeit viel schlechter integriert als jede beliebige friedliche Person, die geflüchtet, migriert oder aus anderen Gründen neu im Land ist.

Das Fernziel aber ist natürlich, dass irgendwann hundert Prozent aller Straftaten von weißen Deutschen verübt werden.

»Aber ich seh doch wirklich, wie die … das machen«

Aha. Und ich sehe, wie weiße Deutsche ihre Steuern hinterziehen, Volksverhetzung begehen und Menschen aus Hass tot schlagen. Trotzdem verlange ich nicht, dass sie alle von der Polizei gefilzt werden, Integrationskurse machen und richtig Deutsch lernen (obwohl ich das wirklich sehr begrüßen würde).

Es bleibt weiterhin allen Menschen in der BRD ungenommen, sich selektiv auf eine handvoll persönliche Erlebnisse zu fixieren, die ihre Vorurteile bestätigt haben. Das produziert allerdings keine belastbare Statistik, sondern belastete kulturelle Beziehungen.

Teile und herrsche

Diese Herrschaftspraxis der Mehrheitsgesellschaft funktioniert noch immer ganz gut: Hierarchien ausnutzen und Gruppen gegeneinander aufhetzen, die unterschiedliche oder mehrfache Diskriminierungserfahrungen haben.

Beispiel: *Cosmo TV* (»Das interkulturelle Europamagazin«) im WDR, am 14. Oktober 2007. Eine Gruppe junger Männer sitzt auf einer Bank, allesamt nicht-blond. Titel des Beitrags: »Schwulenfeindliche Migranten«. Der Beitrag behandelt eine Studie, die der weiße deutsche Sozialpsychologe Dr. Bernd Simon verfasst hat. Dass die Gruppen »schwul« und »Migranten« ganz willkürlich (und unsinnig) als *verschieden* konstruiert sind und zudem keine Schweden oder Schottinnen auf der Parkbank sitzen, zeigt bereits, dass der Beitrag ohne Vorurteile und Scheuklappen in dieser Form gar nicht hätte entstehen können.

Erinnern wir uns: Die größte schwulenfeindliche Gruppe in Deutschland sind immer noch die christlichen weißen Deutschen. Die werden allerdings nicht markiert, daher nicht als Gruppe wahrgenommen und aus diesem Grund gar nicht erst in eine Schublade gesteckt.

Das Problem des Heterosexismus in Deutschland wird generell gern auf die Migration projiziert. Wer dabei die »weiße Weste« anbehält, ist klar.

Dass sich mit »Migranten« in Deutschland reflexartig ein Problem-»Diskurs« verbindet, ist eine Sache. Eine andere ist, dass der Begriff »Migranten« fast nur noch als Synonym für türkisch-, nordamerikanisch- und arabischstämmige Menschen und sonstige »dunkle Muslime« verwendet wird. Achten Sie mal darauf und versuchen Sie, in Problemsendungen über »Migranten« weiße französische, englische oder dänische Personen abgebildet zu finden.

Roman- und Filmfiguren Rassismusphantasien ausagieren lassen

Na gut, wenn wir die Überlegenheit des weißen Mannes nicht mehr behaupten und Schwarze Menschen nicht mehr willkürlich beleidigen dürfen, lassen wir es eben eine ausgedachte Figur machen. Ein schillerndes Beispiel dafür ist folgende Szene aus dem Film »Elementarteilchen«:

Der sexuell gestörte (!) Lehrer Herr Clemens will eigentlich Autor werden, sitzt zu Hause am Schreibtisch und verfasst dabei Folgendes:

»Wir beneiden und bewundern die Neger, weil wir ihrem Beispiel folgend wieder zu Tieren werden wollen, zu Tieren mit einem langen Schwanz und einem winzigen Reptilhirn.« [Pause, weil Baby schreit] »Die Neger leben immer noch in der Steinzeit. Sie sind nicht in der Lage, unser Wissen aufzunehmen. Sie haben keine Ahnung von Hygiene, und außerdem verbreiten sie AIDS.« [Babygeschrei]

[Schnitt]

Gespräch mit dem Verleger, der die Texte möglicherweise herausbringen will.

Verleger: [räuspert sich] Sie sind 'n echter Rassist. Spürt man. Sind ganz davon erfüllt, ha. Ist gut. Peng, peng, peng, peng, peng [Schießbewegungen]. Und das über die Neger ist echt gut. Das ist stark. Ist echt gewagt. Sie haben Talent.

Herr Clemens: Und, äh, was ist mit meinem Text über die Familie?

Verleger: Ist auch sehr gut. Sie sind reaktionär. Alle großen Schriftsteller waren reaktionär. Benn, Goethe, Thomas Mann, Dostojewski. Aber man muss ja auch vögeln, oder? Sexpartys, ha. Ist wichtig. Also, was machen wir damit?

Herr Clemens: Na ja, ich dachte, dass Sie ... Ich dachte, Sie könnten vielleicht meine Texte veröffentlichen.

Verleger: [lacht] Mein Bester, wie stellen Se sich denn das vor? [lacht] Das Dritte Reich ist vorbei. Mit so 'nem Text, da kann ich mir natürlich Ärger einhandeln. Sag mal, glauben Sie, dass ich nicht so schon genug Ärger habe? Glauben Sie, ich könnte machen, was ich will, bloß weil ich bei Rowohlt bin? Ne. Ham Sie sonst noch was dabei?

Welchen Sinn ergibt diese Szene im Filmzusammenhang? Keinen. Weshalb kommt sie vor? Um Aufmerksamkeit zu heischen und zu provozieren. Was tut sie sonst noch? Macht demonstrieren, Schwarze Menschen absichtlich demütigen, fehlende Einsicht abfeiern und die Haltung vertreten, dass Schwarzes Kinopublikum irrelevant sei.

Spätestens seit Sarrazin ein paar Jahren später das Script anscheinend in die Hände gefallen ist, geht diese Szene nicht mehr als »Comedy« durch.

Der mutige Cowboy, der einfach nur die Gedanken der Mehrheit ausspricht -als wäre es ihm jemals verboten gewesen-, ist so fragil, dass er seiner Eingeschnapptheit Luft macht darüber, dass *white supremacy* nicht überall gut ankommt, und flugs gleich das nächste rassistische Buch oder Drehbuch schreibt.

Das durchsichtige Manöver lustvoller Inszenierung kolonialer Kaskaden als Teil von »Fiktion« (als sei Rassismus jemals fiktiv oder abstrakt betrachtbar) beschränkt sich aber nicht nur auf die explizit rassistischen Sphären sondern ist auch ein beliebtes Instrument Literatur-, Film- und Theaterschaffender, die sich natürlich alle als »aufgeschlossen« und »nicht rassistisch« gefallen, und die behaupten, dass sie in ihren Machwerken rassistischen Inhalt bringen, damit der Gesellschaft ein Spiegel vorgehalten wird.

Danke, nein.

Siehe Kapitel drei (Das N-Wort als »Witz«) bzw. Kapitel vier (Rassismus im Theater, Stichwort »blackface«).

Schwarzsein fremdbesetzen

In der Sendung *SternTV* vom 18. April 2007 sollten als »Aktion gegen Rassismus« eine weiße Frau als Schwarze und ein Schwarzer Mann als Weißer verkleidet werden. Um das

Ergebnis »glaubwürdig« zu machen, veränderte ein weißer Maskenbildner per Modellage die Form ihrer Schädel und setzte den beiden Perücken mit einer jeweils (vermeintlich typischen) »anderen« Haarstruktur auf. Dabei fielen Sprüche wie »typisch afrikanische Nase« usw. In aller Deutlichkeit: Hier waren so viele rassistische Untertöne im Spiel, dass die Nummer unverantwortlich und gefährlich war. Unhinterfragt vertrat die -in Deutschland als seriös geltende- Sendung das Gedankengut der Rassenlehre und verbreitete die Fama, dass es »rassische« Phänotypen gebe. Das ist haarsträubend, denn eine »afrikanische Nase« gibt es natürlich genauso wenig wie einen »europäischen Knöchel«. Was sollen die Menschen aus Äthiopien, Marokko, Sudan und Senegal denn für optische Gemeinsamkeiten haben? Oder Schweden und Griechen? Oder Oliver Kahn und Sven Hannawald?

Viele denken, sind sich sogar sicher, es gebe so etwas wie *typisch afrikanisches* Aussehen. Das entbehrt allerdings jeder Grundlage. Wir haben es einfach nur so gelernt. Dieses eingepflanzte Pseudo-Grundwissen zu hinterfragen, ist Teil *rassismuskritischer Arbeit*. Eine Blackface-Aktion, bei der am Ende beide filzige Perücken aufhaben und auch noch behauptet wird, sie seien mit dieser Maskerade jeweils »in der Haut des anderen«, ist *keine* rassismuskritische Arbeit.

Ersatz-Schwarze erschaffen

Koloniale Kaskaden Reloaded:

Für alle, die mit *Krieg der Sterne* nichts am Hut haben: In den *Star Wars*-Teilen aus den Jahren 1999-2005 findet sich eine animierte Fantasiefigur namens *Jar Jar Binks,* seines Zeichens ein fröhliches tollpatschiges Schnauzenkasperle aus dem All. Nach dem Erscheinen von *Episode I - The Phantom Menace* (deutscher Titel: *Die dunkle Bedrohung* [sic!]) gab es zahlreiche Rassismusvorwürfe, da das Geschöpf Pidginenglisch spricht und eine so servile »Ja, Massa, wird gemacht, Massa«-Haltung einnimmt, dass es sofort ungut an Minstrel-Shows und alte Kolonialfilme erinnert. Für die weiteren *Star-Wars*-Teile wurde die Figur dann leicht abgeändert.

Bei Jar Jar Binks geht es aber nicht um die Figur, sondern um das *Phänomen*: Viele Weiße wollen die klassische Rolle des lustigen, dummen, infantilen und seinem Herrn ergebenen Bimbo einfach unbedingt weiterhin sehen, dürfen dies aber nicht mehr so unverblümt ausagieren wie früher. Deshalb schaffen sie *Metaphern für Schwarz* und phantasieren sich Schwarzsein ohne Schwarze Körper. Gar nicht dumm: Alle wissen, was gemeint ist, aber sie sind so kaum noch angreifbar. Jar Jar Binks ist eine solche Metapher. Ebenfalls praktisch: so kann auch noch vermieden werden, Hauptrollen mit Schwarzen Schauspieler_innen zu besetzen.

Aneignung und Ausbeutung Schwarzer Forschungsarbeit

Schwarze kulturelle Forschungsarbeit ist immer auch Widerstands- und Menschenrechtsarbeit.

In dem Moment, in dem einzelne Schwarze Forschungsergebnisse und Kulturleistungen neuerdings anerkannt werden, werden Sie zumeist auch schon von Weißen besetzt und zu *ihrem* Geld und *ihren* Karrieren gemacht. Hierbei werden die Schwarzen Themen und Inhalte angeeignet, während die Menschen, die sie erarbeitet haben, und die sie am meisten betreffen, lediglich als »Rohmaterial« benutzt, ansonsten aber ausgegrenzt werden.

Beispiele gefällig?

- Die universitäre Gruppe »Black Studies Bremen« bewarb sich im Jahr 2014 um hohe Forschungsgelder, um eine Fakultät für »Black Studies« zu errichten - mit Stipendien, Vollzeitstellen und Professuren. Die Gruppe hatte ausschließlich weiße Mitglieder.

Sie sind dabei kein Einzelfall sondern stehen exemplarisch für eine neue weiße akademische und politische Bewegung, die sich »postkolonial« gibt, dabei aber Schwarze Bildung für sich alleine abschöpft und vereinnahmt. Akademische Karrieren, Reputationen, Aussichten auf Festanstellung, usw. werden aus Schwarzen Wissensressourcen aufgebaut, sollen jedoch in erster Linie weißen Menschen und weißen Interessen zugute kommen. Es gibt hierzulande unzählige Schwarze Menschen in den Geisteswissenschaften. Die meisten von ihnen müssen Deutschland verlassen, um forschen und unterrichten zu können. Denn die »postkolonialen« Hochschulposten in Deutschland werden fast nur mit Weißen besetzt. [xcvi]

Als erste Konsequenz auf große internationale Proteste gegen ihre Ausschlusspraxis löste sich die weiße Bremer Forschungsgruppe (die zeitweise auch noch die Selbstbetitelung »Black Knowledges« trug) kurzerhand auf und formulierte dabei: »Uns ist deutlich geworden, dass die Forschungsgruppe Black Knowledges eher ein Teil des Problems des Rassismus ist statt ein Teil seiner Lösung.« Sogar beim Rückzug haben sie also darauf geachtet, ihre Strukturen nicht für Schwarze Menschen zu öffnen. Denn anstatt den Laden direkt zuzumachen, hätten sie auch Plätze und Ressourcen an Schwarze Studierende und Forschende geben können.

- Nachdem Schwarze Organisationen in jahrzehntelanger überaus zermürbender aktivistischer politischer Bildungsarbeit der Stadt Hamburg abringen konnten, sich zumindest ansatzweise mit ihrem kolonialen Erbe auseinanderzusetzen, schreibt Hamburg im Jahr 2015 ein großes Projekt aus, das (mit ganz erheblichen Fördermitteln) Deutschlands erstes stadtweites Erinnerungskonzept zur Kolonialgeschichte werden soll. So weit, so gut. Doch als nächsten Schritt lehnt Hamburgs Kulturausschuss die

Beteiligung Schwarzer Organisationen an einem Gremium zur konzeptionellen Zusammenarbeit ab[xcvii] und fragt stattdessen -rein informell- weiße Einzelpersonen an, ob sie nicht ein Konzept beisteuern könnten.

- Es existieren in Deutschland zahlreiche »Antidiskriminierungsbüros«, »Gleichstellungs«-Posten und sogar Einrichtungen, die das Wort »Interkulturell« im Namen tragen, bei denen die bezahlten Kräfte weiße Deutsche sind, während die Inhalte, Archive, Forschungen und Erkenntnisse, auf denen diese Stellen sich stützen, von PoC ehrenamtlich eingebracht werden sollen. Oft müssen sie sogar noch ihre eigenen Fahrtkosten dafür bezahlen.

Dass dies nicht allerseits als skandalös und absurd erkannt wird, liegt daran, dass wir in Deutschland noch gar keine Tradition darin haben, andere Interessen als weiße Interessen überhaupt zu berücksichtigen.

Ein einfacher Merksatz aus der südafrikanischen Rechtsbewegung lautet: »Nothing about us without us is for us« (»Nichts über uns ohne uns ist für uns«). Ich erweitere ihn hiermit auf: »Jedes Projekt *über* eine diskriminierte Gruppe, das ohne Beteiligung, Verfügungsmacht, gleiche Anerkennung und gleiche Entlohnung von Angehörigen ebenjener Gruppe organisiert wurde, ist kaputt «.

Davon, dass weiße Menschen Wissen über Rassismus anhäufen, profitieren so lange in erster Linie wiederum nur Weiße, wie es bei der Verkürzung und Verdrehung dieses Wissens zu *reiner Theorie* bleibt. Wenn nicht begriffen wird, dass Dekolonialisierung und Rassismusbekämpfung aus einer Vielzahl von *Handlungen* bestehen, kann das Wissen über Rassismus und Kolonialismus sogar ganz leicht dazu benutzt werden, noch zielgenauer, noch umfassender ausgrenzend und rassistisch zu sein, indem -wie die Beispiele oben zeigen- die Überlebensarbeit unterdrückter Menschen zur weißen Image-

und Karrierepflege benutzt wird, während der Wille zu einem rassismusfreien *Miteinander* weiterhin bei Null verbleibt.

Kontroversen provozieren

Es besteht bei uns die Gepflogenheit, jedes Thema kontrovers zu diskutieren, selbst Themen, bei denen eine »Kontroverse« automatisch beinhaltet, dass die eine Seite der anderen Seite Menschenrechte aberkennt (wie zum Beispiel »Hautfarbenbedingte Polizeikontrollen ja oder nein?«). Diskussionen, vor allem kontroverse, sind jedoch überhaupt nur zumutbar, wenn seitens der Anwesenden hierarchische Augenhöhe besteht. Andernfalls sind die marginalisierten Diskussionsteilnehmenden in der unlösbaren Situation, ihre Subjektposition zusammen mit dem Thema mitverhandeln zu müssen - und das auch noch in einem Umfeld, das dazu geprägt wurde, ihre Beiträge als unwichtig, unwissenschaftlich und vernachlässigbar zu behandeln. In so einer Konstellation ist keine Diskussion notwendig, sondern eine Korrektur der bestehenden Hierarchien. Sprich: es wäre fortschrittlicher und zielführender, *umzukehren*, welche gesellschaftliche Gruppe üblicherweise einleitet, sich äußert, zusammenfasst, beurteilt, von den Inhalten profitiert und die Belohnung erhält.

Wir alle haben gelernt, Publikationen und Veranstaltungen, sogar rassismuskritische, an weißen Interessen auszurichten. Die Programmpunkte sollen diese Interessen wiederspiegeln, und so kommt es auch immer wieder zum reflexhaft angesetzten Programmpunkt »Diskussion« bei öffentlichen Veranstaltungen. Die Grundbedürfnisse in den unterschiedlichen Positioniertheiten sind jedoch sehr verschieden. Die von Rassismus negativ Betroffenen haben bei Veranstaltungen andere Grundbedürfnisse als weiße Veranstaltende und weißes Publikum. »Freiheit«, »Diskussion«, »Austausch« sind dominanzkulturelle primäre Bedürfnisse. Meine sind zum Beispiel: »Unversehrtheit und Sicherheit«,

»Verantwortungsbewusstsein« und »Möglichkeit, zu sprechen, ohne brutalisiert zu werden«. Bei offenen Publikumsdiskussionen ist das kaum erreichbar. In ihnen hat jede Person, die es wünscht, die Möglichkeit, Aggression, *Supremacy* und herrschaftsterritoriales Gehabe in den ganzen Raum zu entladen und alle Anwesenden als Geisel ihrer Ergüsse zu missbrauchen. Schwarze Besuchende brauchen aber bestimmt keine Extra-Portion öffentlicher rassistischer Belastung. Unterschätzen Sie nicht, wie sehr sich manche weiße Menschen bereits dadurch gestört fühlen, dass eine Schwarze Person überhaupt eine Bühne bekommt, um etwas anderes als klaglose Unterhaltung zu fabrizieren. Eine Kontroverse im ungleichen Gesellschaftsraum provoziert eine Retraumatisierung und *korrektive Gewalt* nach der Präsentation von dekolonialem Wissen.

»Aber eine Diskussion ist doch wichtig!«

Kommt darauf an, mit wem und worüber. Eine Diskussion vor oder mit Publikum ist kein Selbstzweck sondern in erster Linie eine *Aufführung*. Regie führt die Dominanzkultur, deren Meinungen wir ohnehin 364 Tage im Jahr hören, während Schwarze Forschungsergebnisse bis heute nicht gefahrlos und unsanktioniert geäußert werden können. Um über die Umsetzung von Menschenrechten fruchtbar zu diskutieren, müsste außerdem zunächst einmal etabliert werden, auf welchem Wissensstand sich die daran Teilnehmenden jeweils befinden.

Wenn schon von vorneherein eine Kontroverse angelegt ist und das Thema die Menschenwürde betrifft (=Rassismus behandelt), wozu soll eine Diskussion gut sein? Die meisten Kontroversen zu solchen Themen stellen außerdem die vorherrschende strukturelle Vernachlässigung der bereits Belasteten nach. Um den Blog *Metalust & Subdiskurse* zu zitieren:

> Wer wird andauernd genötigt, fortwährend in eigenen Traumata zu wühlen, und wer konsumiert das nur, sich selbst aus dem Focus rückend und danach in Räume für Privilegierte zurückkehrend?[xcviii]

Wenn Sie eine öffentliche Veranstaltung oder Publikation machen, müssen Sie damit rechnen, dass manche Menschen diese instrumentalisieren wollen, um rassistische Meinungen zu äußern und sich mittels verbaler Gewalt wichtig zu machen. Wenn Sie nicht wissen, wie Sie das eindämmen können, sollten Sie keine öffentlichen Plattformen betreiben.

Diskriminierung durch vorgeschobene Kontroverse entsteht auch, wenn Sie es unterlassen, Blog- und Artikelkommentare zu moderieren. Sie haben nicht weniger Rassismus publiziert, wenn Sie anderen dafür eine Bühne geben. Und, nein, das eigene Medium, die eigene Veranstaltung verantwortlich zu leiten, und aufzupassen, dass nicht jeder Hobbygeschichtsverklärer seinen Frust auf anderer Leute Kosten äußern kann, ist keine »Zensur«. Zensur ist ein staatlich angeordnetes Verbot. Verbaler Gewalt kein Podium zu geben, ist hingegen Sozialkompetenz. Die lässt sich erlernen, und wenn es nur aus professionellen Gründen ist. Ich habe eigens dafür ein ausführliches Onlineseminar[4] erstellt, das regen Anklang findet bei Menschen, die verstanden haben, dass traditionelles Veranstalten und Publizieren zu den traditionellen rassistischen Ergebnissen führt. Sich selbstbestimmt fortzubilden, ist eine nachhaltige und gute Investition.

Stichwort Augenhöhe: Tipps für weiße Bekannte

Es dürfte hoffentlich hinreichend klar sein, dass keine der oben aufgeführten Gepflogenheiten dazu angetan ist, respektvoll miteinander umzugehen. Für alle, die dies aber ernsthaft versuchen wollen, nachfolgend ein paar Anregungen. Ohne Erschwerniszulage.

- Wenn wir gerade über Rassismus sprechen, fang nicht an, nur noch darüber zu reden, dass *du* diskriminiert wirst. Lenke das Thema nicht darauf um, dass du rothaarig, von Sexismus betroffen oder queer bist. Rassismus wird nicht weniger schlimm, wenn du ihn relativierst oder davon ablenkst. Außerdem kommt das so rüber, als wolltest du diese »Problemfelder« miteinander vergleichen und darauf hinweisen, dass du es mindestens genauso schwer hast. Es ist aber nicht nur sinnlos, Rassismus mit einer anderen Diskriminierungsform zu »übertrumpfen« zu versuchen, sondern ignoriert die unzähligen Varianten von Mehrfachdiskriminierung. Es gibt ja auch rothaarige, dicke, queere von Sexismus betroffene Schwarze...
- Rede nicht von dir selbst, wenn wir über *Struktur* reden. Komm bitte nicht mit deiner Krankenhauserfahrung, wenn er gerade um Rassismus ging. Auch nicht mit deiner schlimmen Familiengeschichte. Es geht in unserem Gespräch darum, dass Menschen strukturell unterdrückt werden, nicht um eine Individualgeschichte. Außerdem: siehe oben. Und wenn du immer gleich über *deine* Probleme redest, kommst du dadurch so rüber, als könntest du es gar nicht aushalten, wenn es mal nicht um dich geht.
- Platze in die wenigen Schwarzen Räume, die es gibt, nicht einfach hinein, als seien sie für dich gemacht. Okkupiere auch nicht unsere Konversationen. Dir wird im

der ganzen BRD Raum gewährt. Sichere Räume für uns sind hingegen sehr selten und existenziell.

- Teile mir nicht begeistert und unaufgefordert die neuesten rassistischen Vorkommnisse mit.

Rassismus ist kein »Thema«, sondern unmittelbare und mittelbare Gewalt. Und in der Lage, Menschen zu retraumatisieren. Wenn es für dich aufregend und spannend ist, Rassismus zu bemerken, bekommst du keinen Keks. Wenn es für dich schmerzhaft ist, Rassismus zu bemerken, wende dich nicht an Schwarze Menschen, um dich trösten zu lassen. Verstehe, was es *bedeutet*, dass Rassismus wirkmächtig ist.

- Bleib nicht stumm, wenn ein Arsch am Nachbartisch einen rassistischen Spruch bringt.

Dass deine Oma angeblich im Widerstand war, wird nicht glaubwürdiger dadurch, dass du mich erwartungsvoll ansiehst, nach dem Motto: »Jetzt bin ich mal gespannt, was *du* dazu sagst!« Sei nicht feige, schieb das Problem nicht mir in die Schuhe. Du kannst genauso gegen Rassismus aufstehen, und dir ist es sogar noch viel eher zuzumuten als deiner Oma. Gib mir also Rückendeckung, besser noch: Hab den Mut, gleich selbst etwas dagegen zu sagen.

- Sag bloß nicht: »Das könntest du auch netter sagen«, wenn ich dich darauf aufmerksam mache, wie daneben es war, dass du gerade spaßeshalber »Yo, Nigga« gerufen hast, und dass so was nicht geht.

Von Menschen zu verlangen, dass sie sich auch noch bestimmten Höflichkeitsregeln unterwerfen, nachdem sie rassistisches Verhalten ertragen mussten, ist ein klarer Unterdrückungsmechanismus. Stell dir mal Folgendes vor: du sagst: »Haha, Fotze«, ich sage: »Spinnst du? Sag so was bloß nicht noch mal«, und du meinst daraufhin: »Das kannst du aber auch netter sagen.«

- Missbrauche mich oder andere Schwarze nicht als gratis-Lehrerin oder Lexikon.

Es gibt viele sehr gute Bücher und Webseiten über kritische

Weißseinsforschung, Kolonialismus und Rassismus. Verlang nicht von mir, dir alles zu erklären, *bevor* du selbst ein wenig ordentliche Literatur darüber (wie zum Beispiel *re/visionen*[xcviii]) gelesen hast. Es darf auch nicht jeder beliebige Mann von jeder beliebigen Frau verlangen, dass sie ihm doch bitte schön jetzt erst mal differenziert darlegen soll, *warum* genau diese und jene Sache sexistisch ist.

- Verlang bitte keine ergebene Dankbarkeit dafür, dass du dich rassismuskritisch fortbilden willst.
Du machst das schließlich (hoffentlich) nicht mir zuliebe, sondern um selbst ein sozialerer Mensch zu werden.

- Hör auf, dich als »antirassistisch« zu bezeichnen.
Vor allem, wenn du nur mit weißen Leuten befreundet bist. »Antirassistisch« ist kein Emblem, das weiße Menschen sich selbst verleihen können. Rassismusabbau ist eine tägliche, andauernde Praxis. Und die beschränkt sich nicht auf die Herstellung von »One World«-T-Shirts. Wer sich selbst das Verdienstabzeichen »antirassistisch« verleiht, und sich damit flugs außerhalb des Systems platziert (schön praktisch), macht sich verdächtig. Sogar in deiner Antira-Gruppe sind alle weiß. Dass ihr »für gerechte Asylpolitik« arbeitet, finde ich gut. Wenn ihr dabei aber *für* Leute sprecht statt *mit* ihnen, ist das problematisch. Es leben viele Geflüchtete in der Nähe, die selbst am besten wissen, welche politischen Forderungen sie haben.

- Zucke bitte nicht zusammen, wenn du sagst, dass eine Person *Schwarz* ist.
Genauso auffällig ist es, wenn du vor dem Wort erst eine verkrampfte Pause machst (in der du nach dem richtigen Wort suchst, weil du insgeheim immer noch nicht glauben kannst, dass »Schwarz« nichts Schlimmes ist).

- Versuch bitte, ohne Redewendungen wie »schwarzes Schaf« auszukommen.

Auf dieser Analogie hat die Schweizer Rechtsaußen-Partei SVP im Jahr 2007 einen schwer rassistischen Wahlkampf aufgebaut – mit Erfolg. Die deutsche NPD hat das Motiv mit den weißen Schafen, die das schwarze Schaf aus dem Land hinaustreten, sogar kopiert und für die hessische Landtagswahl 2008 eingesetzt. Also gar nicht harmlos. Im Übrigen sind für mich alle »Redewendungen«, die Schwarz als schlecht normalisieren, ein Zeichen von Dominanz und White Supremacy.

Eine Menge Leute geben sich jeden Tag Mühe, Sprache verantwortungsvoll und diskriminierungsfreier zu gebrauchen. Ich möchte dir das ebenfalls zumuten, wenn du dir eine Freundschaft wünschst.

- Imitiere nicht Schwarzsein und verleugne nicht dein eigenes Weißsein.

Personen sind nicht weniger weiß, wenn sie aus einer sozial benachteiligten Familie kommen. Du bist auch nicht weniger weiß, wenn du dir die Haare verfilzen lässt oder Schwarze Kulturen fetischisierts. Du meinst es vermutlich gar nicht böse, verhältst dich aber leider wie ein_e Kolonisator_in: du bedienst dich Schwarzer Symbole, sogar der Befreiungssymbole, eignest sie dir an, spielst mit ihnen und bekommst dafür von den anderen Weißen Aufmerksamkeit und/oder Bewunderung für deinen »Mut« und deine Extravaganz. Die Schwarzen Symbole werden dadurch aber lächerlich gemacht, weil sie durch Weiße umgedeutet und *besetzt* werden. Bisher wurden die meisten Schwarzen Kulturbeiträge durch Weiße vereinnahmt und verzerrt. Weiße Deutsche tragen NWA-Kappen, singen auf Patois, spielen Djembe, erklären der Welt den Jazz, tragen Batikklamotten, breakdancen, rappen die Titelsongs zu angeblich Schwarzen Filmen von weißen Drehbuchautoren und Regisseuren, sprühen Graffiti und rufen »word« und »whassuuup?«.

Logo der deutschen Homepage »dreadlockz.net«. Fällt dir was auf?[xcix]

Dir sollte klar sein, dass du dich aufgrund deines Weißseins aus jeder Kultur nach Belieben bedienen und trotzdem am Drücker sitzen kannst.

Weil viele Schwarze Menschen diese Kombination gar nicht witzig finden, haben wir auch keine Lust, dir zu deinem selbstgebastelten Exotik-Look zu gratulieren.

Und auch nicht zu dummen Sprüchen!

Liste dummer Sprüche, die wir nie wieder hören wollen

Die antirassistische Schwarze Organisation »der braune mob« hatte Schwarze Menschen in Deutschland dazu aufgerufen, Sprüche einzusenden, die sie langweilen, um daraus »die 100 dümmsten Phrasen« zusammenzustellen. Ich präsentiere hier die Top ca. 25, jeweils mit praktischer Antwort-Anregung.

Für unsere unterpigmentierten Freunde möchte ich vorab klarstellen: Jede dieser Fragen oder Aussagen zeigt, dass die betreffende Person entweder eine Portion zu viel Rassenlehre abgekriegt hat oder findet, dass Schwarze Menschen fremde Wesen seien (oder beides).

Um nach so einer Begegnung noch einen schönen Abend zu haben, gilt daher: »Ring frei!« für Antworten, die genauso unter der Gürtellinie sind, aber wenigstens kurzzeitig die Laune aufbessern.

- *Woher kommst duuu?*

Diese Frage ist nur der Korken, der ein ganzes Fass aufmacht. In einer Einsendung wurde es treffend so beschrieben:

Frage: Woher kommst du?

Sie: Aus Hannover/Deutschland ...

Frage: Nein, ich meine, woher kommst du... wirklich?

Sie: Aus Hannover/Deutschland ...

Frage: Aber ... Du bist doch nicht ... ganz... deutsch, oder???

Sie: Doch, ich komme aus Hannover/Deutschland ...

Ist die Antwort auf »Woher kommst du?« nicht »Abu Dhabi« sondern »Bielefeld«, reagieren Weiße enttäuscht und ungläubig. Da allseits bekannt ist, dass es Schwarze mit der Wahrheit nicht so ernst nehmen, wird vorsichtshalber noch zigmal nachgefragt, ob das wirklich stimme, beziehungsweise woher denn der Vater oder die Mutter komme (»Bielefeld« und »Kiel«) oder der Opa (»Warschau«). Weigert sich diese unverschämt widerborstige Person dann immer noch, anständig zu antworten, wird die Fragestellung pampig: »Du weißt schon, was ich meine!« oder: »Die Schwarzen, die ich kenne, sind stolz auf ihre Wurzeln!« Klar, nicht jede_r hat die Nerven, nicht von vornherein mit »Abu Dhabi« zu antworten, einfach nur um Ruhe zu haben, und Stolz auf Wurzeln in Bielefeld zu entwickeln ist sicher... möglich, bedarf aber eventuell einer gewissen Übung.

Wenn das ganze Theater dieses aufgezwungenen Nicht-Dialogs durch ist, kann sich unsereins dafür wenigstens belohnen, indem wir zurückfragen: »Wie oft hast du denn schon mal eine weiße Deutsche innerhalb von fünf Minuten nach dem Kennenlernen gefragt, woher ihr Opa kommt, und dafür keinen Vogel gezeigt bekommen?«

Da »Woher kommst du?« außerdem immer impliziert, jemand gehöre nicht wirklich so richtig hierher, muss kein Mensch ehrlich darauf antworten. Dass es nie um die *Person* geht, sondern immer nur um die Neugier der Fragenden nach irgendeiner spannenden exotischen Geschichte, beweist die Tatsache, dass nach einer willkürlichen Antwort, beispielsweise: »Bin letzte Woche aus Dschibuti hierhergezogen«, der Dialog üblicherweise beendet ist, weil die nervtötende Person danach garantiert von ihren Ferien- oder Doku-Channel-Erlebnissen referiert. Mit jeder noch so erfundenen Auskunft, egal, wie surreal sie ist (Menschen, die letzte Woche aus Dschibuti migriert sind, sprechen recht selten nach drei Bier original bayerisch), glauben solche Leute, jetzt sowieso schon das wichtigste über die ausgefragte Person zu wissen.

Spaß hat mir immer gemacht, Leute im Gegenzug zu fragen: »Und woher kommst du?« Wenn sie dann antworteten: »Hamburg«, »Bayern« oder »Braunschweig«, erwiderte ich: »Aha, aus Europa!«, und erklärte, Europa sei ein echt tolles Urlaubsland.

Für alle aus der Provinz: In Gegenden, die darüber weg sind, dass nicht alle Einwohner Weiße sind, beispielsweise in London oder New York, hören Schwarze Menschen die Frage »Woher kommst du *wirklich/ursprünglich*« so gut wie gar nicht.

Für alle, die zu den Guten zählen wollen: Überlegen Sie mal, wie schlimm diese Fragerei und Nachbohrerei für ein Gegenüber sein muss, der_die adoptiert wurde. Das führt uns gleich zur nächsten übergriffigen Phrase:

- *Bist du adoptiert?*

Ob eine Person adoptiert wurde, geht keinen Menschen etwas an, und es ist natürlich viel zu persönlich, als dass diese Information abgefragt werden könnte – erst recht nicht beim lockeren Smalltalk zwischen Tür und Angel, auf einer Party oder direkt nach dem Kennenlernen. Dem zugrunde liegt, dass die fragende Person glaubt, Menschen of Color hätten ihre Anwesenheit/Existenz in Schland zu vermoderieren und zu rechtfertigen.

Genau wie »Woher kommst duuu?« wollen die Fragenden auf den Spuren von Humboldt herausfinden, woher wohl die biologische Familie stammt.

Selbst *wenn* die betreffende Person adoptiert ist: Warum sollte die biologische Familie als »Familie« betrachtet werden? Adoptierte *haben* eine Familie. Und deren Angehörige müssen übrigens auch nicht ständig einen relativierenden Zusatz bekommen, wie zum Beispiel »*Adoptiv*sohn«. Ich habe mal gelesen, dass Günther Jauch, der vier Kinder hat, ständig mit dem gedankenlosen Spruch konfrontiert wird: »Zwei eigene und zwei adoptierte?«

Ja, das sind doch vier Kinder, oder etwa nicht?

Wie weh es Kindern tut, wenn sie so etwas mit anhören müssen, ist vielen anscheinend nicht klar. Hängen bleibt dabei: »Adoptiert ist nicht echt ein eigenes Kind.« In Wahrheit ist es ja aber vielmehr so, dass adoptierte Kinder immer Wunschkinder sind, denn sie können nicht aus Versehen auftauchen, wohingegen wir alle wissen, wie sich das bei »selbst gemachten« Kindern verhält ...

»Bist du adoptiert?«

Einzig richtige Antwort: »Bist du bescheuert?«

- *Gehst du mal in deine Heimat zurück?*

Antwort: Was, nach Bielefeld?? Nee.

- *Du bist doch die Joy!*

Einzig mögliche Antwort: »Du bist doch der Langweiler!«

Eine repräsentative Studie an vier weißen Mädels mit braunen glatten Haaren in einer Kneipe hat letztens ergeben, dass auch diese eher ablehnend darauf reagieren, wenn mensch sie nicht nach ihrem Namen *fragt,* sondern ihnen schräg von der Seite ein Schnitzel ans Ohr quatscht, wer sie denn *ganz bestimmt* seien, doch *ganz sicher* die Sabine aus Barmbek, die so schöne Zähne hat.

Dass Weiße alle anderen nicht auseinanderhalten können, liegt daran, dass es dazu keine Notwendigkeit für sie gibt, denn »die Inder«, »die Türken«, »die Afrikanerinnen« (die Liste lässt sich fortführen) werden ja hierzulande die ganze Zeit über einen Kamm geschoren. Treten PoC im echten Leben als Individuum auf, werden solche Fragestellenden verkrampft und defensiv: *»Du siehst aber genauso aus wie die Joy!«*

Tja, wer jeden Tag besoffen vor dem TV einschläft, kann sich schon mal die eine oder andere Wunschphantasie zusammenzimmern. Siehe oben.

- *Du kannst doch bestimmt super singen!*

  Antwort: »Und du kannst bestimmt super schnell laufen. Versuch's mal. Über die sechsspurige Straße da.«

- *Ich war auch mal mit 'ner Farbigen zusammen
  …*

Da offenbart sich eine Sorte Jäger und Sammler, die ich bisher immer nur im engsten Freundeskreis bei ihrem Namen genannt habe, jetzt muss es aber raus: die »Cappuccinoficker«. Sie tun sich dadurch hervor, dass für sie die äußeren Merkmale viel wichtiger sind als die Person und dass sie es kaum schaffen, in einer Beziehung zu verbleiben, sobald ihnen eine Gestalt über den Weg läuft, die ebenfalls mehr als drei Pigmente hat. Diese Gestalten sehen in Schwarzen Menschen nur, was sie in sie hineinprojizieren, und brauchen schon allein deswegen eine Abreibung in Form einer fast schwangeren Rapperin oder lauten Gelächters über ihre hölzernen Anmachversuche.

Einzige gute Antwort: »Ich auch!«

- *Warum liegst du denn in der Sonne? Du bist
  doch schon braun! Hahahahaha.*

Auch hier möchten wir aufschreien: »Nachdenken, du Clown!« Wer wohl die Herrenrasse ist, nachdem sie das Ozonloch so weit heruntergerockt haben, dass alle an Hautkrankheiten gestorben sind, ist eine Gegenfrage, die sich hier förmlich aufdrängt, aber selten folgenlos geäußert werden kann. Eine Alternativ-Antwort wäre: »Ach so? Warum hat das nur niemand Rex Gildo gesagt?«

Natürlich brauchen Schwarze Menschen ebenfalls Vitamin D zum Leben, tut mir leid, dass du nicht allein im Freibad bist. Nebenbei: Schon mal auf die Idee gekommen, dass die Haut umso schöner aussieht, je dunkler sie ist, und Schwarze das auch finden? Warum sollen nur Weiße mit Bikinistreifen rumrennen?

- *Ich finde es eine große Bereicherung, dass es in meinem Viertel so viele Farbige gibt!*

Antwort: »Noch schöner wär's natürlich, wenn die auch draußen tanzen würden.«

Spaß beiseite, wir erinnern uns: Die Körperfarbe sagt genau so viel über eine Person aus wie Schuhgröße oder Augenfarbe. Was an Schwarzen Menschen wirklich *anders* ist, ist, dass sie rassistisch benachteiligt werden.

Biologisch könnte die Antwort also lauten: »Ich finde es auch eine große Bereicherung, dass es in meinem Viertel so viele Menschen mit Schuhgröße 42 gibt!«

Und gesellschaftlich: »Ich finde es auch eine große Bereicherung, dass in meinem Viertel so viele Leute leben, die negative Diskriminierungserfahrungen haben!«

- *Ach! Ihre Mutter ist Deutsche? Sie sind dann aber mehr nach dem Vater gekommen!*

Mögliche Antwort: »Ach, *Sie* hängen also seit 1975 mit meinem Vater rum! Deswegen wissen Sie so genau Bescheid!«

In obigem Spruch stecken so viele Unverschämtheiten (Schwarz = nicht-deutsch, deutsch = weiß, nicht-arischer Teint = einziges körperliches Merkmal, Schwarze Person ansehen = private Fragen stellen und biologisch einordnen wollen), dass durchaus auch Antwort b) gerechtfertigt ist:

»Bei mir weiß man wenigstens genau, wer's war!«

Ab hier Mitleidsmine aufsetzen und fortfahren mit:

»Ihre Situation muss ja sehr schwer sein ... immer dieser Verdacht: War er wirklich mein Vater? Weiße sind ja zu über zwanzig Prozent Kuckuckskinder, hab ich gelesen. Furchtbar. Wie gehen *Sie* denn damit um?«

- *Ihr Hautton ist schön milchkaffeefarben, nicht so dunkel ...*

(*Wahlweise: »Du hast ja Glück gehabt, bei dir ist der Einschlag nicht so heftig!«*)

Da ist er wieder, der Drang zur Kategorisierung, Abstufung, Spaltung und Einteilung in Schubladen. Am liebsten würden solche Leute uns wohl in ein schönes Album kleben – sortiert von hell nach dunkel.

Dieser übergriffige Spruch ist eine tolle Steilvorlage, beispielsweise für: »Ihr Hautton schön rosa, nicht so beige gesprenkelt«, oder: »Ja, Memsahib, nicht so dunkel isse besser, Ofay Sahib. Cappuccinobraun nicht so wild unde finster, Ofay Sahib. Alle schön Brazil, Bwana, is scho recht, und jetz schleich di.«

- *Sei doch nicht so empfindlich!*

Warum schreien weiße Deutsche eigentlich immer auf, wenn es heißt, Deutschland (oder wahlweise ihre Heimatstadt) sei voller Nazis? Fühlen die sich persönlich angesprochen? Warum? Sie sind doch nicht gemeint! Warum sind sie so empfindlich?

Wenn sie Gesprächen über ihren persönlichen (mit-oder-ohne-Migrations-) Faschismushintergrund immer ausweichen, ist es doch klar, dass sie dadurch das Bild von der terroristischen Kultur nur bestärken. Weiße christlich sozialisierte deutsche Menschen und Gemeinden müssen sich jetzt mal langsam zu allen Attentaten von Weißen in der Welt äußern!

- *Fühlen Sie sich eher als Deutsche oder als Afrikanerin?*

Antwort: »Fühlen Sie sich eher als Mann oder als Blödmann?«

Alternativ: »Fühlen Sie sich eher als Sozialpädagogin oder als Europäerin?«

Oder: »Wenn ich nicht ständig solche dummen Fragen hören würde, würde ich mich auf alle Fälle schon mal besser fühlen.«

(Erklären Sie mir doch mal genau, wie man sich deutsch fühlt. Fühlen *Sie* sich täglich deutsch?)

- *Du magst doch bestimmt Reggae, oder?*

Antwort: »Du magst doch bestimmt Polka, oder?«

- *Kannst du deine Haare eigentlich waschen/bürsten/pflegen??*

Antwort: »Nein. Meine Haare bestehen aus Stroh und Schießpulver, und ich wende eine komplizierte Technik an, bei der ich jeden Morgen kleine Zettel mit Zaubersprüchen hineinflechte. Schwarze nix Wasserhahn. Wasche und pflege nix. Deswegen sind die Regale in den Afroshops auch voll mit fünfhundert verschiedenen Shampoos und Haarpflegeprodukten.«

- *Oh, diese schönen Haare ... (und dann wird doch tatsächlich hineingegriffen)*

Antwort: »Finger weg. Nur weil Sie es gut finden, von Fremden überall angefasst zu werden, heißt das noch lange nicht, dass ich genauso veranlagt bin.«

Alternativ-Antwort: »Ich weise Sie hiermit in Ihre Grenzen von 1945!«

- *Ist es in Harlem nicht gefährlich?*

Nein, aber in Potsdam.

- *Sie bringen endlich Farbe in unseren Laden!*

Genauso ließe sich zu einer Frau sagen: »Sie bringen endlich Brüste in unseren Laden.« Eine Person, die diesen Spruch bringt, weiß wohl nicht, dass das, was sie anscheinend irre aufregend findet, in Wirklichkeit vollkommen irrelevant ist.

Antwort: »Ja, wenn ich in der Mittagspause von meinen Erlebnissen mit Alltagsrassismus berichte, wechseln meine Kolleg_innen auch immer die Gesichtsfarbe.«

- *(An die Eltern gerichtet:) »Sie/er war wohl lange in der Sonne« bzw. »Sie/er hat wohl zu viel Schokolade gegessen«, gefolgt von jovial-gutturalem »hahahahaha«.*

Antwort: »Doller Witz, Weißbrot-Ofay. Mache rassistische Spruch über Schwarze weiter an Stammtisch unde nix belästige Frau mit Kind, sonst ich hole große Schwarze Anwalt und habe viele Spaß.«

- *(An die Eltern gerichtet:) »Versteht sie denn alles?« –*
  »Ach, sie spricht Deutsch??«

Antwort: »Nein, da wir hier anscheinend in Eritrea sind und nicht in Köln, spricht sie natürlich nur Tigrinya. Kinder sprechen ja so selten die Landessprache, das ist schade, finden Sie nicht auch? Ihre Kinder zum Beispiel können ja leider immer noch nicht richtig Deutsch.«

Alternativ-Antwort: »Deutsch, Finnisch, Wolof, Mandarin, Französisch und Spanisch. Sie hat gerade wieder eine Klasse übersprungen und will später mal nach Brüssel. Und Ihre Kinder?«

- *(An die Mutter gerichtet:) »Sind Sie das*
  Kindermädchen?«

Es häufen sich Berichte Schwarzer Menschen, die in der Öffentlichkeit unverschämt behandelt werden, wenn sie mit ihren Kindern unterwegs sind. Weiße schätzen gelegentlich die Familie falsch ein und ordnen Kinder, die »heller« sind, nicht als den Schwarzen Eltern zugehörig ein. Das mag an einem Informationsdefizit liegen oder an rassistischer Prägung, in jedem Fall wurde mir schon erschreckend oft erzählt, dass Weiße sich in solchen Situationen oft als »Beschützer_innen« des vermeintlich weißen Kindes vor der bösen Schwarzen Person aufspielen und ihr vorschreiben wollen, was sie zu tun und was sie zu lassen habe. Von »Reden Sie nicht so mit dem Kind« über »Wenn die Eltern wüssten, wie der Pullover aussieht« bis hin zu »Gleich hol ich die Polizei, Sie ...« wurden schon alle möglichen Frechheiten berichtet. Dieses Verhalten ist natürlich schwer grenzüberschreitend und rassistisch. Da die Implikation, eine Schwarze Person könne für weiße Kinder nur Personal (und außerdem ein »Kindermädchen«) sein, kolonialen Ursprungs ist, darf auch hier unbedingt so

283

geantwortet werden, dass später die ganze Familie Spaß dran hat.

Gültige Antwort 1: »Da Sie ja leider aus dem zeugungsfähigen Alter raus sind, verstehe ich Ihr Interesse. Aber verwechseln Sie meine Familienmitglieder bitte nicht mit einem neuen Wurf Arier, wir sind nämlich alle keine, stimmt's, kleine Heidrun?«

Gültige Antwort 2: »Ich bin ganz sicher kein Mädchen, und das hier ist meine Tochter. Sie wird noch unter dreißig sein, wenn Sie bereits senile Bettflucht haben, und ist damit die Zukunft Deutschlands. Sie sind die Vergangenheit, genau genommen jetzt schon.«

Alternativ-Antwort (nur für Fans von Zynismus): »Ach du Schreck, ich hab auf dem Spielplatz die Falschen mitgenommen!!«

- *Sie sprechen aber gut Deutsch! (auch: Sie sprechen unsere Sprache ja schon sehr gut.)*

Antwort: »Danke, Sie aber auch!«

Noch bessere Antwort: »Das kann man von Ihnen leider nicht sagen!«

- *Ich kann gar kein Rassist sein, ich habe eine Schwarze Ehefrau/Schwarze Kinder.*

Das ist die dümmste Ausrede von allen.

Antwort: »Ach so, na dann. Ich wusste gar nicht, dass sich durch Bumsen jahrzehntelange soziale Prägung auslöschen lässt!«

Mal im Ernst: Wenn mit jemandem zu schlafen oder verwandt zu sein die Garantie für vorurteilsfreien Umgang ohne Unterdrückung wäre, gäbe es keinen Sexismus. Und auch keine zerstückelten Ehemänner in Kühltruhen, Geschwister, die sich um ihr Erbe kloppen, Kinder, die verbittert den Kontakt zu ihren Eltern abbrechen, oder den Impuls, das Auto der/des Ex anzuzünden.

Außerdem ist eine wie auch immer geartete Beziehung kein Beleg für wahre, reine Zugewandtheit. Stichwort: Fetischisierung.

- *Ich versteh genau, wie du dich fühlst, ich kenn das auch.*

Antwort: »Ach so, Verzeihung, ich wusste nicht, dass Sie auch Schwarze Deutsche sind.«

In sozialwissenschaftlichen Studien kann vielleicht versucht werden, herauszufinden, welche Zumutungen jeweils welche Auswirkungen haben, aber bitte denken Sie nicht, nur weil Sie auch mal *irgendwelche* Ausgrenzungserfahrungen gemacht haben, wüssten Sie, wie ein Leben als Schwarze Person in Deutschland ist.

Der gern erbrachte Vergleich »Ich war auch schon mal die einzige Weiße in ...« hinkt unter anderem auch deshalb, weil Erfahrungen von Angehörigen einer unterdrückten Minderheit nicht machen kann, wer nicht zu ihr gehört.

Als weiße_r Tourist_in in einem Land, in dem Sie überproportional reich sind und wissen, dass es nicht Ihr Land ist (obwohl viele sich trotzdem so aufführen), können Sie nicht nachvollziehen, wie es ist, wenn die meisten Deutschen Sie als untergeordnet betrachten, oder wie es ist, Ausdrücke an den Kopf geworfen zu bekommen, die Sie aufgrund ihrer Körperfarbe zu entmenschlichen suchen.

Das schnelle »Ich kenn das! Ich erleb' das genauso!« ist ein Herrschaftsreflex. Anscheinend ist die Vorstellung, dass Schwarze Menschen über exklusive Erfahrungen verfügen –

und wenn es schlimme sind –, für einige Weiße dermaßen
unerträglich, dass sie dies nicht so stehen lassen können.

Ich war einmal sogar in der Situation, dass nach einem Panel,
auf dem ich über Rassismus in der deutschen Plattenindustrie
redete, ein weißer blonder Jüngling zu mir kam (die gibt es
immer ... die mit dem privaten Gesprächsbedarf, der mit
Korrekturen Schwarzer wissenschaftlicher Erkenntnisse
beginnt) und mir eröffnete, er sei »auch rassistisch
diskriminiert worden«. Bei seinem Auslandseinsatz als
Bundeswehrsoldat.

- *»Aber dann darf ich ja auch nicht mehr ... xy ...
  sagen!«*

Unterm Strich kann zusammengefasst werden, dass nicht für
alles, was die Gehirnwindungen ungefiltert verlässt, Applaus
oder Verständnis erwartet werden kann. Leute, die reden, ohne
nachzudenken, sollten hinterher nicht beleidigt sein, wenn sie
als Blockflöte dastehen.

Antwort: »Klar dürfen Sie. Aber ich darf Sie dann für ein
Arschloch halten.«

Viel, viel bessere Ideen für einen Gesprächsanfang mit Schwarzen Menschen:

– Mögen Sie Cynar?

– Gefällt Ihnen mein enger Pullover?

– Ihr Rucksack ist schick, darf ich fragen, wo Sie den gekauft haben?

– Waren Sie schon mal in Düsseldorf?

– Magst du U2?

– Kennen Sie sich zufällig mit Linux-Netzwerken aus?

– Findest du auch, dass Zidane sich damals richtig verhalten hat?

– Warst du schon mal bei einem Wasserballspiel dabei?

– Wie komme ich bitte zum Rathaus?

– Raten Sie mal, wo mein Opa geboren wurde!

– Welchen Stadtteil Hamburgs mögen Sie denn am liebsten?

– Hast du beim Zauberwürfel auch immer nur zwei oder drei Seiten geschafft?

KAPITEL SIEBEN

TABUBRUCH ERWÜNSCHT: ÜBERLEGUNGEN UND FORDERUNGEN FÜR DIE ZUKUNFT

»»Rassismus und Verdrängung‹ wird auf absehbare Zeit ein aktuelles Thema in Deutschland bleiben. Das ist bezeichnend und beängstigend, und dennoch ist es für mich kein Grund zur Resignation, sondern viel eher eine Aufforderung zu verstärkter Aktion, was z. B. bedeutet, mehr und bessere Strategien und Bündnisse zu schaffen. ... Und dazu ... brauchen wir nicht Freundinnen und Freunde zu werden, sondern müssen lernen, zusammenzuarbeiten.« [c]

MAY AYIM

»... Es fängt an mit Selbstrespekt«: Ein Interview mit Austen Brandt

Austen P. Brandt (Jahrgang 1952) wuchs in Essen auf und lebt und arbeitet als evangelischer Pfarrer in Duisburg-Walsum. Er besitzt die deutsche, britische und nigerianische Staatsangehörigkeit, gründete 1993 den Verein *Phoenix - für eine Kultur der Verständigung e.V.* und leitet Antirassismus- und Schwarze-Bewusstseins-Trainings. Aufgaben in verschiedenen Organisationen und Gruppen, wie SHEBA, ISD (Initiative Schwarze Menschen in Deutschland), AKTIONCOURAGE, dem Yves-Sayongo-Stipendienfonds, dem Interkulturellen Rat sowie zusätzliche Ausbildungen und Kontakte in Europa, Asien und Afrika begleiten seine Arbeit. Austen Brandt ist Träger des Aachener Friedenspreises sowie des Bundestverdienstkreuzes.

Was ist deiner Meinung nach die häufigste Fehleinschätzung über Rassismus?

Die häufigste Fehleinschätzung über Rassismus ist die, dass Rassismus ein Problem der gesellschaftlichen Ränder sei, der gesellschaftlichen Extreme – zum Beispiel ein Problem der Rechtsextremen oder der Ultrakonservativen. Indem die Gesellschaft so denkt, projiziert sie eigene Einstellungsund Verhaltensmuster indirekt auf eine Gruppe, die im gesellschaftlichen Spektrum zweitrangig ist. Ich glaube allerdings, dass der rechtsextreme Rassismus nur existieren kann, weil es in der gesellschaftlichen Mitte einen nicht aufgearbeiteten Alltagsrassismus gibt. Und diese Ebene zu betreten ist schwer, weil »Rassismus« ein geächtetes Wort ist. Rassistisch zu fühlen wird identifiziert mit Schlechtsein, und ich glaube, diese beiden Pole müsste man auseinanderhalten. Es gibt in einem Menschen eine Vielschichtigkeit von verschiedenen Gefühlsund Denkansätzen, die sich teilweise widersprechen. Antirassistische Arbeit kann daher zum Beispiel heißen, Klarheit in diesen verschiedenen Gefühlsund Handlungsansätzen zu bekommen und den Menschen wirklich darin zu bestärken: So, wie du bist, hat das nichts mit »gut« oder »schlecht« zu tun. Du kannst aber eine Reife gewinnen, indem du lernst, dich selbst in dem, wie du bist, zu betrachten, um dann möglicherweise auch Konsequenzen zu ziehen.

Woher weiß man, ob man rassistisch »infiziert« ist?

Ich glaube, das ist der gesellschaftliche Normalfall.

Ist es für Weiße nicht erst mal ein logischer erster Schritt, laut zu sagen: »Ich will keinen Rassismus«, und sich dazu zu bekennen?

Ich halte nicht so viel von Bekennen. Ich glaube, es geht nicht darum, was ich *sage*. Solange ich als Mann sage, ich will kein Sexist sein, habe ich eigentlich verloren. Ich glaube, ich als Mann habe zu akzeptieren, dass ich sexistisch geprägt bin, und das aller Wahrscheinlichkeit nach noch sehr viele Jahre. Ich kann aber versuchen, die Struktur des Sexismus in mir zu entdecken und an emotionalen Verhaltensweisen zu arbeiten, die diese Prägungen bewusst machen und verringern. Und ich glaube, darum geht es. Bekenntnis kann immer wieder auch eine Form eines plakativen Zwangs haben. Und da bin ich selbst eigentlich sehr vorsichtig.

Was kann ein Antirassismustraining im besten Fall bewirken?

Es kann sehr viel bewirken. Es kann bewirken, dass der Mensch sich in seinem eigenen persönlichen Umfeld ändert. Es kann heißen, dass er auf beruflicher Ebene Konsequenzen zieht, dass er antirassistischen Aktivitäten mit einer anderen Reflexionsfähigkeit und mit einem besseren Sehvermögen begegnet. Die Teilnahme an einem Antirassismustraining muss nicht automatisch zur Folge haben, dass der Mensch sich engagiert. Wenn ein Antirassismustraining Menschen – eine Frau, einen Mann – stärker zum eigenen Selbst führt, dann können das auf einmal ganz andere Entdeckungen sein.

Warum haben so viele weiße Menschen Angst vor Information über Rassismus?

Weil es sie am Ort der eigenen Verwundung trifft. Ich glaube, dass ebendiese rassistische Sozialisation, die in einem Alter stattfindet, in dem das Kind sich letztlich nicht wehren kann, die Persönlichkeit auf einer sehr tiefen Ebene beeinflusst. In dem Moment, wo ich mich dem, was Rassismus ist, als Erwachsener öffne, wird genau diese Ebene meiner Persönlichkeit angesprochen, lebendig gemacht. Und das ist der Ort meiner Persönlichkeit, wo ich unterbewusst nicht hinmöchte.

Ist das Beendenwollen von Rassismus nicht vielleicht eine so überwältigend große Aufgabe, dass sie sowieso nie klappen kann – also Energieverschwendung?

Ich glaube, es ist nicht überwältigender als das, was Al Gore im Moment probiert. Und ob Rassismus beendet ist, bevor die Klimakatastrophe eintritt, oder ob es umgekehrt ist, das kann man im Moment nur schwer entscheiden. Aber ich glaube, dass gerade die Freiheit zum Handeln sehr, sehr wichtig ist; das Gefühl: Ich handle so, weil es gut ist, weil es mir gut tut, weil es mich freisetzt, weil es andere freisetzt. Und wenn ich dieses Gefühl in der Gegenwart habe, dann frage ich letztlich gar nicht so viel: Was bringt es?

Wenn Nelson Mandela in den dreißiger Jahren gefragt hätte: Was bringt mein Engagement? – ich glaube, er wäre eher Blumenzüchter geworden.

Was können wir tun, um in zwanzig Jahren weniger Rassismus in Deutschland zu haben?

Wir können persönliche und gesellschaftliche Impulse geben, dass Reden über Rassismus nicht tabuisiert wird, dass weiße Menschen ermutigt werden, rassistische Anteile in sich zu entdecken. Es ist wichtig, dass sie in dem Moment, wo sie damit anfangen, nicht in die Defensive gehen, sondern in eine Haltung kommen, die ihre Ressourcen weckt. Es ist wichtig, Begegnungen zu schaffen von solchen Menschen, die Kommunikationsfähigkeit haben, damit gerade aus dem Miteinander der verschiedenen Prägungen heraus gesellschaftliche Vitalitätszentren entstehen. Zentren mit Ausstrahlung, wo andere spüren: Die sind an Rassismus dran, denen geht es gut, die haben keine Angst, die sind stark, die sind glücklich.

Das sind genau die Leute, die wir brauchen, weil sie ein enormes Kräftepotenzial und enormes Aktionspotenzial haben. Und auch das finde ich richtig. Warum sagen so viele engagierte Menschen Mitte fünfzig: Ich habe ein Burn-Out-Syndrom? Das hat auch damit zu tun, dass sie auch aus einem rassifizierten Charakter heraus all ihre Aktionen machen, die dann sehr viel Kraft kosten.

Was wäre die eine Sache, die man ändern sollte, wenn es einem leichter fiele?

Ich glaube, es fängt an mit Selbstrespekt. Ich glaube, es hängt zusammen mit der Fähigkeit, mich mit meinen Stärken und Schattenseiten zu erkennen. Ja, und Beziehungen zu knüpfen, Beziehungen zwischen Menschen der verschiedensten Hintergründe.

Man kann niemanden dazu zwingen, antirassistisch zu sein. Wie kriegt man diesen Kreis durchbrochen, damit sich diejenigen, die es vermutlich am meisten nötig haben, freiwillig damit beschäftigen?

Wir erleben das im Moment mit dem Rauchen. Vor dreißig Jahren war es noch total en vogue, dass vier Leute, nicht angeschnallt, mit einem kleinen Kind auf dem Rücksitz im VW-Käfer auf der Reise nach Italien bestimmt zwanzig Schachteln geraucht haben. Es war normal. Wenn man diesen Leuten gesagt hätte: »Ihr dürft nicht rauchen!«, hätte das nichts genutzt. Aber all das, was im Moment heute mit Gesundheit und Körperbewusstsein läuft, was mit weniger Zerstörung des Körpers einhergeht, hat ein Bewusstsein geschaffen, dass mehr und mehr Menschen sagen: »Ich möchte nicht rauchen.« Dadurch entwickeln sie die Kraft, mit dem Rauchen aufzuhören.

Das sind individuelle Prozesse, die von gesetzgeberischen und informativen Prozessen begleitet werden, die aber auch in einem selbst das Gefühl wachsen lassen: Es ist schön, nicht mehr zu rauchen – auch wenn es mir schwerfällt aufzuhören. Es ist schön, Sport zu treiben, weil es so gesund ist. Es ist schön, zum Beispiel mit meinen türkischen, muslimischen Nachbarn, mit der Moschee vor Ort ins Gespräch zu kommen, weil es mir gut tut, weil ich durch diese Begegnung selber reicher werde und weil wir dann gemeinsam etwas gegen diese größere, weltweite Struktur des Rassismus unternehmen können – als Menschen, die vor Ort durch Selbsterkenntnis und Begegnung gestärkt sind.

Neue Muster schaffen: Die Politik des persönlichen Verhaltens

Neue Muster zu schaffen ist schwer. Momentan wird noch jede_r Einzelne von uns dafür belohnt, wenn wir die alten Muster und Stereotypen bedienen. Wer mit plakativen Exotismen arbeitet, bekommt mehr Aufmerksamkeit, mehr Publikum, mehr Geld.

Sie sollten es trotzdem wagen. Deshalb möchte ich im Folgenden aufrufen zu mehr *Intoleranz.* Ja, Sie lesen richtig.

»Toleranz« beschreibt nämlich die Fähigkeit, etwas zu *ertragen.* Zu *ertragen* sind Beleidigungen, Schläge, ein unterdrückerisches System, lachende Gaffer bei einer öffentlichen Demütigung oder Gleichgültigkeit.

Wenn Nachbarn einziehen, die nicht den ganzen Tag schreien und den Zaun ruinieren, gibt es nichts zu *ertragen.* Wenn in der U-Bahn außer Ihnen noch weitere Leute sind, gibt es nichts zu *ertragen.* Wenn mir Ihre Haare nicht gefallen, gibt es nichts zu *ertragen.*

Zeigen Sie also Intoleranz gegen Rassismus, Intoleranz gegen Übergriffe und auch Intoleranz gegenüber dem Betragen von Leuten, die sich als naturgegeben Überlegene aufspielen, denn Ihr persönliches Verhalten ist keine bloße Privatangelegenheit.

Handeln Sie

Sich mit etwas nur theoretisch auseinanderzusetzen genügt nicht. Schwarze Menschen *arbeiten* andauernd gegen Rassismus und müssen viel Energie aufwenden, um zu erklären, zu verhandeln, zu vereinfachen, zu verdeutlichen. Dieses Buch ist nicht das erste und wird auch nicht das letzte zu diesem Thema sein.

Rassismus ist kein Schwarzes, sondern ein weißes Problem. Sie müssen begreifen, dass Sie den Schuh, den Sie sich nicht anziehen wollen, bereits tragen. Erst dann können Sie ihn loswerden.

Rassismus verletzt unsere ganze Gesellschaft, und bei genauem Hinsehen sind in jedem rassistischen System *alle* Menschen auf unterschiedliche Art betroffen. Weiße Menschen verlieren ihre Würde, wenn sie Rassismus ausüben oder geschehen lassen. Sie verlieren die Möglichkeit zu unvorbelasteter Interaktion. Und sie verlieren die Option, als selbstbestimmte Personen zu handeln, wenn sie sich ihrer Privilegien in einer rassistischen Gesellschaft nicht bewusst sind.

Tun Sie also nicht so, als sei das nicht Ihr Problem, und schieben Sie Rassismus nicht auf ein Machtspielchen zwischen Medien, Nazis und Schwarzen Menschen, denn das ist er nicht. Und denken Sie bitte auch nicht: »Das wird schon.« In die Aufrechterhaltung eines rassistischen Status quo ist schon so viel Energie gesteckt worden, dass große Anstrengungen erforderlich sind, um ihn zu durchbrechen.

Eines ist klar: Als weiße Person profitieren Sie automatisch von Rassismus. Bis Sie selbst etwas dagegen *tun*.

Fangen Sie bei Ihrem Alltag an

Übernehmen Sie Verantwortung. Fragen Sie sich, *inwiefern* Sie selbst von der Fortführung von Rassismus profitieren. Werden Sie sich Ihrer Privilegien bewusst, die Sie auf Kosten anderer

Menschen genießen, und geben Sie sie auf. Treten Sie aus der schützenden Anonymität heraus und stellen Sie sich Rassismus entgegen, wann immer er Ihnen begegnet. Erklären Sie. Verhandeln Sie.

Betrachten Sie Deutschland nicht als *weiß*. Sagen Sie das Aussehen bei jedem Menschen dazu oder lassen Sie es ganz weg.

Achten Sie auf Ihren Sprachgebrauch. Sagen Sie »ohne Ticket fahren« statt »schwarzfahren«, und definieren Sie Sven und Grace nicht als »Ausländer«, sondern als »Maler und Münzensammler« beziehungsweise »Nachbarin und Mutter von zwei Kindern«.

Ja, Sie müssen eventuell Ihr Vokabular umstricken, und das mag vielleicht anstrengend sein (positive Menschen nennen das »spannend« oder »eine Herausforderung«). Sie können das aber Schritt für Schritt angehen.

Wenn Sie im Mediengeschäft arbeiten: Widerstehen Sie dem Impuls, Ihr Gehirn und Gewissen abzuschalten (das ist schwer in den Medien, ich weiß) und giftige Klischees zu bedienen. Fragen Sie sich im Zweifelsfall, ob ein Satz, den Sie in Bezug auf Schwarze oder asiatischstämmige Menschen loslassen möchten, in Bezug auf »Juden« oder »Weiße« oder »Frauen« überhaupt aussprechbar wäre.

Missionieren Sie nicht im Namen anderer

Es gibt in Deutschland qualifizierte Angehörige jeder unterdrückten Gruppe, die Sie unterstützen möchten. Kontaktieren Sie sie, lassen Sie sich anleiten, und kooperieren Sie.

Schließen Sie sie nicht aus diffuser Angst oder Überheblichkeit aus deren eigener Agenda aus, denn sie haben viel mehr Know-how als Sie, jedoch nicht den Vorteil, dass dieses von der Mehrheitsgesellschaft angemessen berücksichtigt wird. Da kommen Sie ins Spiel. Machen Sie Vorschläge, aber versuchen Sie nicht, alles besser wissen zu wollen. Hören Sie ihnen viel mehr zu, als Sie es gewohnt sind.

Wenn Weiße rassistische Sachen sagen, können Sie ihnen übrigens auch beibringen, dass sie das in Ihrer Gegenwart unterlassen sollen, weil *Sie* keine Lust auf Rassismus haben. Das sollte als Grund genügen.

Kehren Sie vor Ihrer eigenen Tür

Lernen Sie von Critical Whiteness Studies, einem Gebiet, das in Deutschland als »Kritische Weißseinsforschung« bezeichnet wird. Diese Form der rassismuskritischen Arbeit beschäftigt sich nicht nur mit denjenigen, die Rassismus erfahren, sondern insbesondere mit denjenigen, die ihn ausüben und von rassistischen Strukturen profitieren.

Schwarze Menschen haben aus Überlebensnotwendigkeit schon vor ein paar hundert Jahren überall auf der Welt kritische Weißseinsforschung betrieben, indem sie die Verhaltensweisen und sozialen Realitäten weißer Menschen benannten und analysierten.

Seit einigen Jahrzehnten ist diese Richtung der kritischen Gesellschafts- und Rassismusforschung in den USA an Universitäten etabliert und hat ihren Weg inzwischen auch nach Deutschland gefunden. Kritische Weißseinsforschung ist nicht auf akademische Arbeiten und Kreise begrenzt, sondern kann (und sollte) überall dort stattfinden, wo gegen Rassismus gearbeitet wird. Es gibt Bücher, Webseiten und Workshops zu diesem Thema, die auch verständlich sind ohne dreiundzwanzig Semester »akademisch verschwurbelte Ausdrücke« studiert zu haben.

Die Auseinandersetzung mit Weißsein und gesellschaftlichen Privilegien kann Ihnen ermöglichen, viel über sich selbst zu lernen, und Instrumente liefern, die Ihnen helfen, die Welt klarer zu sehen und diskriminierungsfreier zu gestalten.

Achtung: seit die Erkenntnisse aus diesem Feld *verwertbar* sind, beispielsweise für die Karriere oder für bezahlte Aufträge, werden Schwarze Menschen vermehrt aus diesen gesellschaftlichen Studien ausgeschlossen. Das durchschauen Sie aber! Lernen Sie von den Schwarzen Forschungen und Inhalten, ohne diese gleich wieder auszubeuten.

Seien Sie politisch

Wenn Sie in einer Partei sind, sensibilisieren Sie Ihre Ortsgruppe für das Thema und machen Sie klar, dass Deutschland sich vom Ausland so lange Nazi-Sprüche anhören muss, wie unsere Politik und Öffentlichkeit Rassismus verschweigen, verharmlosen und nicht konsequent angreifen.

Sie müssen aber in keiner Partei sein, um ein politischer Mensch zu sein. Schreiben Sie ruhig mal eine Mail an Ihre regionalen Politiker_innen und auch an die auf Bundesebene, dass das für Sie ein wichtiges Thema ist und Sie von ihnen verlangen, es engagiert anzupacken. Lassen Sie sich nicht mit pauschalen »Gegen rechtsextreme Gewalt«-Programmen abspeisen, denn Sie wissen genau, dass diese nicht explizit rassistische Strukturen im Mainstream bekämpfen.

Wenn Sie in keiner Partei sind, aber im Karnevalsverein (das sind oft auch Synonyme), so betreiben Sie bereits Gesellschaftspolitik: Sie organisieren öffentliche Umzüge und fröhlichen Widerstand. Sprechen Sie mit Ihren Vereinsmitgliedern über dieses Thema und verbannen Sie rassistische Karikaturen aus Kostümen und von Karnevalswagen, weil diese Menschen demütigen und auf kolonialen Wurzeln basieren.

Wenn Sie journalistisch tätig sind, recherchieren Sie doch mal welche Funktionen Reportageformate in Deutschland haben, und gehen Sie auf Vorträge zu Diskriminierungsabbau in Berichterstattung, aber bitte von *Schwarzen* Vortragenden.

Fahren Sie zu Demos an Orten, wo Nazis marschieren, und skandieren Sie: »Ihr habt den Krieg verloren.« Fahren Sie an Orte, an denen rassistische Überfälle stattfanden, und *zeigen Sie Gesicht*. Rufen Sie: »Ich will das nicht!«

Überlegen Sie sich was. Denken Sie mit. Sie müssen in keinem Verein Mitglied sein, um mit Freund_innen ein Kolonialdenkmal zu besuchen und eine »Mörder«-Postkarte dranzukleben oder einen Brief an Ihre Stadt zu schreiben, dass Sie koloniale Straßennamen geschmacklos finden und deswegen eine andere Partei wählen werden.

Schreiben Sie nach rassistischer Berichterstattung einen Feedbackbrief oder eine Mail an das betreffende Medium. Solange Sie nichts sagen, spielen die Sender und Zeitschriften sich auf, als handelten sie in Ihrem Interesse. Erlauben Sie das nicht. Aus meiner langen Medienerfahrung kann ich Ihnen versichern: Diese Zuschriften *werden* gelesen und auch berücksichtigt, oft sogar, wenn sie nur vereinzelt eintröpfeln, und wenn sie sich *nicht* differenziert und zugewandt ausdrücken. Es steckt Power darin, wenn die protestierenden Zuschriften Ihre Verärgerung direkt transportieren. Die Redaktion darf ruhig bemerken, dass medialer Machtmissbrauch Sie nicht kalt lässt.

Eine Kopie an Vorgesetzte, übergeordnete Stellen und Antidiskriminierungsbüros empfiehlt sich ebenso wie der wichtige Zusatz: »Bitte beachten Sie, dass dieser Briefwechsel von mir öffentlich geführt wird und ich dieses Anschreiben wie auch Ihre eventuelle Antwort zu Zwecken der Dokumentation und Aufklärung veröffentlichen werde.«

Üben Sie Druck aus auf eine Art, die Ihnen liegt. Die Mittel dazu haben Sie bereits an die Hand bekommen.

Bewahren Sie Ruhe

Wenn Sie aggressiv werden, freuen sich Ihre Gegenüber, denn dann haben sie eine Handhabe, um Sie bloßzustellen und als versponnen zu bezeichnen. Gewalt, auch verbale, ist Ihren

Zielen nicht zuträglich. Dann können Sie alleine im Wohnzimmer so rassismusgegnerisch sein, wie Sie wollen. Seien Sie ruhig emotional und ehrlich, aber bleiben Sie gewaltfrei.

Holen Sie Entwicklungshilfe aus dem Ausland

Deutschland hat noch immer vor allen Dingen am meisten Angst davor, ein schlechtes Image zu bekommen. Nutzen Sie das aus. Üben Sie Druck aus, indem Sie internationale Menschenrechtsorganisationen und Initiativen in Europa, den Amerikas und Afrika darüber informieren, was hier los ist. Wenn diese in ihrem Land dafür Presse erzeugen, hat das politische Folgen! Pressesprecher_innen werden sich rechtfertigen müssen, und deutsche Politiker_innen werden viele Fragen gestellt bekommen. Ausländische Konzerne werden aufhorchen und sich überlegen, ob sie mit derartig feindseligen Ländern weiterhin Geschäfte machen wollen, oder ob das anderswo nicht sowieso alles günstiger wäre.

Bestehen Sie auf Diversität

Diversität (engl.: »Diversity«) ist ein Ausdruck, der die Zusammensetzung einer Gruppe beschreibt, die »nicht homogen« ist – wenn also Menschen verschiedener Geschlechter, Gender, Orientierungen, Kulturen, Religionen, Erfahrungen mit Behindertwerden, usw. im Team sind. Das Ganze sollte natürlich gleichberechtigt geschehen. Das Wort »divers« auf Menschen aufgrund von Geschlecht, Behindertwerden oder sexueller Orientierung anzuwenden, ist zwar bereits ein bisschen wischiwaschi, da all diese Faktoren ja eigentlich nur wenig darüber sagen, wie »unterschiedlich« diese Menschen wirklich sind. Vielleicht machen sie ja alle gern Origami, mögen Mariah Carey und sind Familienmenschen.

Es wäre schön, wenn das in der Realität tatsächlich so betrachtet würde – aber ähnlich wie mit »Schwarz« und »weiß« müssen die unterschiedlichen Lebensrealitäten und Positioniertheiten zunächst benannt werden. Daher lassen Sie uns »Diversität« für den Moment akzeptieren.

Der Wissenschaftler Wilhelm Heitmeyer vom Institut für interdisziplinäre Konflikt- und Gewaltforschung in Bielefeld sagte 2007 nach den Überfällen in Mügeln im Interview mit *tagesschau.de:* »Von homogenen Gruppen geht an vielen Stellen weit mehr Gefahr aus als von heterogenen Gruppen.« Wenn wir an die Gegenden mit den meisten rassistischen Ausschreitungen denken, wird uns das klar. Dort leben die weißen Deutschen so homogen »unter sich« wie nirgendwo sonst in Deutschland.

In den USA haben die meisten großen Unternehmen und Institutionen eine eigene Abteilung für Diversity – quasi das »Gleichstellungsbüro« für alle. Es hört bei der Gleichberechtigung derer, die bereits dort arbeiten, aber keineswegs auf. Viele Firmen haben erkannt, dass die Zusammensetzung des Personals aus Menschen mit unterschiedlichen Backgrounds eine wichige Ressource für ein Unternehmen ist, da sie in der Summe natürlich über mehr Erfahrungen und Kompetenzen verfügen. Deutsche Firmen stehen erst am Anfang dieses Prozesses (von den Schulen und Hochschulen ganz zu schweigen), sie werden sich ihm aber nicht verschließen können, wenn sie wettbewerbsfähig bleiben wollen.

Dieses Prinzip trifft nicht nur auf die Wirtschaft, sondern auf jede Gruppe zu. Schauen Sie sich genau an, wie die Gruppen, in denen Sie sich bewegen, zusammengesetzt sind: Sind nur Weiße dabei? Nur Heteros? Wieso? Gibt es an der Schule, die Ihre Kinder besuchen, nur weiße Lehrkräfte oder nur deutsche? Wieso? Wenn Sie selbst einen Betrieb leiten, lesen Sie über Diversität, suchen Sie eine beauftrage Person, die bereits viel davon versteht(!) und profitieren Sie davon (und denken Sie ab und zu mal daran, dass auch Personalchef_innen nicht zwangsweise weiß sein müssen).

Dass die Diversität, von der ich spreche, einen Prozess darstellt, in dem Gleichstellung *erarbeitet* wird, und der daher ohne dumme Kommentare über Haare, Temperament, Talente oder die Unterstellung einer tatsächlichen »Verschiedenheit« auszukommen hat, versteht sich wohl von selbst. Machen Sie aus Diversität kein »Festival«, keinen »Karneval der Kulturen«, keinen Multikulti-Zirkus – und auch kein Aushängeschild zu Imagepflegezwecken.

Und erinnern Sie sich: Die bloße Anwesenheit von PoC ändert nichts an der Tatsache, dass unser System weiße Menschen bevorzugt. Diversität des Teams ist eine *Voraussetzung* für Gleichstellung, bedeutet aber noch lange nicht deren erfolgreiche Umsetzung.

Instrumentalisieren Sie Schwarze Menschen nicht

Gehen Sie davon aus, dass Sie mehr rassistische An-Sichten und Verhaltensweisen verinnerlicht haben und ausagieren als Ihnen bewusst ist, und dass diese Schwarze Menschen mehr verletzten als Sie selbst.

Versuchen Sie nicht, PoC als Absolutionsgeber zu benutzen oder als Gradmesser dafür, wie »wenig« rassistisch Sie sind. Auch nicht als Schmuck, als Freundeskreis-Trophäe, als Alibi, als Ausrede oder als Geisel Ihrer Befindlichkeiten beim Aufgeben von Privilegien.

Betrachten Sie eine Schwarze Person nicht als stellvertretend für andere Schwarze Personen und ihre Meinung nicht als »*die* Meinung *der* Afrodeutschen«, sondern erinnern Sie sich an den weißen Kontext, der schließlich aus Einzelpersonen und Einzelmeinungen besteht.

Neue Strukturen schaffen: Meine Forderungen für eine postkoloniale BRD

In diesem Kapitel erlaube ich mir eine Doppelbesetzung. Es folgt der Text aus der vorherigen E-Book-Fassung. Anschließend ist neu hinzugefügt ein Auszug aus einem Interview, das das Thema behandelt.

1) Ich fordere, dass in der staatlichen pädagogischen Ausbildung für Lehrkräfte qualifizierte rassismuskritische Bildung zum Pflichtteil wird.

2) Ich fordere, dass staatliche Publikationen, vor allem Schulbücher, auf Rassismus und andere diskriminierende Gewalt, untersucht werden, und diese Gewalt aus ihnen entfernt wird.

3) Ich fordere, dass es an jeder Schule, Hochschule und in jeder Gemeinde qualifizierte und niedrigschwellige Gleichstellungsbüros gibt.

Davon sind wir noch weit entfernt.

Wenn sie bezahlt sind, gehen die Stellen zumeist an Leute ohne Mehrfachdiskriminierungserfahrungen und ohne nennenswerte intersektionelle rassismuskritische Vorbildung. Zu oft sind die Stellen unterfinanziert und zeigen sich regelmäßig hilflos, ohne ordentliche Qualifikation und Handlungskompetenzen ausgestattet.

Qualifikation und Handlungskompetenz kommen aber nicht aus der Luft. Es gibt Menschen, Organisationen und Länder, die darin 30 Jahre Erfahrungsvorsprung haben. Sie sollten endlich konsultiert werden.

Dass viele »Gleichstellungsbeauftragte« noch nicht einmal verstanden haben, dass ihre Aufgabe sich nicht darauf beschränkt, »Männer und Frauen« gleichzustellen, sondern *alle*

Formen von Unterdrückung anzugreifen, ist tieftraurig. Viele der möglichst handlungsschwachen Feigenblatt-Einrichtungen, die es derzeit gibt, sind peinlich und dienen mehr der Gewisssensberuhigung, als dass sie eine wirkliche Hilfestellung für Diskriminierte darstellen und einen Wandel im eigenen Haus einleiten könnten.

Deutsche Behörden müssen sich von der Besitzstandswahrung verabschieden und nun langsam Gleichstellung als ureigenes Interesse begreifen.

4) Ich fordere, dass es endlich unterlassen wird, die Kolonialzeit zu verharmlosen oder zu romantisieren.

Es muss damit Schluss sein, dass Rassismus- und Kolonialgeschichte im Unterricht mit Beschönigungen und Tätersympathie behandelt werden. Vor allem müssen Schüler_innen endlich über die Mechanismen unterrichtet werden, die damals wirkten, und darüber, wie diese Mechanismen heute noch greifen. Dasselbe vermisse ich auch im Unterricht über den Nationalsozialismus. Der findet zwar wenigstens statt und es wird darin nichts offenkundig beschönigt, aber das war's auch schon. Wie Nationalsozialismus sich etablieren konnte, wie fatal die immer noch in der Schule gelehrte Pseudo-Dichotomie »Juden // Deutsche« überhaupt ist, und was das über das Scheitern unserer geschichtlichen Aufarbeitung sagt, das steht heute noch in keinem Lehrplan, ganz im Gegenteil.

Gaststättennamen wie »Café Kolonial« und Schwarze Diener als Ladendekoration oder Garderobenständer müssen als rassistische Beleidigung erkannt werden, da sie Versklavung verharmlosen - und folglich verschwinden.

Straßen, die Sklavenhändler und Kolonialeroberungen glorifizieren, müssen umbenannt werden. Die Umbenennung von Straßen war uns in unserer jüngeren Geschichte bereits ein paarmal zuzumuten, und es hat sich gezeigt, dass dies technisch und organisatorisch durchaus möglich ist.

5) Ich fordere, dass in der staatlichen journalistischen Ausbildung Lerninhalte über die Rolle der Medien bei der Verbreitung von Vorurteilen und Rassismus zum Pflichtteil werden.

6) Ich fordere qualifizierte rassismuskritische Fortbildungen als Pflichtteil der Polizeiausbildung sowie das Verbot von rassistischen Personenkontrollen in Deutschland.

7) Ich fordere die ausdrückliche Anerkennung der Leiden Schwarzer Opfer des Kolonialismus und Nationalsozialismus in allen staatlichen Publikationen zu diesen Themen.

8) Ich fordere, dass die afrodiasporischen Communities in ihrer Arbeit unterstützt werden.

Sie leisten schließlich die wichtigste geschichtliche, soziale und politische Bildungsarbeit, die wir haben, ohne sie würde die BRD ewig im 19. Jahrhundert verbleiben.

Dass diese Arbeit wertvoll und unabdingbar ist, wird langsam allmählich entdeckt, allerdings mit dem Resultat, dass die Communities die Arbeit weiterhin ehrenamtlich leisten sollen und andere davon finanziell profitieren. Das muss dringend korrigiert werden.

9) Ich fordere, dass Rassismus seitens der deutschen Regierung und Behörden künftig beim Namen genannt und aktiv bekämpft wird.

Das Institut für Migrations- und Rassismusforschung erkennt in seinem »ENAR-Schattenbericht 2006«:

»Deutschland erhält viel Lob für die gute Datensammlung im Bereich rechtsextremer Gruppen, Volksverhetzung und verfassungsfeindlicher Bestrebungen, aber rassistische Akte von Nicht-Extremisten werden kaum erfasst.[cii] Wir empfehlen die Einrichtung einer unabhängigen Stelle zur Überwachung rechtsextremistischer, rassistischer und antisemitischer Bewegungen und Entwicklungen in Deutschland.« [ciii]

So eine Einrichtung wäre mit ein bisschen Engagement zu bewerkstelligen.

10) Ich fordere, dass potente Firmen und engagierte Aktive eine große autonome Stiftung speziell für dekoloniale und Schwarze deutsche Geschichte finanzieren.

Diese Stiftung soll auch Schulbücher und Erziehungsmaterialien überarbeiten. Dadurch können diese wichtigen, bislang unterdrückten, Inhalte der Gesellschaft vermittelt werden. Bisher werden wir in Deutschland über unsere eigene Kolonialgeschichte absichtlich unwissend gehalten. Das muss sich ändern.

Eine solche Stiftung kostet etwa fünfzehn Millionen Euro. Zum Vergleich: Der Etat des Turn- und Sportvereins Koblenz wurde 2007 um elf Millionen Euro erhöht. Ganze zweiundzwanzig Millionen Euro hat die »Afrikanischer Dschungel«-Achterbahn [sic!] »Black Mamba« im Phantasialand gekostet, und vier *Milliarden* Euro pro Jahr werden in Deutschland auf der Kirmes ausgegeben.

Geld für Sachen, die Spaß machen, ist also offensichtlich genügend vorhanden.

Helfen Sie mit, eine solche Stiftung zu errichten, und danach können Sie meinetwegen wieder auf die Kirmes gehen.

11) Ich fordere Schwarze Nachrichtensprecher_innen auf jedem Kanal, und zwar vor vier Uhr morgens.

Gleichzeitig sollten die bestehenden Redaktionen eine Ausbildung über die Rolle der Medien bei der Bildung von Vorurteilen und Rassismus nachholen.

12) Ich fordere, dass die deutschen Hilfsorganisationen künftig antikolonial geschulte, qualifizierte Angehörige derjenigen Gruppen in die Werbearbeit für Spenden einbeziehen, denen sie Unterstützung gewähren wollen.

Es kann nicht sein, dass weiterhin mit sterbenden Kindern Mitleid erzeugt wird, was dann zwar zu vollen Spendensäckeln, aber zur Fortführung von kolonialrassistischen Klischees, Schwarzer Entwürdigung und weißen Überlegenheitsgefühlen führt.

Wie würden Sie es finden, wenn ein Foto Ihres sterbenden Kindes in jeder Stadt auf Plakatwänden zu sehen wäre?

Statt wie Missionare sollten die Angehörigen der Hilfsorganisationen sich wie aufgeklärte Menschen benehmen. Geld genug dafür hätten sie jedenfalls. Haben sie auch den Willen?

13) Ich fordere, dass auf Briefmarken Schwarze deutsche Persönlichkeiten nicht mehr ignoriert werden.

So etwas hat Symbolcharakter! Erste kleine Anregungen: Anton Wilhelm Amo, Angelo Soliman, Fasia Jansen, Hilarius Gilges, May Ayim...

14) Ich fordere, dass rassismuskritische Arbeit nicht mehr kriminalisiert, sondern als wichtige zivilisatorische Aufgabe begriffen und entsprechend unterstützt wird.

Anderes ist mit Artikel 1 unseres Grundgesetzes nicht vereinbar.

Forderungen Reloaded - Nachtrag aus 2014

Auszug aus dem Interview »Emanzipatorische Aufklärung zeigt sich wellenförmig«[15]

JB: Warum wird das Unterrichten über Rassismus und Kolonialgeschichte nur so schwerfällig umgesetzt?

NSW: Das habe ich mich auch schon oft gefragt! Damit es noch leichter wird und es keine Ausreden mehr gibt, habe ich das Hörbuch extra unterhaltsam als »Fortbildungs-Tool« konzipiert. Einfach nur Play drücken, und alle lernen was, und das auch noch mit lockerer Haltung. Bis ich irgendwann zu dem Schluss gekommen bin, dass es hier gar nicht um ein Informationsdefizit geht, das durch genügend Inhalt einfach ausgeglichen werden kann. Es können noch 45000 mehr Texte und Videoclips erscheinen, die die Wirkungsweise von Rassismus erklären, sie würden nichts ändern.

Ich glaube, wo eine Wissenslücke besteht, ist sie auch gewollt. Wer etwas über Kakteenzucht, E-Zigaretten oder Rassismus erfahren will, findet heutzutage jede Information superleicht aufbereitet. Bei Rassismus gibt es allerdings die Hürde, dass wir von ihm umgeben ja auch aufwachsen. Manche also sich darüber im Recht fühlen, sich nicht über Gleichheit selbst fortzubilden und die anderen tendenziell ausgenutzt werden. Rassismus ist eben nicht 'ein Thema', sondern es sind alle Menschen davon betroffen, und das auch noch ohne es zu wollen. Deswegen werden viele so nervös, wenn sie zum ersten Mal erfahren, dass Rassismus kein Schwarzes Problem ist, sondern eine Struktur von white supremacy. Weil es sie dann etwas angeht und gleichzeitig erst einmal eine Hilflosigkeit einsetzt. Am schwersten ist es wohl für die, die Rassismus ablehnen, sich aber noch nie über ihn fortgebildet haben. Da geht es vor allem ums Selbstbild: ich bin ein guter Mensch, kein Nazi und kein Rassist. Daran zu rütteln! Zu verstehen, dass »Rassist_in sein« keine monolithische Personenbeschreibung ist, sondern dass nette hilfsbereite Menschen täglich rassistische Sachen sagen. So wie auch Lebensretter_innen sexistische Witze machen. Und zu verkraften, dass es um »aberichaberichichich« gar nicht geht, sondern um eine Tradition, die abgebaut werden muss. Das getrauen sich viele nicht.

Ich fände gut, wenn Rassismus verstanden wird als Bazille, die uns ein paar gemeingefährliche Killer-Großväter übertragen haben, gleichzeitig mit dem ganzen Tafelsilber. Und dass wir uns jetzt nicht darauf konzentrieren, dass das Andenken an diese Killer-Opas möglichst positiv begangen wird, sondern darauf: wie genial eine Welt sein könnte, in der alle dieselben Startchancen und Möglichkeiten haben.

ETHNO-LEXIKON

PHÄNOMENE UND BEGRIFFE AUS ETHNOLOGIE UND VÖLKERKUNDE, ERKLÄRT ANHAND DES HIESIGEN KULTURKREISES

Arier

Arier sind eine →*Ethnie* im weitesten Sinne, die sich selbst durch körperliche Merkmale wie z. B. Melaninmangel und Schmalnasigkeit definieren.

Aus Gründen der jüngeren weltkriegerischen Stammespolitik nennen *Arier* sich seit einigen Jahren nicht mehr *Arier,* seit ihnen die willkürliche Einteilung von Menschen nach »rassischen« Merkmalen verboten wurde. Auch haben die *Arier* zumindest partiell erkannt, dass eine solche Einteilung zufällig und höchst unwissenschaftlich ist und unsachlichen Generalisierungen sowie gesellschaftlichen Phänomenen von Unterdrückung und Völkermord Vorschub leistet. Warum den *Ariern* dies zur Kenntnis gegeben wurde und sie sich selbst deswegen nicht mehr *Arier* nennen, andere Menschen jedoch »Neger«, »Eskimos«, »Indios« oder »Indianer«, bleibt das Geheimnis der *Arier* und deutet darauf hin, dass die oben genannten Erkenntnisse noch nicht genügend verinnerlicht wurden.

betteln

Betteln ist, Menschen darum zu bitten, dass sie Geld oder Dinge hergeben, ohne eine Gegenleistung dafür zu erhalten.

(→*Fundraising*)

Buschmann

Ein *Buschmann* ist ein Mann, der kein →*Haus* hat, sich immer zu Fuß fortbewegt und sich sehr gut in seiner unmittelbaren Umgebung auskennt (siehe: »Pfadfinder«, »Rüdiger Nehberg«).

Dialekt

Ein *Dialekt* ist eine Sprache, die von einer diffusen Gruppe gesprochen wird und eigentlich gar keine eigenständige Sprache ist (z.B. Norwegisch). Bei den großen Weltsprachen (z.B. Swahili) wird hingegen bereits durch ihre Komplexität und weite Verbreitung deutlich, dass es sich um souveräne *Sprachen* handelt. *Dialekte* werden nativ ausschließlich von Menschen gesprochen, die über dieses Sprachstadium noch nicht hinausgekommen sind. Seit dem vorvergangenen Jahrhundert kann nach einem genauen Verfahren ermittelt werden, ob es sich bei dem betreffenden Kauderwelsch um einen *Dialekt* oder um eine *Sprache* handelt: Wenn bockige →*Ethnien* so sprechen, dass der eigens angereiste →*Dokumentarfilmer* nixe versteh, handelt es sich nicht um eine *Sprache,* sondern um einen *Dialekt.*

Disco

Rituelle →*Stammes*→*hütte,* die eigens zum Zweck der Zusammenkunft, des Genusses berauschender Drogen (vergorenes Getreide, psychoaktive Substanzen, Rauchwerk), der Balz und der Einübung von Stammestänzen zu bestimmten Wochen- und Festtagen erbaut wurde. Ist zumeist Generationen vorbehalten, die noch vor ihrer zweiten →*Initiation* stehen. Ältere Besucher gelten in Discos als →*exotisch.*

Dokumentarfilmer

Dokumentarfilmer sind →*Eingeborene,* die jemanden beim Fernsehen kennengelernt haben und daher die Welt aus ihrer Sicht interpretieren dürfen.

Dieser Zusammenhang ist der Stammesgemeinschaft allerdings nicht bewusst, diese nimmt vielmehr an, der *Dokumentarfilmer* sei jemand, der sich im Thema besonders gut auskenne. Die gesellschaftliche Funktion des *Dokumentarfilmers* besteht darin, dem eigenen →*Stamm* aufzuzeigen, wie lustig/komisch/verbrecherisch/anders all die anderen *Stämme* sind. Daher dient der Dokumentarfilm vor allem der Unterhaltung und dem Stammeszusammenhalt. Da diese Vorführungen vom Heimatstamm zumeist sehr positiv aufgenommen werden, hat der Dokumentarfilmer für gewöhnlich einen hohen Rang innerhalb des eigenen *Stammes* inne. Diesen behält er zumeist so lange, bis er etwas aufzeigt oder behauptet, das sich nicht mit dem deckt, was Mutti und Schulbücher immer behauptet haben.

Dorf

Ein *Dorf* ist eine Ansammlung von →*Hütten.* Es kann zwei bis mehrere hundert Familien beherbergen und stellt eine Erweiterung der häuslichen Lebensgemeinschaft dar. Dass jedes *Dorf* einen eigenen Namen trägt, deutet darauf hin, dass es sich neben einer reinen Örtlichkeit auch um einen Identität stiftenden Zusammenschluss handelt. Vom jeweiligen *Dorf*namen können jedoch keinesfalls Rückschlüsse auf die Vorlieben oder Charaktere der Bewohner gezogen werden (siehe Namen der österreichischen Ortschaften »Patsch«, »Vomp« oder »Wörgl«).

Ehrenmord

Ehrenmord ist die Bezeichnung für ein Phänomen patriarchaler Gesellschaften, bei dem übersteigerte männliche Verhaltensweisen ausagiert werden. Ausübende eines Ehrenmordes töten aus einer Unzufriedenheit heraus, ihnen als untergeordnet empfundene Personen nicht vollständig kontrollieren zu können. Bekannte Schemata von *Ehrenmord* im betrachteten Kulturkreis werden jedoch nicht als *Ehrenmord* bezeichnet, sondern erhalten verschleiernde Umschreibungen wie zum Beispiel »Eifersuchtsdrama«, »Streit mit tödlichem Ausgang« oder »Familientragödie«.

Eingeborene

Eingeborene sind →*Leute,* die nicht genügend herumgekommen sind, um sich anderswo als im Gebiet ihrer Geburt anzusiedeln (z.B. Vorarlberg). Außerdem müssen *Eingeborene* Mitglieder der örtlichen kulturellen Mehrheit sein, um von →*Dokumentarfilmern* als solche betrachtet zu werden. In modernen Zeiten finden *Eingeborene* zunehmend neue wirtschaftliche Betätigungsfelder in der Herstellung und Vermarktung ihrer spezifischen Kulturgüter (»Sepplhut«) oder Riten und Traditionen (»Oktoberfest«). Eine Gefahr dieser Tendenz liegt darin, dass plakative und stark vereinfachte Gegenstände und Bräuche besser vermarktbar sind als originär komplexe. Hieraus resultiert regelmäßig die Vermischung der ursprünglichen Kultur mit einer klischeehaften Version derselben Kultur (»Musikantenstadl«), was für die *Eingeborenen* im schlimmsten Fall kollektiven Identitätsverlust oder die Karikierung eigener Traditionen innerhalb weniger Generationen zur Folge haben kann (»Wildecker Herzbuben«).

Beim Verweis auf Eingeborene ist der Familienname nicht von Belang und es genügt, sie z. B. als »die jugendlichen Hessen« zu bezeichnen oder wie folgt zu berichten: »Der Unterfranke zeigt uns seine Hütte und auf welche Art er sich einfache Mahlzeiten zubereitet, seitdem seine Frau ihn wegen Seydou Ogunbe verlassen hat.«

entdecken

Die Forschungsgruppe dieses Eintrages ist stolz darauf, hiermit publik machen zu können, am 28. Mai des Jahres 2010 eine Ansammlung von Compounds entdeckt zu haben, die von den dortigen Eingeborenen ›Erding‹ (übersetzt: Boden pflügen) genannt wird. Die →*primitive* Eigenbezeichnung des →*Stammes,* ›Erdinger‹ bedeutet: ›Menschen-die-den-Boden-pflügen‹. Wir haben dort jetzt die Siedlung mit dem klangvollen, Identität stiftenden Namen *Diakitedëkk* errichtet und noch viel Land zu verkaufen.

Besuchen Sie uns einfach mal (östlicher Längengrad: 11° 54' 55", nördlicher Breitengrad: 48° 17' 18") bei einer Informationsveranstaltung zum schönen Kontinent Europa mit seiner herrlichen Natur und seinen zutraulichen Tieren. Selbstverständlich bieten wir auch Jagdveranstaltungen an!

Ethnie

Gruppe von Menschen, die denken, dass sie alle miteinander verwandt, gleichzeitig aber noch zurechnungsfähig seien. Dass andere →*Völker* seit mehr als tausend Jahren Einwanderungen, Eroberungen und Handelsbeziehungen mit Bayern verbinden, lässt z. B. die dortige Stammesgemeinschaft keinesfalls zu der Schlussfolgerung gelangen, dass es andere Merkmale als die DNA sein könnten, die die Stammeszugehörigkeit bedingen. Die besondere bayerische Hautfärbung wird vielmehr der Bergluft zugerechnet als dem reichlichen historischen Vorhandensein verschiedenster interessanter Gen-Pools.

313

exotisch

Als *exotisch* bezeichnet wurden ursprünglich Menschen, Tiere, Dinge und Handlungsweisen, die nicht von hier kommen, wie z. B. Howard Carpendale, Lachs, Bananen und Tango. Heutzutage wird der Begriff in der Alltagssprache auch erweitert angewendet auf Menschen, Tiere, Dinge und Handlungsweisen, die Teil unserer eigenen Kultur sind, wenn diese sich durch besondere Auffälligkeit auszeichnen, wie z.B. Rudolph Moshammer, rosafarbene Pudel, Döner und → *Schuaplatteln*.

Fundraising

Wenn Weiße, die einen Wohnsitz haben, → *betteln*, heißt das *Fundraising*.

gebildet

Gebildet ist eine Person, die eine lange Phase ihres Lebens der ausgiebigen Erforschung, Übung und dem Studium eines oder mehrerer beliebiger Fachgebiete gewidmet hat. Dies gilt aber nur für europäische Personen und für Fachwissen, das nicht praktisch umsetzbar ist. Deutsche Biolog_innen etwa sind dermaßen *gebildet*, dass sie in der Lage sind, eine Tierart zu »entdecken«, die von Bewohner_innen Indonesiens bereits seit Jahrhunderten als Haustier gehalten wird. Auch gelten Expert_innen der Historik und Botanik außereuropäischer Kulturen nicht als *gebildet*, weil deutsche Gelehrte deren Wissen nicht in der Bücherei ausleihen, und auch, weil fremde Überlieferungen grundsätzlich dem Reich der Sagen und Phantasie entlehnt sind - ganz im Gegensatz zu europäischen historischen Dokumenten wie z.B. der Bibel, Standardwerken zur deutschen Geschichte, sowie → *Dokumentarfilmen*).

Häuptling

Häuptling ist ein Mann, dem die Führung einer Stammesgruppe obliegt und der als Stammesoberhaupt allgemein akzeptiert wird. Diese Person muss nicht vom →*Volk* gewählt werden (»Bundespräsident«) und ist den Untertanen nur bedingt Rechenschaft schuldig. Der Unterschied zwischen »Häuptling« und etwa »Regierung« oder »Kanzlerin« besteht darin, dass Ersterer an einem Ort wohnt, in dem der →*Dokumentarfilmer* sich fürchtet, weil er sich dort nicht auskennt.

Haus

Ein *Haus* ist ein Gebilde, das dem Wohnen und Schlafen dient und das Wind und Wetter trotzt. *Häuser* sind aus fortschrittlichen, festen und resistenten Materialien gebaut (wie z. B. Holz oder Wellblech).

Hütte

Eine *Hütte* ist ein Gebilde, das dem Wohnen und Schlafen dient, das aber Wind und Wetter nicht standhält (»Oder-Hochwasser«). *Hütten* bestehen aus einfachen Natursubstanzen wie z. B. gebackenem Schlamm (→*Ziegel*) oder getrockneten Pflanzen (»Reetdach«). Eine Hütte zeichnet sich darüber hinaus durch eine karge Einrichtung aus (»Design-Hotel«), die oft ebenfalls aus Natursubstanzen besteht (»Parkett«).

Initiation

Ritual, das den Übergang von einem Lebensabschnitt in den nächsten markiert und diesen zumeist auch nach außen hin kenntlich macht. Einige Initiationsriten ziehen sich über Monate hin, wobei die zu Initiierenden über längere Zeiträume etwa in bestimmte →*Hütten* gesperrt werden. Andere Initiationen können spontan auf Festen erfolgen. Initiationen des betrachteten Kulturkreises sind z.B.

- »außerkörperliche Erfahrungen auf der ersten Party ohne Eltern« (symbolisiert das eigene Bestimmen über den Grad der Würde und der Unversehrtheit von Geist und Körper; wird nach außen hin sichtbar durch Augenringe und Schürfwunden)

- »Führerschein« (symbolisiert Mobilität und Unabhängigkeit und wird sichtbar durch das Herumtragen eines zu großen und auffälligen Schlüsselbunds),

- »erste WG« (symbolisiert das Stadium der Verwahrlosung und Selbstfindung durch Kritik an anderen)

- »erstes Darlehen« (symbolisiert den Willen zu einem stetigen Lebenswandel und die Ablehnung alter Möbel).

Ob die beiden letztgenannten Initiationen absolviert wurden, ist für Uneingeweihte schwer erkennbar und äußert sich oft nur durch verstohlene Käufe einer bestimmten rituellen Nahrungszubereitung für Übergangsphasen (»Miracoli«).

Kasten-System

1) Hübsches Regal fürs Wohnzimmer, in dem Porzellantiere stehen

2) Gesellschaftliche Einteilung nach Rang und Status, die mehr oder weniger willkürlich erfolgt und in der den Angehörigen der jeweiligen *Kasten* unterschiedliche Lebensweisen und Handlungen (und Handlungsspielräume) untersagt oder gestattet sind.

Einer deutschen *Kaste* ist es beispielsweise erlaubt, ohne Entschuldigung eine Stunde zu spät zu jedem Termin zu erscheinen (»Popmusiker_in«). Einer anderen *Kaste* ist es vorbehalten, monatelang denselben ungepflegten Schal zu tragen und Hotelangestellten bei der Zahlungsaufforderung spontan und laut Genitaliennamen zuzuweisen, ohne dass dies negative Folgen für sie hätte (»Dirigenten« und »Schauspieler«). Eine weitere bestimmte *Kaste* darf Kinder zeugen, aber keinen Sex haben (»Pfarrer«), und eine artverwandte, aber weibliche *Kaste* darf Haar und Körper weiterhin im öffentlichen Dienst mit einem Tschador verhüllen, der bisweilen auch abstrakte geometrische Formen und die Ausmaße zweier mittlerer Wasserrutschbahnen annehmen kann (»Nonnen«). Einer besonders niedrigen *Kaste* ist es, ohne dass sie sich als kriminell oder gefährlich erwiesen hätte, verboten, zu arbeiten und ein ihr zugewiesenes Gebiet zu verlassen (»Asylbewerber_in«) während eine andere deutsche *Kaste* ungestraft Menschen töten darf (»Polizei«). Weitere *Kasten,* denen exklusive Befugnisse oder Repressionen zugeteilt sind und die sich auch in Deutschland finden, sind: Heiler_innen, →*Häuptlinge,* Alleinerziehende, Komiker, Autoren, Olivia Jones.

Klassische Musik

Klassische Musik wird Musik genannt, deren Komponist_innen tot sind und/oder die nur mit erheblichem Zeit- und/oder Materialaufwand reproduzierbar ist. Die Musik anderer →*Völker* als des eigenen ist ungeachtet ihrer Komplexität grundsätzlich nie »klassisch« sondern →*ursprünglich.*

konservativ

Konservativ ist ein Euphemismus von →*primitiv,* der von →*Dokumentarfilmern* verwendet wird, wenn sie über ihren eigenen →*Stamm* berichten und sich vor negativen Reaktionen ihres →*Häuptlings* fürchten.

Leute

Leute sind Mitglieder aller Stämme, die man gut kennt. Mitglieder anderer Sozialgruppen sind keine *Leute,* sondern →*Eingeborene. Leute* werden stets bei ihrem Namen genannt (»Zenzi«) oder nach ihrem Wohnort (»Die drei Erdinger zeigen uns ihre Stammkneipe«). Fremde Kulturen werden grundsätzlich nur beim Namen ihrer Stämme (»Massai«, »Unterfranke«) genannt.

normal

Normal ist, was der →*Dokumentarfilmer* und seine Mutti schon lange machen und/oder gut kennen. Alles andere ist →*exotisch*, bizarr, →*ursprünglich*.

Parallelgesellschaft

Gruppe, die eigene Werte- und Moralvorstellungen entwickelt hat, die Regeln unserer Gesellschaft nur teilweise anerkennt, sich freiwillig und absichtlich abgrenzt und für Außenstehende schwer verständlich kommuniziert (was ebenfalls oft Absicht ist).

Einige Beispiele aus dem betrachteten Kulturkreis sind:

    Politiker
    Privatinternatschüler
    Emos
    Banker
    Freimaurer
    Bahnradfahrer_innen
    Pfadfinder_innen
    Rollenspielfans
    Goths
    LANParty-Teilnehmende
    Immobilienspekulant_innen
    Makler_innen

permanenter Körperschmuck

Dauerhafte Veränderung kleiner oder großer Körperpartien, bisweilen an exponierten Stellen, die oftmals unter großen

Schmerzen erfolgt und Ausmaße bis hin zur Verstümmelung annimmt. Der *permanente Körperschmuck* dient der Markierung einer Lebensphase oder der Steigerung sexueller Attraktivität innerhalb des *Stammes.* Am meisten verbreitete Beispiele sind sogenannte »Piercings« (goldene Ohrringe sollen Wohlstand und Weiblichkeit symbolisieren), »Tätowierungen« (permanente, in die Haut gestochene Muster und Bilder an sichtbaren Stellen symbolisieren Mut, Phantasie und die Ablehnung einer Nachrichtensprecherkarriere). Zunehmender Beliebtheit erfreuen sich das Anbringen körperfremder Materialien unter der Haut (sogenannte »Implantate«), das Entfernen großer Mengen körperlichen Gewebes (»Tummy-Tuck«, »Liposuktion«, »Facelift«) und sogar die Manipulation der Mimik durch betäubende Gifte (»Botox«).

Präsident

Ein *Präsident* ist ein →*Häuptling,* der so reiche und mächtige Freunde oder Eltern hat, dass diese ihm zu einer Position verhelfen, in der er als Stammesoberhaupt gilt, wobei die Regierungsarbeit größtenteils gar nicht von ihm selbst, sondern von ausgewählten Untertanen erledigt wird. Ein *Präsident* ist außerdem kaum angreifbar. Diese Tatsache tritt mit den oft mysteriösen Umständen seiner Ernennung zumeist in Wechselwirkungen, die beim regierten →*Stamm* gemischte Gefühle und Reaktionen auslösen. Diese reichen von »verdammter Bazi« über »wer?« bis hin zu »wenn i den dawischad, i dad eam fei scho gscheid song, wos i vo den ganzn Vabrauchaschutzrechtschmarrn hoit«.

primitiv

Beschreibt sowohl Kulturen und Menschen als auch Handlungs- oder Ausdrucksweisen. Mit der Verwendung des Wortes »primitiv« bringt eine Person zum Ausdruck, dass sie über die Verweigerung einer komplizierten Lebensweise oder

der Interaktion (beispielsweise für Szenen von →*Dokumentarfilmen*) erbost ist. Der Sache nach ist »primitiv« aber eigentlich ein Synonym von *konservativ*.

Als *primitiv* bezeichnet werden auch Bräuche, bei denen das Individuum sich dem Willen der Gruppe unterwerfen muss (z.B. am dreißigsten Geburtstag die Rathaustreppen fegen) oder bei denen die Gesundheit oder gar das Leben von Gruppenmitgliedern aufgrund archaischer Bräuche aufs Spiel gesetzt wird (»Bundeswehr«). Naturnahe Handlungen, die den eigenen Erfahrungshorizont überschreiten, sind ebenfalls *primitiv*, z.B. das Kochen und Essen von Hundefleisch. Hingegen ist das Verspeisen von fauler Milch, frischem Schweineblut oder Hühnermenstruationsprodukten nicht als *primitiv* anzusehen, sondern als →*normal*.

Schuaplattler

Stammestanz, der das Erreichen einer hohen *zivilisatorischen* Ebene dadurch ausdrückt, dass die Männer eines *Stammes* sich selbst und gegenseitig spielerisch schlagen (an Samstagen hingegen unübersichtlich und weniger spielerisch (»Schlägerei«, →*Disco*). Ethnolog_innen vermuten, dass der *Schuaplattler* außer dem Zeitvertreib auch der Beschleunigung wichtiger gesellschaftlicher Prozesse dient, wie z. B. der Rangordnungsfindung, dem Aggressionsabbau, der Balz und der Gaudi.

Siedlung

Eine *Siedlung* ist ein →*Dorf*, dessen Namen niemand dem →*Dokumentarfilmer* mitgeteilt hat, damit er es schwerer wiederfindet.

Stamm

Kulturelle Gruppe mit gemeinsamen Traditionen und Bräuchen. Anders als das →*Volk* verbleibt der *Stamm* in einem niedrigeren Entwicklungsstadium. Intensive Brauchtumspflege und der hohe Status der Fortführung von Sitten und Traditionen innerhalb des *Stammes* sind einige der Gründe, warum der Anschluss an die →*zivilisierte* Welt sich oft schwierig gestaltet.

Es ist nicht schwer nachzuvollziehen, dass etwa das Zu-sich-Nehmen kultischer Rauschgetränke vor dem Mittagessen (»Frühschoppen«) zur Isolierung des *Stammes* führen kann, was von den *Stammesmitgliedern* zuweilen allerdings durchaus beabsichtigt ist. Auch kollidieren die Gesetze modernerer Staatlichkeit, innerhalb deren ein *Stammesgebiet* liegt, oftmals mit den *Stammesgesetzen* und -kulten, wodurch sich weitere zivilisatorische Gräben ergeben. Der *Stamm* der Bayern hat sich beispielsweise erst im Jahr 1995 dem Gesetz der Religionsfreiheit der übergeordneten Regierung seiner Provinz gebeugt und den Zwang gegenständlicher Symbolanbetung an Schulen gelockert. Auch decken sich das bayerische und das deutsche Grundgesetz noch heute nicht in allen Punkten. Monarchiebestrebungen und *Häuptlingskorruption* sind weitere dauerhafte Tendenzen, die noch nicht erfolgreich bekämpft werden konnten und die Entwicklung dieses Stammes so beispielhaft wie maßgeblich beeinträchtigen.

Die *Stammesgemeinschaft* der Bayern hat es durch Ackerbau, Viehzucht und geschickten Tauschhandel zu nicht unerheblichem Wohlstand bringen können und gehört daher rein wirtschaftlich gesehen zu den Gewinnern der Globalisierung. Die finanzielle Unabhängigkeit des *Stammes* wird wiederum als Bestätigung seiner kultischen und ideologischen Lebensweise aufgefasst, sodass seitens der →*Eingeborenen* weiterhin wenig Anlass zur Kompromissbereitschaft besteht. Sie sind daher einer der wenigen Stämme, die sich dem gesellschaftlichen Konsens ihrer übergeordneten Nation erfolgreich und mit Begeisterung entziehen (→*Schuaplattler*).

Ureinwohner

Ureinwohner sind →*Eingeborene,* deren Vorfahren sogar seit noch längerer Zeit in einer Region wohnen als die ganzen Verbrecher, die das Gebiet später irgendwann erobert/ überfallen/sich angeeignet haben. *Ureinwohner* tragen daher auch ausnahmslos traditionelle *Stammesnamen* wie z. B. »Sennleitnerin«, »Wurzl-Sepp« oder »Pichler«, keinesfalls etwa »Kowalski«, »Magath« oder »Goldblum«. Ein Maßstab für die Glaubwürdigkeit der *Ureinwohner* ist der Grad, in dem die Disziplinen »undurchsichtig schauen«, »grummeln«, »granteln«, »Bartwuchs«, »maulfaul« und »unsanierte Wohnimmobilie« gemeistert werden.

ursprünglich

Menschen, in deren Leben Industrie und Elektronik keine Rolle spielen und die naturnah leben, werden als *ursprünglich* bezeichnet (vgl. Dschungelcamp, Waldorfschule, Christian Anders).

Verhüllung

Konvention, Tradition und Gesetzgebung des betrachteten Kulturkreises, bei dem Frauen sich dem Patriarchat zu unterwerfen haben, indem sie gehorsam Teile ihres Körpers verhüllen, um unerwünschte Sexualisierung durch Männer einzudämmen. Anders als in freien, modernen und emanzipierten Gesellschaften müssen Frauen des betrachteten Kulturkreises in der Öffentlichkeit selbst bei Temperaturen über 30 Grad Celsius unter anderem ihren Oberkörper *verhüllen*. Die Verhüllungskonvention ist zumeist internalisiert und wird daher oft nicht als solche wahrgenommen sondern fehlgedeutet als »eigenes Bedürfnis«.

Volk

Ein Volk ist ein →*Stamm*, der so groß und fortschrittlich geworden ist, dass er sich →*Dokumentarfilmer* leisten kann.

Weiße

Kulturelle Gruppe, deren Mitgliedern jedoch oft ihre Mitgliedschaft nicht bewusst ist. Eine Überprüfung der Zugehörigkeit kann vorgenommen werden, indem abgefragt wird, ob ein Individuum

- die Angewohnheit hat, Menschen zu fotografieren, ohne sie vorher um Erlaubnis zu fragen

- sogar im Jemen in Minirock und halterlosem Top herumläuft

- immer und überall das letzte Wort zu sämtlichen interkulturellen Themen haben will.

Ziegel

Anderes Wort für gerösteten oder gebackenen Dreck bzw. Schlamm. Wird von Europäer_innen zum →*Hausbau* benutzt.

zivilisiert

Zivilisiert ist, was der →<u>Dokumentarfilmer</u> von seiner Mutti als gesellschaftlich akzeptabel beigebracht bekommen hat, wie z. B. gemütlich Guido-Knopp-Filme über Massenmorde anschauen, in den Wald pissen oder das Beschimpfen von Frauen, die dem Geschlechtsakt nicht uneingeschränkt zugänglich sind.

Das ebenfalls häufig verwendete Antonym »unzivilisiert« beschreibt hingegen ein Stadium, in dem Wilde sich befinden, die so rückständig sind, dass sie es noch nicht einmal bewerkstelligt haben, ihre eigenen Flüsse mit Atommüll zu vergiften, und die noch immer ihre Kinder in einer *Dorf*gemeinschaft aufziehen, statt das von überforderten Einzelpersonen erledigen zu lassen.

Vielen Dank, dass Sie sich die Zeit genommen haben, *Deutschland Schwarz Weiß* zu lesen. Bitte ziehen Sie in Betracht, eine kurze Rezension auf einem Buchportal oder in einem Onlinebuchhandel zu veröffentlichen. Leserezensionen unterstützen Autor_innen sowie Leser_innen, die auf der Suche nach für sie relevanten Büchern sind.

DANK

Mein großes Danke an:

- Diana Stübs fürs Finden und Anstoßen

- Nicola Lauré al-Samarai für Ansagen, Aufgaben, Wortschöpfungen, Übersicht, Topinambur, Hilfe, Info, Großsein, Struktur, Rundmachen, Einatmen

- Johannes Jacob und C. Bertelsmann fürs Machen und Mitmachen

- Alle Leser_innen, die mir für dieses Buch in den vergangenen zehn Jahren wertvolles Feedback gegeben haben

- Familie und Freund_innen, die mir geholfen haben, bei der Arbeit nicht zu vergessen, wo ich hingehöre, und dass es Leben auf dem Planeten gibt: Sisters weit weg von Halle sowie in Frankfurt, Köln, New York, Hamburg und Île-de-France.

- Tom für Hiersein, Fotos, Fufu, Maffé, Giraffenbetrachtungen und Alles

- allen Mitgliedern von der braune mob e.V.

- Sacha fürs Mitstreiten

- Victoria B. Robinson für Blacktivismus, Poesie, Rechercheassistenz und Archiv

- Brooklyn und Queens

- 24-Spyz fürs Existieren und »Gumbo Millenium«

- Austen P. Brandt für Weisheit im Interview

- allen Einsender_innen schlimmer Negativbeispiele (oder sollte ich schreiben »N...tiv«-Beispiele?)

- Elfriede für die Vermittlung eines kritischen Blicks

- diversen Nahkontaktnazis für das Wiedererwecken meines politischen Kampfgeistes (das ging dann wohl nach hinten los, ihr Clowns).

ANHANG

DEUTSCHLAND SCHWARZ WEISS ZUM HÖREN

Speziell für die Arbeit in Gruppen und Klassen gibt es die
Hörversion, die einen unverfälschten Eindruck vom Tonus des
Buches bietet. Die CD enthält eigens produzierte szenische
Elemente und Lesepassagen und hat die Länge einer
Unterrichtsstunde.

Sie ist zu beziehen als mp3 download unter
www.noahsow.de/dsw .

Erfolgreich

rassismuskritisch veranstalten

QUALIFIZIERUNGSSEMINAR
MIT Noah Sow

 für Erfahrene geeignet

 für Unerfahrene geeignet

 Schritt für Schritt

noahsow.de/Onlineseminar

Das ausführliche Seminar führt mit Videos, Arbeitsblättern, Quiz, Checklisten und Forum Schritt für Schritt durch alle Themen der Veranstaltungsplanung und erklärt die geschichtlichen und aktuellen Gründe für Besonderheiten, die es zu beachten gibt.

Unabdingbar für: Kulturvereine, Postkoloniale Studien, AStA, Antidiskriminierungsbüro und alle, die qualifiziert rassismuskritisch veranstalten (möchten).

✓ *„Sehr viele wertvolle und **konkrete Handlungsstrategien**. Sehr klar, sehr sympathisch und absolut empfehlenswert!!"*

✓ ***So sympathisch, klar, überzeugend und eindeutig unterstützend habe ich noch nie ein Seminar erlebt.**"*

✓ *„Ich habe gemerkt, wie ich die Inhalte sofort nutzen kann um meine Arbeit besser zu machen!"*

✓ *„Ich fühle mich richtig **gelöst von ganz vielen Verunsicherungen**…"*

✓ *„**Grundsätze der Antidiskriminierungsarbeit hervorragend erläutert** und die einzelnen Schritte mit vielen hilfreichen Materialien vereinfacht. Ich habe mich in dem Seminar **immer sicher und gut aufgehoben** gefühlt."*

✓ *„Hält sowohl **für Anfänger*innen als auch für Profis** unglaublich vieles bereit."*

✓ *"Hat meinen rassismuskritischen **Horizont erweitert. Ich bin dadurch gestärkt worden.**"*

✓ *"**Super aufgearbeitetes Material, viele Links, Empowerment pur.**"*

✓ *"Grandiose Präsentation - didaktisch super- konstruktiv - durchdacht - hoher Erkenntniswert - hilfreiche Fallbeispiele und Links"*

DIE AUTORIN

Noah Sow, in Bayern geboren und aufgewachsen, ist Künstlerin, Musikerin, Autorin, Produzentin, Theoretikerin und Aktivistin. Ihre Schwerpunkte sind Kunst, kritische Medienanalyse, Normalitätskonstruktionen sowie Ökonomien und Praxen von Rassismusbekämpfung. Noah Sow hält weltweit Lesungen, Vorlesungen und Vorträge. Als Musikerin und Produzentin betätigt sie sich seit über zwei Jahrzehnten weltweit und veröffentlicht auf ihrem eigenen Plattenlabel Jeanne Dark Records. 2001 gründete die Wahlhamburgerin Deutschlands erste Schwarze media-watch-Organisation, der braune mob. Vielen ist Noah Sow bekannt durch ihre langjährigen Personality-Sendungen bei WDR Einslive, HR3, SWF3, Radio Fritz und YouFm sowie durch zahlreiche Aktivitäten im Fernsehen. Internetpräsenz: www.noahsow.de

LITERATURAUSWAHL ZUM WEITERLESEN

Hier im Web: www.noahsow.de/weiterlesen

ANMERKUNGEN, QUELLEN- UND ABBILDUNGSNACHWEIS

[i] „Emanzipatorische Aufklärung zeigt sich wellenförmig - sieben Jahre nach Deutschland Schwarz Weiß" in: Heinrich Böll Stiftung. Migrationsportal „Heimatkunde", Dezember 2014

[ii] Foto: Tom Wendt

[iii] Katz, Judith H.: White awareness, handbook for anti-racism training, University of Oklahoma Press 2003, S. 47

[iiii] Quelle: *Spiegel Online*, 20.10.2007

[iv] Foto: Don McCullin, Zeitungsanzeige von The Metropolitan Police Selection Center, London, 1989

[v] *queer* ist eine Selbstbezeichnung von und für Menschen, die nicht heteronormativ leben. Gegenüber etwa „homosexuell" hat *queer* den Vorteil, dass es sich weder auf das sexuelle Begehren beschränkt noch auch die Dreifaltigkeit „homosexuell/heterosexuell/bisexuell", und es auch das ganze Spektrum an Geschlechterpräsentation abdeckt.

[vi] Katz, Judith H.: White awareness, handbook for anti-racism training, University of Oklahoma Press 2003, S. 10.

[2] 2018 habe ich dafür sogar ein Onlineseminar eröffnet: „Erfolgreich rassismuskritisch veranstalten". Sie finden es auf www.noahsow.de/onlineseminar.

[vii] Blog http://black-print.blogspot.com/, abgerufen am 4.12.2007 (genaue URL: http://black

331

print.blogspot.com/2007/02/fr-den-spiegel-sind-deutsche-wei.html).

[viii] UNESCO-Erklärung gegen den »Rasse«-Begriff. Populär»wissenschaftliche« Rassenkonzepte wurden/werden immer wieder laut. Die zitierte UNESCO-Erklärung wurde im Vorfeld der UNESCO-Konferenz »Gegen Rassismus, Gewalt und Diskriminierung« am 8. und 9. Juni 1995 in Stadtschlaining verfasst und auf einer wissenschaftlichen Arbeitstagung unter der Leitung des Wiener Anthropologen Univ.-Prof. Dr. Horst Seidler von den dort anwesenden internationalen Fachleuten einstimmig verabschiedet. A. d. Englischen übersetzt von Prof. Dr. Ulrich Kattmann.

[ix] Für alle, die die Gnade der späten Geburt erfahren haben und nicht wissen, was ABBA ist: Das ist der Gruppenname der schwedischen Musik"sensation", die aus zwei Ehepaaren bestand und 1974 mit dem Titel „Waterloo" beim Eurovision Song Contest gewann. ABBA kannte fortan kein Pardon und überzog die Welt mehrere Jahre lang mit einstimmigen Gesangssätzen und unbeholfenen Choreografien in farblich abgestimmten Overalls. Einige Erwachsene versuchen sich noch heute an Vergangenheitsbewältigung inform von ABBA-Musicals, ABBA-Kinofilmen und ABBA-Mottoparties.

[x] Die Rolle der europäischen Wissenschaften, die sich auch heute noch gerne als traditionsgemäß „objektiv", „neutral" oder „unabhängig" generieren, sei hier noch einmal betont. Insbesondere deutsche Wissenschaften haben sich regelmäßig dadurch hervorgetan, dass sie systematisch (konstruierte) „Nachweise" für rassistische Weltanschauungen produzierten.

[xi] Deutscher Bundestag, Drucksache 15/4538, 15. Wahlperiode, 16.12. 2004. Gesetzentwurf der Abgeordneten Olaf Scholz, Hermann Bachmaier, Sabine Bätzing, Doris Barnett, Ute Berg, Klaus Brandner, Bernhard Brinkmann

332

(Hildesheim), Dr. Michael Bürsch, Sebastian Edathy, Renate Gradistanac, Angelika Graf (Rosenheim), Kerstin Griese, Hans-Joachim Hacker, Christel Humme, Anette Kramme, Ernst Kranz, Nicolette Kressl, Volker Kröning, Ute Kumpf, Christine Lambrecht, Christine Lehder, Dirk Manzewski, Caren Marks, Marlene Rupprecht (Tuchenbach), Anton Schaaf, Axel Schäfer (Bochum), Wilhelm Schmidt (Salzgitter), Erika Simm, Christoph Strässer, Rita Streb-Hesse, Joachim Stünker, Andreas Weigel, Jürgen Wieczorek (Böhlen), Franz Müntefering und der Fraktion der SPD sowie der Abgeordneten Irmingard Schewe-Gerigk, Volker Beck (Köln), Jutta Dümpe-Krüger, Markus Kurth, Jerzy Montag, Claudia Roth (Augsburg), Silke Stokar von Neuforn, Hans-Christian Ströbele, Josef Philip Winkler, Katrin Göring-Eckardt, Krista Sager und der Fraktion Bündnis 90/Die Grünen: »Entwurf eines Gesetzes zur Umsetzung europäischer Antidiskriminierungsrichtlinien«.

lxii UNESCO-Erklärung gegen den »Rasse«-Begriff, a.a.O.

lxiii Übersetzt aus: Pat A. Bidol: Developing New Perspectives on Race: An Innovative Multi-media Social Studies Curriculum in Racism Awareness for the Secondary Level. Verlag: New Perspectives on Race, Detroit, 1972

lxiv ...und bekommt -im harmlosesten Fall- keine Handtasche verkauft. Als Oprah Winfrey sich 2013 in einem Laden in Zürich eine solche zeigen lassen wollte, verweigerte ihr die Verkäuferin dies wiederholt mit der Begründung, die Tasche sei teuer und sie könne sie sich nicht leisten. Später begründete sie das „Missverständnis" mit mangelnden Sprachkenntnissen. Dass eine Schwarze Frau in erster Linie als *Schwarze Frau* gelesen wird (anstatt als Gast oder als *Person* mit individuellen Merkmalen und Charakteristika), ist gesellschaftlicher Usus. Die Benachteiligung erschöpft sich freilich nicht in schlechter Bedienung sondern mündet regelmäßig in Tötungen. Wie zum Beispiel die Erschießung von Christy Schwundeck im Jahr 2011 in einem Frankfurter Jobcenter durch eine Polizistin.

^{lxvi} Übersetzt aus: Brunson Phillips, Carol & Louise Derman-Sparks: Teaching/Learning Anti-Racism. A Developmental Approach. New York: Teachers College Press, 1997, S. 2.

^{lxvii} Die UN rügte Deutschland für das ungenügende Verständnis von Rassismus und daraus resultierender ebenso ungenügender Bekämpfung desselben in den Jahren 2008, 2010 und 2013: UNITED NATIONS: Concluding observations of the Committee on the Elimination of Racial Discrimination GERMANY, CERD/C/DEU/CO/18, 2008 - United Nations General Assembly, A/HRC/14/43/Add.2, Human Rights Council Fourteenth session, Agenda item 9, Racism, racial discrimination, xenophobia and related forms of intolerance, follow-up and implementation of the Durban Declaration and Programme of Action: Report of the Special Rapporteur on contemporary forms of racism, racial discrimination, xenophobia and related intolerance, Githu Muigai, 2010 - United Nations Committee on the Elimination of Racial Discrimination, Communication No. 48/2010, 2013

^{lxviii} Damit bezeichnen Aktive in der Antirassismusarbeit die Kulturtechnik des Einsammelns von Solidarität, Beistand und Empathie durch Weinen oder Selbstbemitleidung als Reaktion auf die Kritik an rassistischem Verhalten. Die Performance ist dazu geeignet, Mitgefühl für die *Ausübenden* von Rassismus abzurufen, während die Person, die durch Rassismus verletzt wurde, einen Imageverlust erleidet („du hast sie zum Weinen gebracht!"). Nicht selten ist das Grande Finale dieser Situationen, dass eine Person, nachdem sie rassistische Aussagen getätigt hat, in eine Decke gehüllt mit einem Eis in der Hand vorsichtig nach Hause begleitet wird und Anwesende sich um sie scharen sowie affirmieren, dass sie es nicht so gemeint habe und ein guter Mensch sei, während die Person, die rassistisch beleidigt wurde, alleine gelassen bzw. mit Kopfschütteln

bedacht und als aggressiv, ungerecht, hart oder überempfindlich tituliert wird.

lxviii Zick, Andreas/Küpper, Beate (2005): Politische Mitte. Normal feindselig. In: Heitmeyer, Wilhelm (Hrsg.): Deutsche Zustände. Folge 4. Bielefeld, Universität Bielefeld. http://www.uni-bielefeld.de/Universitaet/Einrichtungen/Zentrale %20Institute/IWT/FWG/Feindseligkeit/zick_kuepper.pdf (abgerufen am 28.2. 2007).

lxix Kronen Zeitung, 8. April 2006.

lxx Artikel »Two Sides«, in: Ebony, August 2007.

lxxi Aus: Homestory Deutschland. Schwarze Biografien in Geschichte und Gegenwart. Ausstellungskatalog, herausgegeben von der Initiative Schwarze Menschen in Deutschland (ISD Bund e.V.) und der Bundeszentrale für Politische Bildung, 2006, S. 54f.

lxxii Zickgraf, Peer: Tödliche Verwandlungen - Koloniale Menschenzoos und die Schaffung von »Untermenschen«, in: Staehelin, Balthasar: Völkerschauen im Zoologischen Garten Basel 1879–1935, Basel 1989. Dieser Text erschien zuerst in: iz3w Nr. 258 (Januar/Februar 2002), S. 35–37.

lxxiii In einem Brief an Generalstabschef Graf von Schlieffen, 5.10. 1904, in: Behnen, Michael: Quellen zur deutschen Außenpolitik im Zeitalter des Imperialismus 1890–1911, Darmstadt 1977, S. 292f.

lxxiv Aus: Informationsstelle Militarisierung e.V., http://imi-online.de/2002.php3?id=449, abgerufen am 7. 1. 2008.

lxxv Blog-Eintrag von Che2001: Deutschland und die Herero - eine unverarbeitete Geschichte. Beitrag zum Thema black history der Atlantic Review, http://che2001.blogger.de/stories/713844/1.3.2007

lxxvi Aus: Privatsammlung Kerim, Grand Dakar

lxxvii Aus: Homestory Deutschland. Schwarze Biografien in Geschichte und Gegenwart. Ausstellungskatalog, herausgegeben von der Initiative Schwarze Menschen in Deutschland (ISD Bund e.V.) und der Bundeszentrale für Politische Bildung, 2006, S. 74f.

lxxviii Rede Eberts am 13.2. 1923 in Darmstadt. Zitiert nach El-Tayeb, Fatima: Schwarze Deutsche. Der Diskurs um »Rasse« und nationale Identität 1890–1933, Frankfurt/New York 2001, S. 163.

lxxix E-Mail von Barbara Jantschke im Juni 2005, abgerufen auf http://derbraunemob.de/shared/download/1Darstellung_Z oo_Augsburg.pdf

lxxx Robinson, Victoria B.: Schwarze deutsche Kräfte über die Absurdität der Integrationsdebatte, auf: http://black-print.blogspot.com/2007/09/nach-5-monaten-richtigstellung-zu.html, abgerufen am 30.11. 2007. *Zitate aus Lwanga, Gotlinde Magiriba (1993): Deutsch, nein danke? Anmerkungen zu Staatsangehörigkeit, BürgerInnenrechten und Verfassung, in: Hügel, Ika, et al. (Hrsg.): Entfernte Verbindungen, Rassismus, Antisemitismus, Klassenunterdrückung, Berlin 1999, S. 265–271.

lxxxi Blog-Eintrag von »Patrick« via Jewels in the Jungle, Black History Month in Germany: An African-German educator speaks out, http://jewelsnthejungle.blogspot.com/2007/02/black-history-month-in-germany-african.html, abgerufen am 30.11. 2007.

lxxxii Robinson, Victoria B.: Innocent Racism, Spoken Word.

lxxxiii Foto: privat

lxxxiv Abbildung aus: www.ulrich-wiedemann.de.

lxxxv Abbildung aus: www.ulrich-wiedemann.de.

lxxxvi Ayim, May, Die afro-deutsche Minderheit, in: Schmalz-Jacobsen, Cornelia (Hrsg.)/Hansen, Georg (Hrsg.): Ethnische

Minderheiten in der Bundesrepublik Deutschland. Ein Lexikon, München 1995, S. 39f.

[xxxvii] Foto: Wilhelm Goldmann Verlag.

[xxxviii] www.wikipedia.de, abgerufen am 30.11. 2007.

[xxxix] Amtsgericht Schwäbisch Hall, Gesch.-Nummer 6 C 154/00, verkündet am 15. 6. 2000.

[xl] Für alle glücklichen Boulevardfernen: „Shitstorm" bezeichnet seit etwa 2011, wenn öffentliche Verfehlungen eine Vielzahl negativer ebenso öffentlicher Individualreaktionen nach sich ziehen. Schuld sind die Vermittlung von Lese- und Schreibkenntnissensowie das Internet™.

[xli] Brothers Keepers (Hrsg.): Das Schweigen brechen. Rassismus und Sexismus im deutschen Hip Hop, abgerufen von www.brothers-keepers.de am 3. 7. 2007.

[xlii] Beachtlich ist hier insbesondere das Phantasma, etwas „verboten" zu bekommen, häufig auch missgedeutet als „Zensur". Hier äußert sich die koloniale Mentalität, die es tatsächlich als existenzielle Freiheitsbeschneidung empfindet, wenn die Menschen, deren Freiheit sie beschneidet, dies nicht klaglos hinnehmen. Die Ausübung von Gewalt geht oft mit einer moralischen Täter-Opfer-Umkehr einher.

[xliii] dtv-Lexikon in 20 Bänden, Bd. 12, Mannheim und München 1995, S. 338.

[xliv] Power Wörterbuch Französisch, München 2003, S. 299.

[xlv] ebd.

[xlvi] Falls sich Ihnen gerade ein Vergleich aufdrängt: er ist falsch. Eine despektierliche Bezeichnung ist mit einer Abwertung aus Entmenschlichungstradition nicht vergleichbar. SDNSE (Seien Sie doch nicht so empfindlich.).

[xlvii] Pütter, Norbert: Polizeiübergriffe – Polizeigewalt als Ausnahme und Regel, erschienen in *Bürgerrechte*

Polizei/CILIP 67(3/2000) © Bürgerrechte Polizei/CILIP 2000–2002, abgerufen auf http://www.cilip.de/ausgabe/67/puetter.htm am 19.11. 2007.

[xlviii] Black Students' Organisation, SOS Struggles of Students, African Refugees Association, ARA, Initiative Schwarze Deutsche–ISD (Hrsg.): Gemeinsame Presseerklärung, N'deye Mareame Sarr, http://no-racism.net/article/1925/, abgerufen am 20.11. 2007. Nach einem Text von Dr. Pierrette Herzberger-Fofana.

[xlix] Foto: Mohammed Abdel Amine.

[l] Poenicke, Anke: Afrika in deutschen Medien und Schulbüchern, in: Zukunftsforum Politik. Broschürenreihe, herausgegeben von der Konrad-Adenauer-Stiftung e.V., Nr. 29, Sankt Augustin, Mai 2001, S. 29f.

[li] Dossier Rassismus & Diskriminierung in Deutschland, Heinrich-Böll-Stiftung 2010, "Bildungsbenachteiligung von Kindern mit Migrationshintergrund durch soziale und ethnische Segregation und institutionelle Diskriminierung", von Christine Baur, S. 32 ff, „Institutionelle Diskriminierung im Bildungs- und Erziehungssystem: Theorie, Forschungsergebnisse und Handlungsperspektiven" von Mechthild Gomolla, 2008, http://heimatkunde.boell.de/2008/02/18/institutionelle-diskriminierung-im-bildungs-und-erziehungssystem-theorie, „Deutsches Schulsystem benachteiligt Migranten mehrfach", MIGAZIN, 16. Mai 2011, „Ein Entwicklungsland in der Antidiskriminierungspolitik", über den fünften ECRI Bericht des Europarates, MIGAZIN, 26. Februar 2014

[lii] Scans aus: Der Spiegel, Heft 16/2005, S. 74.

[liii] ebd.

[liv] Der Spiegel, Heft 31/2007

[lv] Diese Jagdhundrasse wurde von Kolonisatoren oft zur Jagd auf Schwarze Menschen eingesetzt.

[lvii] ZEIT Wissen, Heft 5/2005.

[lviii] Aus: Berliner Zeitung, 31.7. 2007.

[lviiii] Flyer, der in Wien im April 2006 verteilt wurde.

[lixl] Poster »Mama Africa«. Foto: privat.

[lxl] Bilder »Massai« aus der Show »Mother Africa« bzw. »Mama Africa« (Show wurde zwischenzeitlich umbenannt). Quelle: http://www.circus-mother-africa.de/, abgerufen am 30.11.2007.

[lxil] http://www.kultopolis.com/de/veranstaltung.php?item ID=76, abgerufen am 4.12. 2007.

[lxiil] Quelle: Oxfam http://www.oxfam.de/download/arbeitsblaetter.pdf, ein Arbeitspapier zum Thema deutsche Bilder von Afrika.

[lxiiil] Aus: Pressemitteilung des Vereins »Blauschwung«, abgerufen von http://www.blauschwung.de/typo3/index.phb?id=41, 1.4. 2006.

[lxivl] Scan einer Werbeaussendung von »Plan Deutschland«.

[lxvl] ebd.

[lxvil] Quelle: Unicef Deutschland http://www.unicef.de/4500.html, abgerufen am 3. 7. 2007.

[lxviil] *Welt Kompakt* vom 21.9.2007

[lxviiil] E-Mail von Rudi Tarneden, Pressesprecher UNICEF Deutschland, vom 18.7. 2007.

[lxixl] Aus: Hergé, Tim und Struppi. Tim im Kongo, Hamburg 1997.

[lxxl] Foto des Buchcovers »Mecki«, aus: Mecki bei den Negerlein, Hamburg 1957.

[lxxil] Aus: www.ferris.edu/htmls/news/jimcrow/menu.html.

[lxxiil] Lindgren, Astrid: Pippi Langstrumpf, Hamburg 1987, S. 10 und S. 16.

[lxxiii] Hochgatterer, Paulus: Pippi Langstrumpf oder von den Schwierigkeiten des Erwachsenwerdens. Artikel in Ausgabe 11 des österreichischen »Feuilletonmagazins« Schreibkraft, http://schreibkraft.adm.at/ausgaben/11-und-jetzt/pippi-langstrumpf, abgerufen am 22.11. 2007.

[lxxiv] Produktbeschreibung des Buchs *Der kleine schwarze König* von Amazon, http://www.amazon.de/kleine-schwarze-König-Bernhard-Langenstein/dp/3629013686, abgerufen am 4.12. 2007.

[lxxv] Leserrezension auf Amazon, http://www.amazon.de/kleine-schwarze-König-Bernhard-Langenstein/dp/3629013686, abgerufen am 30.10. 2007 (inzwischen sind die Rezensionen gelöscht, merkwürdig).

[lxxvi] Aus: Die drei Fragezeichen, Folge 4, Europa (Audio-CD).

[lxxvii] Aus: Die drei Fragezeichen, Folge 13, Europa (Audio-CD).

[lxxviii] Aus: Die drei Fragezeichen, Folge 64, Europa (Audio-CD).

[lxxix] Glas, Uschi: Mit einem Lächeln, München 2004.

[3] Die UN rügte Deutschland für das ungenügende Verständnis von Rassismus und daraus resultierender, ebenso ungenügender, Bekämpfung desselben in den Jahren 2008, 2010, 2013 und 2017: UNITED NATIONS: Concluding observations of the Committee on the Elimination of Racial Discrimination Germany, CERD/C/DEU/CO/18, 2008 - United Nations General Assembly, A/HRC/14/43/Add.2, Human Rights Council Fourteenth session, Agenda item 9, Racism, racial discrimination, xenophobia and related forms of intolerance, follow-up and implementation of the Durban Declaration and Programme of Action: Report of the Special Rapporteur on contemporary forms of racism, racial discrimination, xenophobia and related intolerance, Githu Muigai, 2010 - United Nations Committee on the Elimination of Racial Discrimination, Communication No. 48/2010, 2013

News release issued by the Office of the UN High Commissioner for Human Rights, 27 February 2017 http://www.ohchr.org, abgerufen am 8.2.2018

^{lxxxi} ebd., S. 21.

^{lxxxii} http://www.bmfsfj.de/Politikbereiche/gleichstellung,did =81058.html (Stand 31.7. 2007).

^{lxxxiii} Foto: David Pursehouse, https://flic.kr/p/5kGvw1

^{lxxxiiii} Foto: Clara Sanchiz, https://flic.kr/p/kBGD9H

^{lxxxiv} Der damals 26jährige nigerianische Designstudent Bolaji Badejo stimmte einer Mitwirkung zu. Es wurden Latexabgüsse von seinem Körper gemacht, um das Alien-Kostüm anzufertigen und er spielte das Monster im Film. Das Künstlerduo Mandy und Keith Obadike widmeten dieser Angelegenheit ein Kunstvideo, in dem sie die Protagonistin herausschnitten und nur den Überlebenskampf des Alien zeigen, eingerahmt vom Diagramm eines Sklavenschiffes (Titel: m+k::untitled (the interesting narrative)).

^{lxxxvi} Zu hören unter noiseaux.bandcamp.com/track/keine-kommentare (deutsche Version) bzw. noiseaux.bandcamp.com/track/be-calm (englische Version).

^{lxxxvii} Leseprobe von http://www.massai.ch/, abgerufen am 30.11.2007.

^{lxxxviii} ebd.

^{lxxxviiii} »Persönliche Eindrücke« von Leserinnen, http://www.literaturschock.de[sic!]/buecher/3927743364.h tm, abgerufen am 2.12. 2007.

^{lxxxixi} ebd.

^{xci} »Thema: Erfahrung mit nicht-asylanten Afrikanern??!!!« http://f2.webmart.de/f.cfm? id=1268944sr=26r=threadviewt=2117699, abgerufen am 23.8. 2007.

^{xcii} Achtung: das heißt nicht „verunmöglicht".

[xcii] Eggers, Maureen Maisha: Rassifizierung und kindliches Machtempfinden, Christian-Albrechts-Universität zu Kiel, Juli 2005.

[xciii] Jay Smooth, TEDx Talk, "How I Stopped Worrying and Learned to Love Discussing Race*.", Hampshire College, 2011, http://www.illdoctrine.com/2011/11/my_tedx_talk_how_i_stopped_wor.html (abgerufen am 28.6.2015). *Beachten Sie bitte, dass der englische Begriff »race« nicht das Synonym zum deutschen Rassebegriff ist. »Race« ist überwiegend kulturell und soziopolitisch konnotiert, während hingegen »Rasse« eine rein biologische/biologistische Bedeutung innehat. Damit befinden »race« und »Rasse« sich in guter Gesellschaft mit vielen englischen Begriffen, die wörtlich übersetzt eine ganz andere Bedeutung erfahren, wie zum Beispiel »douche«, »billion«, »sensible« oder »eventually«. Die Übersetzung des deutschen »Rasse« ist das englische »breed«.

[xciv] Zick, Andreas/Küpper, Beate: »Nachlassende Integrationsbereitschaft in der Mehrheitsgesellschaft«, in: Heitmeyer, Wilhelm (Hrsg.): Deutsche Zustände, Folge 5, Universität Bielefeld, 2. Aufl., Januar 2007. http://www.uni-bielefeld.de/ikg/Feindseligkeit/Ergebnisse_Integrationsbereitschaft_2006.pdf.

[xcv] Der ganze Vorgang und ein ausführliches Community Statement sind nachzulesen in deutscher und englischer Sprache auf: blackstudiesgermany.wordpress.com. Mehr zu dem Thema auch in: Sow, Noah: Schwarze Wissensproduktion als angeeignete Profilierungsressource und der systematische Ausschluss von Erfahrungswissen aus Kunst- und Kulturstudien, in: Jahrbuch der Guernica Gesellschaft Kritische Weißseinsforschung und Kunst - neue postkoloniale Analysemethoden, Göttingen 2015 sowie auf www.noahsow.de/academic-colonialism.

Pressemitteilung des Arbeitskreises Hamburg Postkolonial, der Initiative Schwarze Menschen in Deutschland (ISD) und des Zentralrats der Afrikanischen Gemeinde in Deutschland: Decolonize Hamburg: Not About Us/Not Without Us, 8. Januar 2015, http://isdonline.de/pressemitteilung-decolonize-hamburg-not-about-usnot-without-us/.

https://metalust.wordpress.com/2015/06/29/millerntor-gallery-2-5-7-2015/ (abgerufen am 30.6.2015).

„Erfolgreich rassismuskritisch veranstalten": www.noahsow.de/onlineseminar

Kien Nghi Ha/Lauré al-Samarai, Nicola/Mysorekar, Sheila (Hrsg.): re/visionen. Postkoloniale Perspektiven von People of Color auf Rassismus, Kulturpolitik und Widerstand in Deutschland. Münster 2007.

Aus: www.dreadlockz.net, Menüpunkt »Community«, abgerufen am 7. 1. 2008.

Ayim, May: Grenzenlos und unverschämt, Berlin 1997, S. 138

Anm. d. Verf.: Dieser Text ist aus dem Jahr 2006. Spätestens seit dem NSU-Terror wissen wir, dass selbst explizit rechtsextremistische rassistische Morde nicht erkannt oder erfasst werden.

ENAR – Germany und ENAR-Büro Brüssel: Informationsbroschüre im Namen von »Netz gegen Rassismus, für gleiche Rechte«, http://www.enar-eu.org/en/publication/national_leaflets/Germany_DE.pdf, abgerufen am 2.12. 2007. ENAR = European Network Against Racism.

„Emanzipatorische Aufklärung zeigt sich wellenförmig – sieben Jahre nach Deutschland Schwarz Weiß." Interview mit Julia Brilling in: Heinrich Böll Stiftung, Migrationsportal „Heimatkunde", Dezember 2014

343